U0369740

思考的痕迹

重读马克思的
记忆与思考（上册）

杨　耕 _著

杨
耕
文
集

·········

第
8
卷

Traces of Thinking

Memory and Meditation
on Rereading Marx（2 volumes）

华东师范大学出版社
·上海·

图书在版编目（ＣＩＰ）数据

思考的痕迹：重读马克思的记忆与思考：上下册 / 杨耕著. —— 上海：华东师范大学出版社，2022（杨耕文集）
ISBN 978-7-5760-3222-2
Ⅰ.①思… Ⅱ.①杨… Ⅲ.①马克思主义哲学—文集 Ⅳ.① B0-0
中国版本图书馆 CIP 数据核字 (2022) 第 197449 号

杨耕文集　第 8 卷

思考的痕迹：重读马克思的记忆与思考

著　者　　杨　耕
策划编辑　　王　焰
责任编辑　　朱华华　王海玲
责任校对　　时东明
装帧设计　　卢晓红

出版发行　　华东师范大学出版社
社　　址　　上海市中山北路 3663 号　邮　编 200062
网　　址　　www.ecnupress.com.cn
电　　话　　021-60821666　行政传真　021-62572105
客服电话　　021-62865537　门市（邮购）电话　021-62869887
地　　址　　上海市中山北路 3663 号华东师范大学校内先锋路口
网　　店　　http://hdsdcbs.tmall.com

印 刷 者　　上海中华商务联合印刷有限公司
开　　本　　787 毫米 × 1092 毫米 1/16
印　　张　　42.25
字　　数　　704 千字
版　　次　　2023 年 1 月第 1 版
印　　次　　2023 年 1 月第 1 次
书　　号　　ISBN 978-7-5760-3222-2
定　　价　　168.00 元（上下册）

出 版 人　　王　焰

目　录

下　册

|第三编 2000—2015 年|

附 录

后 记

序　言

　　呈现在读者面前的这部著作,即《思考的痕迹:重读马克思的记忆与思考》,是从我的260余篇论文中挑选出来汇集而成的。与我的其他论文集不同,这本论文集是按照时间顺序编排的,时间跨度为38年,即1984—2022年,从历史的角度反映了我研究马克思主义哲学的心路历程及思想演变。

　　如果把我的马克思主义哲学研究概括成一句话,那就是,重读马克思。历史常常出现这样一种奇特的现象,即一个伟大哲学家的某个理论以至整个学说,往往在其身后,在经历了较长时间的历史运动和巨大的社会变革之后,才能真正显示出它的本质特征、理论局限、理论价值,从而引起人们"重读"。马克思哲学的命运也是如此。20世纪的历史运动、中国的改革开放、苏联的衰败解体、资本的全球化以及哲学本身的发展困境,使得哲学家们不由自主地把目光再次转向马克思,重读马克思。从一定意义上说,在伦敦海格特公墓安息的马克思,比在伦敦大英博物馆埋头著述的马克思更加吸引世界的目光。这表明,"不去阅读且反复阅读和讨论马克思……而且是超越学者式的'阅读'和'讨论',将永远是一个错误,而且越来越成为一个错误,一个理论的、哲学的和政治的责任方面的错误"(德里达)。

　　就我个人而言,是"文化大革命"所造成的深重的历史灾难和改革开放所取得的巨大的历史成就促使我重读马克思的。在重读马克思的过程中,我经历了从马克思的哲学到马克思主义哲学史、西方哲学史,从西方哲学史拓展到现代西方哲学,从西方思辨的历史哲学延伸到分析(批判)的历史哲学,从西方马克思主义深化到苏联马克思主义,然后,再回到马克思的哲学这一"原点"这样一个不断深化的求索过程。其意在于,把马克思主义哲学放到一个广阔的理论空间中去研究。

在我看来,对马克思哲学的研究离不开对马克思主义哲学史的研究,只有把握马克思创立马克思主义哲学的过程,把握马克思以后的马克思主义哲学的演变过程(包括苏联马克思主义哲学、西方马克思主义哲学),才能真正理解马克思哲学的本质特征和本真精神,真正理解马克思的哲学在何处以及在何种程度上被发展了,在何处以及在何种程度上被误读甚至曲解了;只有把马克思的哲学放到西方哲学史中去研究,才能真正理解马克思哲学对西方传统哲学变革的实质,真正理解马克思哲学的划时代的贡献;只有把马克思哲学与现代西方哲学进行比较研究,才能真正理解马克思哲学的历史局限和伟大所在,真正理解马克思的哲学为什么是"我们这个时代唯一不可超越的哲学"(萨特)。

在重读马克思的过程中,我又进行了社会主义思想史、政治经济学的"补课"。之所以进行社会主义思想史、政治经济学的"补课",是因为马克思的哲学和马克思的社会主义思想、政治经济学批判密切相关。

从马克思哲学的创立过程看,马克思对社会主义思想史、政治经济学以及历史学都进行过批判性研究和哲学反思,不仅德国古典经济学,而且英国古典经济学、"法国空想社会主义"以及法国复辟时代历史学,都构成了马克思哲学的理论来源。

从马克思哲学的理论内涵看,马克思的哲学是在探讨科学社会主义的过程中生成的,实现无产阶级和人类解放,既是马克思哲学的理论主题,又是科学社会主义的最高命题;确立"有个性的个人",实现每个人的全面而自由发展,既是马克思哲学的终极目标,又是科学社会主义的最高原则。同时,马克思的政治经济学不仅是经济理论,而且是资本批判理论,具有深刻的哲学内涵。马克思以商品为起点范畴,以资本为核心范畴而展开的对资本主义社会的批判,本质上是一种存在论或本体论意义上的批判。在马克思的哲学中,哲学批判不仅与意识形态批判密切相关、融为一体,而且与政治经济学批判,即资本批判密切相关、融为一体。

精神生产不同于肉体的物质生产。以基因为遗传物质的生物延续是同种相生,而哲学思维则可以通过对不同学科成果的吸收、消化和再创造,形成新的哲学思想、新的哲学形态。正像亲缘繁殖不利于种的发育一样,一种创造性哲学一定会突破从哲学到哲学的局限。马克思的哲学就是这样一种创造性哲学。

就马克思哲学理论本身的研究而言，我经历了从历史唯物主义（唯物主义历史观）到马克思主义认识论，再到马克思主义价值论，从唯物主义历史观到唯物主义辩证法，再到马克思主义哲学的理论体系、马克思主义的理论结构，然后，再回到历史唯物主义这样一个不断拓展的思维进程。在这样一个不断深化和拓展的思维进程中，我逐步认识到并最终得出一个关于历史唯物主义的新的总体认识，那就是，历史唯物主义不仅是"唯物主义历史观"，而且是"唯物主义世界观"，是"真正批判的世界观"。我得出这样一个关于历史唯物主义的新的总体认识，大体经历了三个阶段：

一是20世纪80年代，我认为，历史唯物主义本身不是一个完整的哲学形态，而仅仅是马克思的历史观，即唯物主义历史观。1984年，我在《安徽大学学报》第1期发表《论马克思创立历史唯物主义的思想线索》，在《江淮论坛》第2期发表《历史唯物主义概念的历史考察》，认为历史唯物主义是关于社会结构和历史规律的学说，是关于社会发展一般规律的科学。实际上，这只是重申了历史唯物主义的传统定义，只不过初步理清了"唯物主义历史观""历史唯物主义"这两个概念的由来，只不过强调了历史唯物主义概念中的"历史"包含"社会"的内涵，只不过凸显了历史唯物主义的研究对象包括社会结构，只不过从一个新的视角探讨了马克思创立唯物主义历史观的历史进程和思维逻辑而已。

二是20世纪80年代末到90年代末，我认为，历史唯物主义是马克思的历史哲学，是历史本体论和历史认识论相统一的历史哲学。1988年，我在《社会科学》第7期发表《关于历史唯物主义现代发展的再思考》，提出了这一观点；1989年，我在《学术月刊》第11期发表《论历史唯物主义现代形态的建构原则》，明确指出：历史唯物主义是马克思的历史哲学，是历史本体论和历史认识论相统一的现代历史哲学；历史认识论是历史唯物主义的理论生长点，历史本体论和历史认识论是历史唯物主义的双重职能。1990年，我在《中国人民大学学报》第2期发表《历史哲学：在哲学和历史学的交叉点上——兼论历史唯物主义的现代形式》，重申并深化了这一观点。但是，在这一时期，我有意无意地回避了历史唯物主义与辩证唯物主义的关系、历史唯物主义与实践唯物主义的关系这两个重大问题。

三是从21世纪初开始，我对历史唯物主义有了新的总体认识，那就是，历史唯物主义是唯物主义世界观，其本身就是一个完整的哲学形态，马克思的哲学就是历史唯物主义。2000 年,我在《安徽大学学报》第 5 期发表《法国唯物主义的两个派别及其启示——兼论历史唯物主义的世界观意义》,明确提出:从理论主题的历史转换这一根本点上看,唯物主义的发展经历了三个历史阶段,形成了三种历史形态,即自然唯物主义、人本唯物主义和历史唯物主义,历史唯物主义本身就是一种唯物主义世界观。2001 年,我在《学术研究》第 10 期发表《重新审视唯物主义的历史形态和历史唯物主义的理论空间》;2003 年,我在《河北学刊》第 6 期发表《历史唯物主义:一个再思考》;2008 年,我在日本一桥大学发表演讲《哲学理论主题的根本转换和理论空间的重新建构》,详细论证并深化了这一观点。

2016 年,我在《中国社会科学》第 11 期发表《重新理解唯物主义的历史形态及其革命性变革》,明确提出:历史唯物主义所关注、所要解答的基本问题,就是人与自然的关系和人与社会的关系,即人与世界的关系问题;以实践为出发点范畴去探讨人与世界的关系,必然使历史唯物主义展现出一个新的理论空间,一个自足而又完整、唯物而又辩证的世界图景。因此,历史唯物主义不仅是"唯物主义历史观",而且是"唯物主义世界观";由于历史唯物主义内含着"否定性的辩证法",因而又是"真正批判的世界观"。《重新理解唯物主义的历史形态及其革命性变革》实际上是对我的历史唯物主义研究的总结、概括和升华,深入而全面论证了历史唯物主义的世界观意义。

这一时期,我的马克思主义哲学研究的总的结论是,历史唯物主义、辩证唯物主义、实践唯物主义是同一概念,是对马克思的哲学,即"新唯物主义"的不同称谓:把马克思的哲学称为"历史唯物主义",是为了凸显新唯物主义的历史性维度及其彻底性、完备性;把马克思的哲学称为"辩证唯物主义",是为了凸显新唯物主义的辩证法维度及其批判性、革命性;把马克思的哲学称为"实践唯物主义",是为了凸显新唯物主义的实践性维度及其首要性、根本性。

在我看来,辩证唯物主义、历史唯物主义、实践唯物主义不是三个"主义",即辩证唯物主义是"自然进化主义",历史唯物主义是"人类中心主义",实践唯物主义是"唯实践主义",而是同一个"主义",即马克思的新唯物主义的不同表述,从三个维度标示新唯物主义的"新"之所在;辩证唯物主义、历史唯物主义、实践唯物主义不是三个"观",即辩证唯物主义是自然观,历史唯物主义是历史观,实践唯物主义是实践观,而是同一个"观",即马克思的世界观的不同表述。在马克思的哲学中,不存在一个独立的、仅仅作为自然观和理论基础的辩证唯物主义,不存在一个独立的、仅仅作为实践观和理论基础的实践唯物主义,也不存在一个独立的、仅仅具有应用性质、作为历史观的历史唯物主义。在马克思的哲学中,历史唯物主义、辩证唯物主义、实践唯物主义是高度统一、融为一体的。一言以蔽之,马克思的哲学就是历史、辩证、实践的唯物主义。

这就是我重读马克思的心路历程及结论。在这个过程中,我所追求的理论目标,就是求新与求真的统一;我所追求的理论形式,就是铁一般的逻辑、诗一般的语言;我所追求的理论境界,就是重构哲学空间、雕塑思维个性。这部著作所选的论文实际上记录了我重读马克思的心路历程,反映了我在不同时期思考的不同问题及观点,展示了我所追求的理论目标、理论形式和理论境界,体现了我的哲学研究水平的过去与现在。所以,我把这部著作定名为《思考的痕迹:重读马克思的记忆与思考》。

我并不认为我的思维之路可以直达马克思哲学的深处,并不认为我的结论完全恢复了马克思哲学的"本来面目",因为我深知解释学的合理性,深知我的知识结构、思维方式、价值观念、哲学素养的全部缺陷所在。借用维特根斯坦的话来说就是,我的这部著作"只是一面镜子,我的读者可以通过这面镜子看到他的思想的全部缺陷,从而借助这个途径将思路端正"。

毫无疑问,哲学需要思辨,需要抽象。"分析经济形式,既不能用显微镜,也不能用化学试剂。二者都必须用抽象力来代替。"(马克思)实际上,不仅分析经济形式,而且分析社会关系以至人与世界的总体关系;不仅对于经济学,而且对于哲学以至整个社会科学,马克思的这一论点都具有普适性。哲学离不开"抽象",历史唯物主义也"不过是从对人类历史发展的观察中抽象出来的最一般的结果的综合"(马克思)。哲学思维应该也必须放飞抽象的翅膀,但这种抽象必须立足现实。"从抽象上升到具体的方法,只是思维用来掌握具体、把它当作一个精神上的具体再现出来的方式。""在理论方法上,主体,即社会,也必须始终作为前提浮现在表象面前。"(马克思)因此,哲学研究不能成为脱离现实的思辨王国,始终停留在"阿门塞斯的阴影王国"之中;不能仅仅成为哲学家之间的"对话",更不能成为哲学家个人的"自说自话",说着一些谁也听不懂的话。对哲学,尤其是马克思主义哲学来说,更重要的,也是最基本的,就是同现实"对话"。

水中的月亮是天上的月亮,眼中的人是眼前的人。无论哲学在形式上多么抽象,我们都可以从中捕捉到现实问题。所谓哲学的超前性或超越性,实际上是对现实中可能性的充分揭示和高度抽象。哲学史表明,任何一种有成就的哲学,无论从其产生的原因来看,还是就其提出的问题以及解决问题的方式而言,都是非常现实的,都或直接或间接、或多或少地解决了现实问题。马克思的哲学更是如此。重读马克思,应该也必须与现实"对话";否则,就会成为无根的浮萍、无病的呻吟。

作为一个中国学者,重读马克思不能忘记同中国现实"对话"。我深深地爱着我的祖国,"在爱里,在情里,痛苦幸福我呼唤着你;在歌里,在梦里,生死相依我苦恋着你"(《共和国之恋》)。我重读马克思,以至全部哲学研究的目标,就是期望能为中国的马克思主义哲学研究提供一块希望的田野,能为中华民族理论思维水平的提升做出应有的贡献。正因为如此,我深切地关注着当代中国的改革开放和现代化建设,并撰写了一系列研究改革开放和现代化建设的论文。从中,我挑选了《论邓小平的哲学思想及其特色》等6篇文章作为这部著作的"附录",以使读者更全面地了解我重读马克思的维度、深度和广度。

附录的第一篇文章,即《一般和个别与共性和个性》,是我公开发表的第一篇论文。说是论文,实际上是我读书的心得体会。这篇文章是我在大学本科四年级时写的,发表在《江淮论坛》1982年第4期。尽管这篇文章充满理论的幼稚与肤浅,但它毕竟是我公开发表的第一篇文章,是我作为职业哲学研究者的"出生证",是我马克思主义哲学研究的出发点,所以,我把这篇文章作为附录的第一篇,以使读者了解我的过去,并促使我反思自己的"往事"。"深深地沉思往事的意义,我们才能发现未来的意义。"(赫尔岑)

从1982年我第一次公开发表文章到今天,时间已经过去了整整40年。40年来,我"任尔东西南北风""咬定青山不放松"(郑板桥),一直在马克思主义哲学研究的路途上艰辛跋涉,深感这是一条艰难曲折的思想登山之路;同时,40年的马克思主义哲学研究,又使我深信马克思主义哲学仍然是我们时代的真理和良心,依然占据着真理和道义的制高点,并不由自主地想起了当代思想家海尔布隆纳的名言:

> 我们求助于马克思,不是因为他毫无错误之处,而是因为我们无法回避他。每个想从事马克思所开创的研究的人都会发现,马克思永远在他前面。

杨 耕

2021年1月于北京世纪城时雨园

上

册

第一编

1984—1988 年

论马克思创立历史唯物主义的
历史进程和思维逻辑

　　历史唯物主义的创立，是马克思"多年诚实探讨的结果"①。这一复杂的认识过程既体现了科学研究的一般规律，又反映了马克思思想进程的独特性质。本文的宗旨就在于，对马克思创立历史唯物主义的历史进程和思维逻辑做一新的考察和审视，以期深化我们对马克思主义哲学史的研究。

一、《黑格尔法哲学批判》中的"市民社会"：感性具体

　　《莱茵报》时期的马克思，从总体上看，仍然是一个黑格尔唯心主义者，即认为真正的国家是理性的实现，理念是国家的实体。但是，这一时期实际的经济问题和政治斗争，又使马克思看到了黑格尔的理念国家同现实的矛盾，从而开始怀疑黑格尔法哲学。这就促使马克思开始独立研究经济和社会问题。1843 年的《黑格尔法哲学批判》就是马克思对《莱茵报》时期产生的"苦恼的疑问"，即"对所谓物质利益发表意见"这一实际问题和理论问题进行回答的第一次尝试。马克思后来指出："为了解决使我苦恼的疑问，我写的第一部著作是对黑

---

① 《马克思恩格斯全集》第 13 卷，人民出版社 1962 年版，第 11 页。

格尔法哲学的批判性的分析。"①

《黑格尔法哲学批判》是一部评注性的著作,市民社会和国家的关系问题是其中心问题。在这部著作中,马克思总结了《莱茵报》时期的实践经验,吸收了《克罗茨纳赫笔记》研究历史的成果,并在费尔巴哈批判黑格尔哲学——思辨哲学同神学一样,都是颠倒了主语和谓语的关系——的启发下,分析了国家和市民社会关系以及国家制度的内部结构,第一次发现了市民社会和国家的真实关系,从而在黑格尔的唯心主义历史观上打开了第一个缺口。

在《黑格尔法哲学批判》中,马克思多次指出,市民社会是国家产生的基础、前提和原动力,"政治国家没有家庭的天然基础和市民社会的人为基础就不可能存在。它们是国家的 conditio sine qua non[必要条件]"②,并揭示了私有财产对国家的支配作用,即政治国家"是私有财产的已经得到实现的本质","国家制度在这里就成了私有财产的国家制度"③。

尽管马克思在这里还没有把私有财产看成一种特定的生产关系的表现,但财产关系毕竟是一种经济关系,是生产关系的法律用语。因此,《黑格尔法哲学批判》的结论极为明确:不是国家决定市民社会,而是市民社会,即人们之间的经济关系决定国家。正如马克思后来所说的那样,"为了解决使我苦恼的疑问,我写的第一部著作是对黑格尔法哲学的批判性的分析,这部著作的导言曾发表在 1844 年巴黎出版的'德法年鉴'上。我的研究得出这样一个结果:法的关系正像国家的形式一样,既不能从它们本身来理解,也不能从所谓人类精神的一般发展来理解,相反,它们根源于物质的生活关系,这种物质的生活关系的总和,黑格尔按照十八世纪的英国人和法国人的先例,称之为'市民社会'"④。

不仅如此,《黑格尔法哲学批判》还对黑格尔的唯心主义方法论进行了批判。马克思认为,黑格尔对国家的论证,不是从实在的对象出发,而是从抽象的理念出发,玩弄的仍是他在逻辑学中运用的唯心主义方法,即概念的纯逻辑推演。"在这里具有哲学意义的不是事物本身的逻辑,而是逻辑本身的事

① 《马克思恩格斯全集》第 13 卷,第 8 页。
② 《马克思恩格斯全集》第 1 卷,人民出版社 1956 年版,第 252 页。
③ 《马克思恩格斯全集》第 1 卷,第 369、380 页。
④ 《马克思恩格斯全集》第 13 卷,第 8 页。

物。……而是用国家来论证逻辑。"①所以,黑格尔的法哲学不过是其逻辑学的补充和运用。这表明,马克思已经看到了黑格尔哲学的要害所在。

1843年的《黑格尔法哲学批判》,是历史唯物主义形成过程中具有决定性意义的一个步骤。那就是,《黑格尔法哲学批判》不仅批判了黑格尔唯心主义的国家观,而且批判了黑格尔唯心主义的方法论。因此,市民社会决定国家这一基本事实的发现,必然使马克思意识到市民社会中蕴藏着理解社会及其发展过程的关键。正如恩格斯所说,"马克思从黑格尔的法哲学出发,得出这样一种见解:要获得理解人类历史发展过程的锁钥,不应当到被黑格尔描绘成'大厦之顶'的国家中去寻找,而应当到黑格尔所那样蔑视的'市民社会'中去寻找"②。市民社会是国家基础的思想的提出,必然使马克思意识到应当把握市民社会的"特殊逻辑",从而把握整个社会历史的运动规律。

问题的重要性就在于,方向已指明,道路开始开拓,马克思已经走上了一条哲学唯物主义路线。因此,市民社会决定国家这一原理的制定,既是马克思对《莱茵报》时期思想总结的产物,又是历史唯物主义形成史上的第一个起始原理,标志着历史唯物主义创立过程的开始。普列汉诺夫正确地指出:"马克思阐明他的唯物主义历史观,是从批评黑格尔的法权哲学开始的。"③

但是,《黑格尔法哲学批判》并没有完成把握市民社会"特殊逻辑"的任务。此时,市民社会的内部结构和发展规律还有待于马克思去发现,生产关系的秘密对马克思来说还是一个未知数。这就是说,此时,对马克思来说,作为基础的市民社会,以至整个社会还是个混沌的整体,即认识过程中的感性的具体。

二、《1844年经济学哲学手稿》中的"劳动":抽象规定

感性的具体只是认识的最初起点,它必须经过一系列的分析活动升华为思维的抽象,找到一个与历史的起点一致的、再现现实具体的逻辑起点,才能进而揭示事物的本质规定及其联系。因此,对市民社会的解剖是马克思创立历史唯物主义的内在的逻辑要求。"关于市民社会的科学,也就是政治

---

① 《马克思恩格斯全集》第1卷,第263页。
② 《马克思恩格斯全集》第16卷,人民出版社1964年版,第409页。
③ 〔俄〕普列汉诺夫:《马克思主义的基本问题》,张仲实译,生活·读书·新知三联书店1961年版,第10页。

经济学。"①因此，"对市民社会的解剖应该到政治经济学中去寻求"②。正因为如此，1844年，马克思在巴黎开始研究政治经济学。《1844年经济学哲学手稿》就是这一工作的初步总结。正是在《1844年经济学哲学手稿》中，马克思从现实的经济事实——"物的世界的增值同人的世界的贬值成正比"③——出发，通过对资本主义的生产、分配、交换和消费的分析，通过对英国古典经济学以及费尔巴哈、黑格尔异化理论的批判继承，创立了异化劳动理论。

马克思制定异化劳动理论，目的是揭示私有制的产生和灭亡、人的本质的异化和复归的必然性，论证共产主义代替资本主义的必然性及其途径。异化劳动理论的创立也的确使马克思在《黑格尔法哲学批判》中所形成的观点，即市民社会决定国家得到了进一步论证和深化，从而进一步说明"物质的生活关系"是社会结构的基础和历史发展的动力，说明人类历史本质上是人们在物质生产活动中进行的自我创造过程。事实也告诉我们，通过异化劳动这一理论，马克思的确在剖析社会历史、创立历史唯物主义的进程中，取得了重大突破。

在《1844年经济学哲学手稿》中，马克思通过异化劳动的分析，从社会的横断面透视了资本主义社会的社会关系。马克思指出，"通过异化的、外化的劳动，工人生产出一个跟劳动格格不入的、站在劳动之外的人同这个劳动的关系。工人同劳动的关系，生产出资本家……同这个劳动的关系"，并认为"整个人类奴役制就包含在工人同生产的关系中，而一切奴役关系只不过是这种关系的变形和后果罢了"④。把马克思这些论述同生产关系的"经典定义"相比，可以看出，尽管马克思在这里还未揭示生产关系各要素之间的联系，还未用生产力说明生产关系，但是，在这里，马克思已经把人们在物质生产活动中形成的关系看作其他社会关系的基础。在这个意义上，《1844年经济学哲学手稿》已经接近提出生产关系的概念。

既然一切奴役关系都是以工人同生产的关系为基础的，由此，马克思提出了一个重要观点，即"宗教、家庭、国家、法、道德、科学、艺术等等，都不过是生产的一些特殊的方式，并且受生产的普遍规律的支配"⑤。这一观点表明，

---

① 《马克思恩格斯全集》第16卷，第409页。
② 《马克思恩格斯全集》第13卷，第8页。
③ 《马克思恩格斯全集》第42卷，人民出版社1979年版，第90页。
④ 《马克思恩格斯全集》第42卷，第100、101页。
⑤ 《马克思恩格斯全集》第42卷，第121页。

《1844年经济学哲学手稿》首次形成了物质生产在社会生活中起决定作用的思想,摸索出物质生活决定政治生活、精神生活和社会生活这一历史唯物主义的基本原理。这是马克思第一次从总体上对社会生活及其内部基本关系所做的完整的分析和高度的概括。

同《黑格尔法哲学批判》提出的市民社会决定国家的论断相比,《1844年经济学哲学手稿》的生产领域决定其他领域的论断,无论从深度上,还是从广度上,都表明马克思对社会的认识大大前进了一步。市民社会,按照《黑格尔法哲学批判》的理解,是"物质的生活关系",是一种经济状态,而物质生产则是人们创造物质资料,即生产资料和生活资料的活动过程。正是在这个过程中,形成了人与人的社会关系。因此,《1844年经济学哲学手稿》在市民社会的背后发现了作为它的基础的物质生产活动,从而揭示了社会结构的更深刻的基础。不仅如此,这一论断已不是仅限于搞清市民社会和国家的关系,而是涉及社会结构的基本方面——从物质生产到政治国家和意识形态。这表明,《1844年经济学哲学手稿》既接近提出经济基础决定整个上层建筑这一历史唯物主义的基本原理,又为进一步解答"历史之谜"奠定了理论基础。

通过异化劳动理论,马克思不仅剖析了社会结构,而且分析了历史过程。按照马克思的观点,从最简单的意义上说,历史就是人类生命活动的持续过程。"人靠自然界生活。"[1]因此,人类的第一个历史活动,也是最基本的活动,就是劳动。通过劳动,人"创造对象世界,即改造无机界,证明了人是有意识的类存在物"[2];通过劳动,人不仅改变着自然界,而且改变着社会和人自身,从而推动人类历史发展。在人类社会初期,劳动和人是统一的,到了一定阶段,劳动发生异化,产生私有制,"人的生命为了本身的实现曾经需要私有财产"[3]。资本主义社会创造了巨大的工业和先进的科学,日益改造着人们的生活。但是,劳动和资本的对立必然导致消灭异化劳动和私有制,同时又保存以往发展全部财富的共产主义革命,"人的生命现在需要消灭私有财产"[4]。总之,从根本上说,一部人类历史就是劳动发展史。正因为如此,《1844年经济学哲学手

---

① 《马克思恩格斯全集》第42卷,第95页。
② 《马克思恩格斯全集》第42卷,第96页。
③ 《马克思恩格斯全集》第42卷,第148页。
④ 《马克思恩格斯全集》第42卷,第148页。

稿》指出："整个所谓世界历史不外是人通过人的劳动而诞生的过程。"①

毋庸置疑,异化劳动理论有其局限性,用主观地确立的尺度——"真正人的社会""完善了的人"——来衡量资本主义制度的非人化和反人性,显然是费尔巴哈人本主义的痕迹。用异化劳动来说明私有制的产生和灭亡,也不可能科学地说明社会的发展。但是,对一个新学说的创立者来说,重要的不是保留了多少传统观念的痕迹,而是那突破了传统观念、具有强大生命力的幼芽。这是任何新学说的生命所在。《1844 年经济学哲学手稿》中的劳动概念就是这样一种具有强大生命力的幼芽,它既包含着人与自然的关系,又蕴涵着人与人的关系,同时,它还是一个与历史的起点一致的概念——人及其社会历史通过劳动而产生,随着劳动的发展而发展。劳动构成了社会结构的基础和历史发展的源泉。从纵横两方面研究劳动,我们就能理解社会历史的奥秘。因此,恩格斯指出,历史唯物主义是"在劳动发展史中找到理解全部社会史的锁钥"②。

"劳动",是一种"古老而适用于一切社会形式的关系的最简单的抽象",而且这个"最一般的抽象总只是产生在最丰富的具体发展的地方,在那里,一种东西为许多东西所共有,为一切所共有。这样一来,它就不再只是在特殊形式上才能加以思考了"③。《1844 年经济学哲学手稿》中的劳动概念的重要意义就在于:它是人及其社会历史的一般的、本质的、高度的抽象,为马克思从理论上再现现实的具体提供了逻辑起点,标志着马克思认识社会的进程达到了由"完整的表象蒸发为抽象的规定"④。

三、《德意志意识形态》中的"社会形态":思维具体

从感性的具体上升到思维的抽象,无疑是认识上的飞跃,但是,思维的具体才是认识活动的归宿。《1844 年经济学哲学手稿》中的劳动概念虽然为思维进程中再现作为"许多规定和关系"的具体现实提供了逻辑起点,但是,它并未完成在思维具体中再现具体现实的任务。因此,马克思必然要继续完成对社

①《马克思恩格斯全集》第 42 卷,第 131 页。
②《马克思恩格斯选集》第 4 卷,人民出版社 1995 年版,第 258 页。
③《马克思恩格斯全集》第 46 卷上,人民出版社 1979 年版,第 42 页。
④《马克思恩格斯全集》第 46 卷上,第 42 页。

会历史的研究,即"抽象的规定在思维行程中导致具体的再现"①。

1844年到1845年春,是历史唯物主义形成的关键时期。《神圣家族》提出,只有认识某一时期的生产方式才能真正认识某一时期的历史。《关于费尔巴哈的提纲》则提出,人的本质"是一切社会关系的总和"和社会生活的本质是实践。同时,经济学的深入研究,使马克思自觉地意识到,生产是由物质内容和社会形式这两个矛盾着的方面所组成的统一体,资本主义社会的生产关系(生产的社会形式)已经阻碍着对生产力(生产的物质内容)的发展,因此,必须炸毁私有制这个社会桎梏。这里,马克思实际上提出了生产力与生产关系的关系这一重大理论问题。这些论断从不同的方面说明了社会历史的规定性,表明马克思在从抽象的规定到思想的具体的思维行程中迈出了重要的一步。写于1845年11月至1846年夏的《德意志意识形态》对这一时期的哲学和经济学研究的成果进行了反思、提升和综合,从理论上再现了社会结构和历史发展基本联系的完整画面。

通过对劳动,即物质生产和再生产活动的考察,马克思发现,劳动同时表现为双重关系:一方面是人与自然的关系,表现为一定的生产力,另一方面,是人与人之间的关系,表现为一定的社会关系,而且二者都是变化发展着的。那么,生产力与生产关系之间是什么关系?《德意志意识形态》以分工为突破口,首次阐明了交往关系(生产关系)一定要适应生产力状况规律这一历史唯物主义的基本原理。

提出考察分工任务的是《1844年经济学哲学手稿》,完成这一任务的则是《德意志意识形态》。《德意志意识形态》认为,生产必须以个人之间的交往为前提,而人们之间的交往关系是以分工为基础的。"分工发展的各个不同阶段,同时也就是所有制的各种不同形式。这就是说,分工的每一个阶段还根据个人与劳动的材料、工具和产品的关系决定他们相互之间的关系。"②同时,分工又是由生产力所决定的,是生产力发展的结果和表现。"一个民族的生产力发展的水平,最明显地表现在该民族分工的发展程度上。任何新的生产力都会引起分工的进一步发展。"③因此,生产力是社会发展的最终动力,它决定生

---

① 《马克思恩格斯全集》第46卷上,第38页。
② 《马克思恩格斯全集》第3卷,人民出版社1960年版,第25页。
③ 《马克思恩格斯全集》第3卷,第24页。

产关系,从而决定着整个社会关系。

由此,《德意志意识形态》对"市民社会"做出了科学的规定:"在过去一切历史阶段上受生产力所制约、同时也制约生产力的交往形式,就是市民社会。"市民社会"在一切时代都构成国家的基础以及任何其他的观念的上层建筑的基础"。① 如前所述,《黑格尔法哲学批判》提出市民社会决定国家;《1844年经济学哲学手稿》发现物质生产是市民社会的深刻基础,提出物质生产领域支配其他社会领域;《德意志意识形态》则深入到物质生产活动的内在机制,提出市民社会,即由一定的生产力所决定的生产关系是整个社会结构的基础和"全部历史的真正发源地和舞台"②。这里,我们看到了被综合和升华了的《黑格尔法哲学批判》和《1844年经济学哲学手稿》。

不仅如此,《德意志意识形态》还从动态上考察了生产力与生产关系的矛盾运动,即生产力发展到一定阶段,便会同它们在其中运动的现存的交往形式,即所有制关系、生产关系发生矛盾,于是生产关系便由生产力的发展形式变为桎梏,此时必然发生生产关系的变革,旧的生产关系被适合生产力发展的新的生产关系所代替。"一切历史冲突都根源于生产力和交往形式之间的矛盾。"③这个矛盾不断循环,不断采取新的形式,便构成一个有联系的交往形式的序列——部落的、古代的、封建的和资本主义的所有制以及未来的共产主义所有制,因而就呈现出"历史"④。在列宁看来,正是"由于把社会关系归结于生产关系,把生产关系归结于生产力的水平",马克思就有了"可靠的根据把社会形态的发展看作自然历史过程"⑤。

生产力与生产关系之间真实关系的发现,使马克思把握了社会发展的根本规律。站在这个理论高峰上,可以说是"会当凌绝顶,一览众山小",它使马克思对社会机体的解剖达到了新的高度,全面而系统地揭示了社会历史运动的一般规律,从而创立了历史唯物主义。历史唯物主义就是"从对人类历史发展的观察中抽象出来的最一般的结果的综合"⑥。

社会结构、所有制关系、历史进程的全面综合的考察和"最一般的结果的

---

① 《马克思恩格斯全集》第3卷,第40、41页。
② 《马克思恩格斯全集》第3卷,第41页。
③ 《马克思恩格斯全集》第3卷,第83页。
④ 《马克思恩格斯全集》第3卷,第25页。
⑤ 《列宁全集》第1卷,人民出版社1984年版,第110页。
⑥ 《马克思恩格斯全集》第3卷,第31页。

综合"，使马克思对社会的认识产生了质的飞跃。此时，对马克思来说，社会已经不是一个关于整体的混沌的表象，而是一个具有"许多规定和关系"的丰富的总体了。正因为如此，在《德意志意识形态》中，马克思不仅提出了"社会结构"的概念，而且制定了"社会形态"的概念①，即由一定生产力所决定的经济结构、政治结构和观念结构的统一体。可以看出，"社会形态"这一概念的内涵是历史唯物主义基本原理的有机统一。

"具体之所以具体，因为它是许多规定的综合，因而是多样性的统一。因此它在思维中表现为综合的过程，表现为结果。"②虽然《德意志意识形态》制定的社会形态概念还需要进一步精确化和完善化，但是，这一概念的基本内容在《德意志意识形态》中已经形成。因此，在《德意志意识形态》中，马克思以"社会形态"这一概念在思维中再现了作为"许多规定的综合"和"多样性的统一"的具体的社会结构。这就是说，社会形态概念的制定是一个对社会"许多规定""综合的过程"，表现为这一时期马克思思维活动的结果，标志着马克思对社会的认识达到了思维具体。如果说 1843 年的《黑格尔法哲学批判》以市民社会决定国家论断的提出，标志着历史唯物主义形成过程的开始，那么，1845—1846 年的《德意志意识形态》则以社会形态概念的制定，标志着历史唯物主义形成过程的基本完成。

至此，历史唯物主义，即关于社会结构和历史发展一般规律的科学终于诞生。正如列宁所说，马克思"把生产关系划为社会结构，并使人有可能把主观主义者认为不能应用到社会学上来的重复性这个一般科学标准，应用到这些关系上来"。"一分析物质的社会关系（即不通过人们的意识而形成的社会关系：人们在交换产品时彼此发生生产关系，甚至都没有意识到这里存在着社会生产关系），立刻就有可能看出重复性和常规性，把各国制度概括为社会形态这个基本概念。只有这种概括才使人有可能从记载（和从理想的观点来评价）社会现象进而以严格的科学态度去分析社会现象。"③

四、简短的结语

综上所述，马克思创立历史唯物主义是沿着两条道路进行的。第一条道

---

① 《马克思恩格斯全集》第 3 卷，第 29、35 页。
② 《马克思恩格斯全集》第 12 卷，人民出版社 1962 年版，第 751 页。
③ 《列宁全集》第 1 卷，第 110 页。

路是从哲学开始,结合着政治和历史的研究,马克思意识到市民社会是国家的基础。"对市民社会的解剖应该到政治经济学中去寻求。"因此,马克思又从第二条道路开始研究,即开始了政治经济学的研究。这一研究和反思使马克思认识到劳动是社会结构的基础和历史发展的源泉,从而找到了历史唯物主义的逻辑起点。循此前进,马克思把社会关系归结于生产关系,把生产关系归结于生产力的高度,认识到市民社会就是由一定的生产力所决定的经济关系的总和,它构成了社会的经济基础和历史的发源地。至此,两条道路相遇了,历史的唯物主义作为一门科学的历史观终于诞生。

这两条道路的有机联系反映了马克思创立历史唯物主义的历史进程和思维逻辑。这一历史进程和思维逻辑所体现的科学研究的一般规律就是,从感性的具体到思维的抽象,再到思维的具体;这一历史进程和思维逻辑所反映的马克思思想进程的特殊性就在于,从哲学研究到政治经济学研究,再到哲学研究。这一否定之否定过程向我们显示了历史唯物主义形成史的内在逻辑。

载《安徽大学学报》1984 年第 1 期
标题原为《论马克思创立历史唯物主义的思想线索》
《中国哲学年鉴(1985)》转载

论法国复辟时代的历史学及其与
历史唯物主义的关系

　　法国复辟时代的历史学，是指 1814 年至 1830 年波旁王朝复辟时期的法国资产阶级新史学派，其主要代表人物是弗朗斯瓦·基佐（1787—1874）、奥古丁·梯叶里（1795—1856）、弗朗斯瓦·米涅（1796—1884）。恩格斯指出："如果说马克思发现了唯物史观，那么梯叶里、米涅、基佐以及 1850 年以前英国所有的历史编纂学家则表明，人们已经在这方面作过努力。"①普列汉诺夫认为，马克思在创立历史唯物主义时，曾经利用了"复辟时代的法国历史学家所积累的理论材料"②。恩格斯和普列汉诺夫的论述表明，法国复辟时代的历史学在人类认识史上占有重要地位。这里，我试图探讨法国复辟时代历史学的基本观点及其与历史唯物主义的关系，以期深化对历史唯物主义历史的研究。

一、法国复辟时代历史学的理论贡献

　　英雄史观源远流长，直到近代，仍然在历史理论中占据统

---

① 《马克思恩格斯选集》第 4 卷，第 733 页。
② 《普列汉诺夫哲学著作选集》第三卷，刘亦宇等译，生活·读书·新知三联书店 1961 年版，第 156 页。

治地位。一部人类史被英雄史观看成一部英雄的历史，人民群众却在历史学家和哲学家的视野之外。"复辟时代的法国历史学家毅然反对的正是这种观点。"①法国复辟时代历史学对人类认识史的第一大理论贡献就在于，它确认人民群众创造历史的作用。

人民群众是历史的主人公，历史研究应着重研究人民群众的历史。这是梯叶里的基本观点。在梯叶里看来，以往的历史理论在描述历史时，总是以帝王将相、英雄豪杰为中心，没有给人民群众的独立活动留下余地。这种"历史"不是真实的历史，这种考察历史的方法不是现代历史学家所应有的方法。那么，当如何研究历史并从中吸取经验教训？梯叶里认为，应首先恢复人民群众的历史地位，"民族中为数最多和最默默无闻的部分应该恢复在历史中的地位"。只有研究人民群众的历史，才能"给我们提供行动的榜样，并且引起我们在少数完全占据历史前台的特权人物的冒险行为中寻求不到的那种兴趣……而单单叙述权贵和王公的命运，我们是得不到有益的教训的"②。可见，在梯叶里看来，要真正理解人类历史，从而提供真正的国家的和民族的历史，首先要研究人民群众的历史，确立人民群众的历史地位。

在梯叶里看来，人民群众的历史作用就在于他们的首创性。梯叶里明确指出："有一个极为特别的现象，就是历史学家总是顽强地不承认人民群众有首创精神和思想。"③人民群众的首创性表现在各个方面：他们创造了技艺、创造了语言、创造了音乐和诗歌；更重要的是，发起某一社会事业，创立某一社会制度的意志，首先萌发于人民群众之中；人民群众又是实现某一社会制度的主要参加者。基佐则认为在英国和法国资产阶级革命中，"人民自己起来处理自己的事情"，并挺身而出承担过去领袖们不再履行的职责，"具有领导者这个称呼"。在基佐看来，这就是英国革命和法国革命的真正的行动经过和真实的特点。

人民群众创造历史，那么，人民群众从事历史活动的动机和目的是什么？法国复辟时代历史学派的回答是：为了保障自己的利益。人民群众按照自己

---

① 《普列汉诺夫哲学著作选集》第二卷，晏成书等译，生活·读书·新知三联书店 1961 年版，第 352 页。
② 引自[俄]格·瓦·普列汉诺夫：《奥古斯丹·梯叶里和唯物史观》，王荫庭译，载《马列主义研究资料》第 20 辑，人民出版社 1982 年版，第 10 页。
③ Augustin Thierry, *Dix ans d'etudes historiques*, La Haye, Nabu Press, 1885, p. 348.

利益的需要,去参加某一社会事业,创立某一社会制度。米涅指出:"封建制度在实际上还没有存在时就存在于人民的需要中了——这是第一个时代;第二个时代它实际上存在了,但逐渐不合于需要,以致最后停止了它的实际存在。"①这是对以往历史观的一次重大突破。它表明,法国复辟时代历史学的开始扭转了历史研究的方向,引导着人类思想史朝着进步的绿原迈进。普列汉诺夫对此极为欣赏,认为"这是一个极为重大的结果,值得把它记在心中"②。

社会存在着阶级斗争这个事实,早在古希腊罗马时期就被一些思想家所发现和承认。法国复辟时代历史学的贡献在于,对这一事实进行了较为系统和深入的研究,探讨了阶级斗争的经济根源及其历史作用。阶级斗争是法国复辟时代历史学的中心概念。确认阶级斗争是历史发展的动力,这是法国复辟时代历史学的第二大理论贡献。

阶级斗争的根源是什么?这是阶级斗争的深层结构,也是法国复辟时代历史学极为关心的问题。梯叶里指出,阶级斗争就是"为着真正的利益而进行战争。其余的一切都不过是掩饰或者借口"③。基佐认为阶级斗争的根源在于各阶级之间财产利益的矛盾,这种矛盾不可调和,因此,各阶级之间也就不可能有和平。"使它们和解乃是无法实现的意图。使它们达成协议,也会是同样无法兑现的幻想。"④米涅断言:"迄今为止,各民族的编年史中还没有过这样的先例:在牵涉到牺牲切身利益时还能保持明智的态度。"变革涉及利害关系,"有利害关系就形成党派,有党派就有斗争"⑤。

梯叶里、基佐和米涅三人的论述完全一致,实际上提出了两个共同的基本论点:一是阶级斗争根源于经济利益,应从各阶级的"现实的利益"去观察阶级斗争;二是阶级斗争既然根源于经济利益,那么阶级斗争就不可避免、不可调和,暴力则是解决这种矛盾的唯一有效手段。法国复辟时代历史学派的见解无疑是深刻的。

法国复辟时代历史学不仅分析了阶级斗争的经济根源,而且用阶级斗争

① [俄]普列汉诺夫:《论一元论历史观之发展》,博古译,生活・读书・新知三联书店1961年版,第18页。
② 《普列汉诺夫哲学著作选集》第二卷,第736页。
③ Augustin Thierry, *Dix ans d'étude historiques*, p. 52.
④ [法]基佐:《论复辟时代的法国政府和现实的内阁》,王荫庭译,载《马列主义研究资料》第20辑,第11页。
⑤ [法]米涅:《法国革命史》,北京编译社译,商务印书馆1977年版,第4、105页。

的观点分析了中世纪以来的欧洲历史,尤其是法国革命史。

首先,中世纪以来的欧洲历史实际上就是阶级斗争的历史。被马克思誉为"法国历史编纂学中的阶级斗争之父"的梯叶里,已经接近于了解阶级斗争在封建社会发展中和资本主义制度建立中的作用。基佐也认为阶级斗争决定世界命运,发展了欧洲的文明。革命不但没有中断欧洲事物的自然进程,相反,却把人类的事业加以推进。在基佐看来,阶级斗争是文明社会进步的公式。

其次,法国大革命就是一场阶级斗争,是第三等级与封建贵族之间必然展开的生死搏斗。基佐指出,1789年法国大革命是阶级斗争最普遍的、最强有力的表现,"我只想简略地叙述法国的政治历史。等级斗争充满,或者更正确地说,构成这整个历史"①。革命就是向皇权要自由,向贵族要平等,向僧侣要人类理智的权利。米涅认为,法国革命所经历的时期,就是构成法兰西民族的几个阶级争夺政权的年代,"造成这几个阶段的一些事件,就是有那么一股不可抗拒的力量"。正是这种"不可抗拒的力量",使封建制度"不可能回避革命",使波旁王朝的复辟只是历史的暂时现象。"历史不会重演,贵族固然不能从失败中重振声威,君主专制同样也不能从失败中东山再起……第三等级,它的力量——财富、毅力和见识日益增长,注定要打倒和剥夺宫廷势力。"②法国复辟时代历史学的论述清楚地表明,它对阶级斗争的历史意义有了明确的认识,对法国革命的必然性有了清楚的理解,即阶级斗争必然引起革命,从而决定政治历史进程,改变社会面貌,推动社会向前发展。简言之,历史的规律性就在于,阶级斗争是历史发展的动力。

再次,阶级斗争不仅决定社会政治领域,而且规定和制约人们的思想方面。梯叶里认为,宗教运动不过是现实利益的反映。17世纪英国人的宗教信仰,决定于他们的社会地位。"那些站在臣民行列里的人大都是长老会派,就是说,他们在宗教方面也不希望有任何对自己的压迫。那些站在对立的阵营中进行斗争的人,则是主教和教皇的拥护者,因为他们甚至在宗教的形式中也首先寻找他们能够加以利用的权力和他们能够从人们榨取的捐税。"③米涅表

① [法]基佐:《论复辟时代的法国政府和现实的内阁》,第12页。
② [法]米涅:《法国革命史》,第10—11页。
③ Augustin Thierry, *Dix ans d'études historiques*, pp. 91-92.

达了相同的看法,指出"利益和制度的问题先是变成宗教问题,随后又变成党派问题"①。可见,在梯叶里和米涅看来,宗教绝不单纯是个信仰问题,它必然受到阶级斗争的规定和制约。不仅如此,阶级斗争对艺术也产生影响。在基佐看来,英国的文学活动依赖工业财富的发展和财产关系的变化,而戏剧的命运反映着社会关系的变化。在近代,社会成了各种阶级的结合体,戏剧必然受到阶级斗争的影响。

以上分析表明,法国复辟时代历史学已经看到阶级斗争与经济利益的关系,已经清楚地懂得阶级斗争的历史意义。尽管梯叶里、基佐、米涅的视野和视角不同,但他们三人都表达了同一个认识,即阶级斗争是社会发展的动力,是英国、法国资产阶级革命历史进程的基本线索。恩格斯指出,"复辟时期的历史编纂学家,从梯叶里到基佐、米涅和梯也尔,总是指出这一事实是理解中世纪以来法国历史的钥匙"②,并为用唯物主义观点去解释人类历史奠定了良好的基础。

法国复辟时代历史学关于阶级斗争的观点,在人类认识史上占有重要地位。欧洲传统历史学从古希腊的希罗多德到19世纪的兰克,欧洲传统哲学从古希腊的阿那克萨哥拉到18世纪法国唯物主义者,或者是从思想动机去寻找历史的内在联系,或者是把历史看成偶然事件的堆积。法国复辟时代的历史学超越了欧洲传统历史学和传统哲学的观点,认为欧洲历史发展是一个"自然进程",有其内在规律,并力图揭示这一过程的客观规律。

这是一个思想飞跃。正如恩格斯所说,"人的思想是从哪里来的,政治变动的动因是什么——关于这一点,没有人发问过。只有在法国历史编纂学家和部分英国历史编纂学家的新学派中,才产生了一种信念,认为至少从中世纪起,欧洲历史的动力是新兴资产阶级为争取社会的和政治的统治而同封建贵族所作的斗争"③。普列汉诺夫也认为,"把历史看作一个规律性过程的这一新观点,已由复辟时代的法国历史学家在论述法国革命的著作中彻底地发挥过了"④。

法国复辟时代历史学的第三大理论贡献,是提出财产关系是政治制度的

①〔法〕米涅:《法国革命史》,第87页。
②《马克思恩格斯选集》第4卷,第250页。
③《马克思恩格斯选集》第3卷,人民出版社1995年版,第334页。
④《普列汉诺夫哲学著作选集》第二卷,第352页。

基础,并认为政治制度在成为原因之前是结果,社会在受到制度影响变化以前就创造了制度。法国复辟时代历史学并不否认政治制度和民族风俗的相互作用,但是,认为二者归根到底都由第三个更深刻的因素所决定,这个决定性的因素就是人们的市民生活、财产关系。

基佐指出,"为了了解政治制度,就必须认识这个社会中的各个阶层及其相互关系。要了解这些不同的社会阶层,就应该理解土地所有制的性质和状况"①,后又认为不仅"土地所有制状况",而且一般的财产状况也是政治制度的基础,思想、学说以及宪法本身都是社会状况、阶级利益的产物。米涅表达了相同的看法,认为"最广泛和最强烈的利益支使着法律并实现自己的目的"。"1791 年宪法是根据适应法国的思潮和局势的原则制定的。这部宪法是中等阶级的产物,那时中等阶级是最有力量的,正如大家都知道的,占统治的力量总是要占据一切政府机构的。"②

基佐和米涅的论述告诉我们,阶级利益、财产关系决定思想学说和政治制度。不仅如此,米涅认为,财产关系还决定人们的生活方式。"各个人的生活方式都决定于他们的社会状况,各阶级的关系,——简言之,人民的公民生活。"③

18 世纪法国唯物主义提出"人是环境的产物",但不理解究竟是什么东西制约着社会环境。法国复辟时代历史学则提出,财产关系是政治制度、民族风俗的基础,就初步把经济领域从社会环境中划分出来。这正是法国复辟时代历史学比 18 世纪法国唯物主义者高出一筹的地方。这个结论对历史理论来说,是一个极为重要的贡献,它具有唯物主义历史观的因素,而且从财产关系引申出社会结构和历史规律,则是一个重大变化,它预兆着揭开历史之谜的新方向。在普列汉诺夫看来,法国复辟时代历史学这个观点,是对 18 世纪法国唯物主义的"历史观点的全盘革命"④。恩格斯也高度评价了这个观点,指出:"把重大的政治历史事件看作历史上起决定作用的东西的这种观念,像历史学本身一样古老了……这种观念曾支配已往的整个历史观,只是法国复辟时代

① Francois Guizot, *Essais sur l'histoire de France*, Hachette Bnf, 1921, p. 74.
② [法] 米涅:《法国革命史》,第 103 页。
③ Francois Guizot, *Essais sur l'histoire de France*, 1921, p. 74.
④ 《普列汉诺夫哲学著作选集》第二卷,第 157 页。

的资产阶级历史编纂学家才使之发生动摇。"①

　　以上,我探讨了法国复辟时代历史学的主要理论贡献。现在,分析法国复辟时期历史学为什么能够取得这些理论成就。

　　第一,法国资产阶级大革命提供了蓝本和基石。1789 年的法国大革命史无前例、波澜壮阔,显示了人民群众的首创精神,证明历史不是某些伟大人物一手制造的;揭示了阶级斗争的历史作用,说明历史并不是偶然事件的堆积。并且,在这次革命中,相互斗争的各阶级,一开始就剥下了宗教的外衣,公开宣布自己的世俗目的,以完全世俗的方式进行搏斗,这就暴露了经济利益、财产关系的支配作用。社会大变革本无意向历史哲学献媚,然而在无意中决定了历史哲学的面貌,甚至一般倾向。黑格尔的历史辩证法不过是法国大革命带来的社会大变革在德国条件下的曲折反映。黑格尔热情赞颂法国大革命是"一次壮丽的日出,一切能思维的生物都欢庆这个时代的来临"②。法国大革命既然能使德国哲学家为之欢呼,那么,它为什么不能拨动法国历史学家的心弦呢? 梯叶里等人虽未亲自参加法国大革命,但仍感受到它的强烈冲击波,他们有意识地以法国大革命作为自己历史理论的蓝本和基石。

　　第二,法国资产阶级的迫切需要。法国大革命"经历了惊涛骇浪的时期",有着"激烈动荡的形势"。一方面,它以一系列的沉重打击,结束了封建王朝的统治;另一方面,它以一系列难以预料的事件,冲淡了 18 世纪法国哲学神圣的"理性光圈"。这次大变革在 19 世纪初就引起了广泛的争论。对前一方面的惊慌失措和无知,表现于波旁王朝的御用文人攻击法国大革命,否定它的必然性;对后一方面的百思不解和困惑,表现为某些资产阶级人物虽然反对封建制度,但又认为法国大革命像自然灾害一样难以驾驭。因此,以反封建的观点系统地、清晰地论述法国大革命及其必然性,是法国资产阶级的迫切需要。

　　第三,19 世纪法国空想社会主义理论的启发。同 18 世纪法国唯物主义者相比,圣西门的独到之处,首先在于他接触到所有制对社会制度的决定作用这个重要问题;其次,他开始用阶级斗争去解释 15 世纪以来的欧洲历史过程。圣西门的观点对法国复辟时代历史学产生了重要的影响。普列汉诺夫正确地

①《马克思恩格斯选集》第 3 卷,第 502 页。
②［德］黑格尔:《历史哲学》,王造时译,生活・读书・新知三联书店 1956 年版,第 493 页。

指出，法国复辟时代历史学"所抱的历史观点都正是圣西门首先有系统地加以宣传的那些历史观点"①。

第四，18世纪法国唯物主义者失足的教训。如果说圣西门的观点是对法国复辟时代历史学的正面启发，那么爱尔维修等人的理论失足就是对法国复辟时代历史学的反面教训。18世纪法国唯物主义者陷入了"人是环境的产物"与"意见支配世界"之间不可解决的二律背反之中，最后导致英雄史观。这个理论失足给予后人以深刻的教训。它启示后人：要想摆脱意见与环境的二律背反，就必须超越意见与环境相互决定的观点，去探讨意见和环境背后的决定性的因素。

总之，社会的背景、阶级的需要、理论的启发和失足的教训，加上基佐等人的天赋，使得法国复辟时代社会历史的研究取得了辉煌的成就。

二、法国复辟时代历史学的理论局限

如同一个人的优点背后就潜蕴着他的缺点一样，法国复辟时代历史学理论贡献的背后也潜蕴着它的理论局限。从总体上看，法国复辟时代历史学的理论局限主要表现在三个方面。

第一个方面，没有解决人民群众如何创造历史的问题。

法国复辟时代历史学没有解决人民群众如何创造历史的问题，主要是由于它不理解人民群众的创造作用同客观的历史条件，尤其是同物质生产的关系。而这个问题不解决，人民群众的创造活动在不同的时代、不同的国家具有不同的结果，也就不可能被理解。同时，由于法国复辟时代历史学还不理解人民群众同个人，尤其是杰出人物的关系，因而还不能结合个人、伟大人物的历史作用来说明人民群众创造历史的问题。

历史唯物主义与法国复辟时代的历史学都承认人民群众创造历史，但是，在对人民群众创造历史内涵的理解上，二者却有严重的分歧。法国复辟时代历史学虽然提出人民群众创造历史，然而它并不理解人本身的存在就是他们的实际的生活过程，不理解人民群众历史活动所处的社会历史条件不同、生产方式状况不同，人民群众创造历史的广度和深度也就不同。

---

① 《普列汉诺夫哲学著作选集》第三卷，第615页。

按照历史唯物主义观点,人民群众本身的状态及其起作用的情况,归根到底是由生产力的发展,以及最终由生产力所规定的经济、政治、文化等方面状况所决定的。人民群众不能随心所欲地创造历史。人民群众创造历史,只能从现实的客观条件出发,把客观形势造就的可能性转变为现实。正如马克思所说,"人们自己创造自己的历史,但是他们并不是随心所欲地创造,并不是在他们自己选定的条件下创造,而是在直接碰到的、既定的、从过去承继下来的条件下创造"①。人民群众创造历史的活动是能动性与受动性的统一。这是其一。

其二,在法国复辟时代历史学看来,人民群众创造历史只是到资本主义制度的建立为止,以后的历史只是资产阶级的历史。对历史唯物主义来说,人民群众的创造力是有限性和无限性的统一。每一历史时代群众的创造力既然受当时历史条件的制约,就这一时代来说,当然是有限的;就世世代代的延续来说,又是无限的。"历史活动是群众的事业,随着历史活动的深入,必将是群众队伍的扩大。"②

其三,法国复辟时代历史学没有厘清人民群众与个人,尤其是与伟大人物的关系,不理解人民群众的创造作用与个人,尤其是与伟大人物历史作用的关系。与此不同,历史唯物主义认为,"历史是这样创造的:最终的结果总是从许多单个的意志的相互冲突中产生出来的"③。"单个的意志"具有相对独立性,虽然都达不到自己的愿望,但每一个意志都力图改善或超越旧有的历史条件。这样,个人的意志便融合为一个总的合力,由此产生一个总的结果,即历史事件。每个意志在这个总合力中不是等于零,而是对总合力都有所贡献,并被包括在这个总合力之中。有赖于此,社会历史才不断发展。所以,人民群众创造历史的活动是群体与个体的统一。

历史唯物主义还认为,人民群众的人心向背体现了历史的主流,预示着社会发展的基本方向,而伟大人物的活动是社会发展必然进程的自觉表现,伟大人物是历史任务的发起者、参与者和指导者,伟大人物会对历史进程起到加速或延缓的作用,必然会在历史事件上打上鲜明的个性烙印。同时,伟大人物的成功是顺应了人民群众的基本愿望和要求的,并得到了人民群众的支持,二者

---

① 《马克思恩格斯选集》第 1 卷,人民出版社 1995 年版,第 585 页。
② 《马克思恩格斯全集》第 2 卷,人民出版社 1957 年版,第 104 页。
③ 《马克思恩格斯选集》第 4 卷,第 697 页。

在顺应历史发展潮流的基础上达到高度的统一。换言之，只要紧紧依靠人民群众，伟大人物，必然会创造历史伟业。

第二个方面，没有制定科学的、彻底的阶级斗争理论。

从阶级起源的问题上看，法国复辟时代历史学的基本观点是征服论，而没有触及产生阶级的根本原因——生产资料私有制的问题。在它看来，阶级的产生"从征服时期便开始了，这一切都以征服为基础"①。把阶级的产生归结于征服，并不能解决问题，因为"暴力虽然可以改变占有状况，但是不能创造私有财产本身"②。

从阶级划分的问题来看，法国复辟时代历史学的基本观点是分配论，不了解阶级是在特定的经济结构中处于特定地位的人们的共同体。例如，米涅把阶级划分归结为收入来源和收入多寡的不同，这说明米涅等人还没有把"阶级"和"等级"的概念区分开来。

从阶级发展趋势的问题来看，法国复辟时代历史学派的基本观点是永恒论，不理解阶级是一个历史范畴，如基佐认为，"过去和将来到处总是有食利者、企业主和雇佣工人。这些区别完全不是偶然现象，或者说，某个国家所固有的特殊现象；这是任何人类社会中自然地一再发生的普遍现象"③。法国复辟时代历史学热情讴歌并充分肯定的只是资产阶级反对封建贵族的斗争，而对无产阶级反对资产阶级的斗争却极力否定、贬低，认为这是一种灾难和耻辱。

历史唯物主义与法国复辟时代历史学都承认阶级斗争是阶级社会发展的主要推动力，都认为经济利益是阶级斗争的原因，但是，在如何看待阶级、阶级斗争的产生和发展趋势上，二者又有一定的区别。马克思指出："在我以前很久，资产阶级历史编纂学家就已经叙述过阶级斗争的历史发展……我所加上的新内容就是证明了下列几点：（1）阶级的存在仅仅同生产发展的一定历史阶段相联系；（2）阶级斗争必然导致无产阶级专政；（3）这个专政不过是达到消灭一切阶级和进入无阶级社会的过渡。"④马克思的这段论述，集中表明了在阶级和阶级斗争观点上，历史唯物主义与法国复辟时代历史学的本质区别。

---

① Augustin Thierry, *Dix ans d'études historiques*, p.18.
②《马克思恩格斯选集》第 3 卷，第 505 页。
③ ［法］基佐：《论法国的民主》，王荫庭译，载《马列主义研究资料》第 20 辑，第 21 页。
④《马克思恩格斯选集》第 4 卷，第 547 页。

第三个方面,没有发现社会发展的真正根源。

财产关系是政治制度和统治思想的基础,这个思想应该说是深刻的。但是,财产关系又是由什么决定的? 这是解答"历史之谜"的关键问题。对于这个问题,法国复辟时代历史学的答复极度不能令人满意。基佐认为,"征服"是财产关系的根源,由于征服,一个民族占有另一个民族的财产,一些居民占有另一些居民的财产。然而,把财产关系归结于征服,必然产生两个问题:一是征服的社会结果为何不同? 二是征服的动因是什么?

对于第一个问题,法国复辟时代历史学的回答是,由于在不同时期中,彼此冲突的各民族的社会制度有差别,因此征服的结果各不相同。这个回答并没有解决问题,因为在基佐等人看来,社会制度决定于财产关系,现在他们又认为,财产关系起源于征服,而征服结果又决定于社会制度。这无疑是循环论证。

对于第二个问题,法国复辟时代历史学有两种回答:一是征服的动因是为了"实际利益";二是征服的动因是人的天性中的"征服欲"。

认为征服的动因是为了"实际利益",同样没有解决财产关系的起源问题,因为一方面说财产关系起源于征服,另一方面又说征服是为了"实际利益",这些利益又决定于财产关系,结果还是在矛盾中跑来跑去:用征服来解释财产关系和利益,又用财产关系和利益去说明征服。

至于用人的天性中的"征服欲"来说明征服,说明财产关系,进而解释历史,不但没有真正解答"历史之谜",相反,这种理论本身就是唯心主义历史观。在对历史规律的理解上,唯物主义历史观与法国复辟时代历史学有着本质的不同。在法国复辟时代历史学看来,存在着一种不变的人的"本性"或"天性",这是历史发展的终极原因,是阶级斗争、财产关系的根基,是历史规律的深层结构。这表明,法国复辟时代历史学没有真正理解历史规律的内在机制。历史唯物主义则认为,实践、历史主体与客体的相互作用及其发展过程,是历史规律赖以存在的前提和基础。从根本上说,历史规律就是社会经济运动对历史行程的一般影响,体现为生产力与生产关系矛盾运动规律,历史本质上是人类实践运动在时间中的展开。

可见,法国复辟时代历史学提供的理解历史事变的钥匙,并没有帮助它打开历史的殿堂。造成这种状况的原因有两个方面:

一方面,阶级的偏见。基佐等人作为资产阶级的思想家,论证资本主义制度的合理性和永恒性是他们的天职。为此,基佐等人就从"人性"中去找某种社会组织的基础。普列汉诺夫认为,这种方法可以"一箭双雕",即用人性的好的方面说明资本主义制度和力求建立这个制度的整个运动,用人性的坏的方面解释在资产者心目中多少有些奇怪的封建制度以及所有其他社会组织的起源。普列汉诺夫这个见解完全正确,极其深刻。

另一方面,认识的原因。一是"对人类经济史有十分混乱的看法"[1],即法国复辟时代历史学派是从封建制度的瓦解,而不是从它的真正起源来理解这个制度,资本主义制度则被它看成是天然的,剩余价值的秘密对它来说神秘莫测;二是不理解生产实践是全部社会历史的发源地,以及生产实践的二重性,即人对自然的关系和人与人之间的关系,对它来说还是个"斯芬克斯之谜"。因此,财产关系只是生产关系的法律表现这一点,对它来说,也就不可理解。

三、法国复辟时代历史学对唯物史观形成的影响

法国复辟时代历史学对马克思创立历史唯物主义的影响表现在两个方面,即历史的和逻辑的。

从历史上看,法国复辟时代历史学对历史唯物主义的影响表现在,它促进了马克思形成"市民社会是国家的基础"的观点。

在《莱茵报》期间,马克思的思想发展充满着矛盾:一方面开始怀疑黑格尔哲学,另一方面又未摆脱黑格尔哲学;一方面看到"客观关系"的决定作用,另一方面又未把经济关系与思想关系加以区分。马克思此时仍在黑格尔哲学中犹豫徘徊。1843年的《黑格尔法哲学批判》,标志着马克思由怀疑黑格尔哲学到批判黑格尔哲学,结束了犹豫徘徊,由一般的"客观关系"到经济关系,提出了历史唯物主义形成史上的第一个起始原理,即市民社会是国家的基础。

然而,这一思想飞跃究竟是怎样发生的?仅仅用在《莱茵报》时期的实际斗争来解释这个问题,还不够完全。《莱茵报》时期的实际斗争,只是使马克思发现了问题,但未解决问题。为了解决这一"苦恼的疑问",马克思"从社会舞

---

[1] [俄]格·瓦·普列汉诺夫:《奥古斯丹·梯叶里和唯物史观》,载《马列主义研究资料》第20辑,第20页。

台退回书房"进行理论研究。在这一过程中,法国复辟时代的历史学对马克思得出"市民社会是国家的基础"的结论产生重要的影响。

在《克罗茨纳赫笔记》中,马克思直接地研究了基佐、梯叶里、米涅等人的著作。从马克思的摘录和批语看,马克思感兴趣的问题,一是所有制形式及其对政治制度的影响,二是阶级和阶级斗争问题。基佐等人的有关论述,为马克思批判黑格尔法哲学,正确理解市民社会与国家的关系提供了经验的论证。梅林认为,对法国资产阶级革命的研究,促使马克思去考察基佐等人的历史文献,从而认识到经济事实的决定作用。此时"对马克思来说,是法国革命,对恩格斯来说,是英国的工业,成为他们用以说明时代的斗争和时代的愿望的工具"①。

从《黑格尔法哲学批判》写作进程看,马克思的认识是在不断深化的。在《黑格尔法哲学批判》的前半部分,"市民社会"主要被理解为人们的社会关系,而在后半部分,马克思通过分析土地私人占有制的关系,研究了私有财产同国家的关系,认为长子继承制这一法权关系不过是土地私人占有制的结果和表现,并明确指出,"国家制度在这里就成了私有财产的国家制度","整个国家制度都建立在私有财产的基础上"②。

这里,已经涉及市民社会的重要内容——所有制问题,已经接近于把私有制理解为人们之间的物质生活关系。之所以说是"涉及""接近",是因为马克思此时对所有制的理解还局限于一种形式——土地占有制。如前所述,基佐等人认为财产关系,主要是土地占有关系,是政治制度的基础,基于利益之上的阶级斗争是欧洲历史发展的动力。而《黑格尔法哲学批判》提出市民社会是国家的基础,从市民社会进入所有制,但又局限于土地所有制。这两方面相互印证,可以看出马克思关于市民社会是国家基础这一结论明显带着受法国复辟时代历史学影响的印记。

我不能同意这样一种观点,即认为是政治经济学的研究或者是费尔巴哈唯物主义的启发,使马克思得出"市民社会是国家的基础"的结论。

从 1859 年《〈政治经济学批判〉序言》关于历史唯物主义形成和分期的论述可以看出,马克思是在 1843 年 9 月迁居巴黎后,即写《黑格尔法哲学批判》

---

① ［德］弗兰茨·梅林:《中世纪末期以来的德国史》,张才尧译,生活·读书·新知三联书店 1980 年版,第 150—151 页。
② 《马克思恩格斯全集》第 1 卷,第 380、381 页。

之后才"开始研究政治经济学"的,而在这之前,马克思只是产生了"研究经济问题的最初动因"。可见,马克思得出"市民社会是国家的基础"的结论是在他开始研究经济学之前。

费尔巴哈对黑格尔哲学的批判具有开创性的气势,并提供了一个改造黑格尔哲学的方法,即"颠倒法"。这一方法对于马克思批判黑格尔法哲学,得出"市民社会是国家的基础"的结论,无疑有着方法论的启示。但是,费尔巴哈方法论的启示还不足以使马克思得出这一结论。这是因为:费尔巴哈批判的是黑格尔的宗教思辨论和一般哲学观念,马克思批判的则是黑格尔法哲学,即关于社会的思辨学说;费尔巴哈所注意的是自然界与"人",关于市民社会与国家的关系,他没有什么具体的见解,而马克思此时注意的和要解决的是市民社会与国家的关系问题。正是在这方面,马克思受到法国复辟时代历史学的重要影响。如果说费尔巴哈的"颠倒法"为马克思批判黑格尔法哲学,提出"市民社会是国家的基础"的观点,提供了方法论的启示,那么,法国复辟时代历史学关于"财产关系是政治制度的基础"的观点则为马克思批判黑格尔法哲学,得出"市民社会是国家的基础"的结论,提供了经验论证,并直接引导马克思得出了这一结论。

以上正反两方面的分析和论证表明,法国复辟时代历史学对马克思从唯心主义历史观转向唯物主义历史观,并得出"市民社会是国家的基础"的结论,起了重要的促进作用。如果说历史唯物主义的基本原理是马克思研究政治经济学所得到的"总的结果",那么历史唯物主义形成史上第一个起始原理则是马克思在费尔巴哈"颠倒法"的影响下研究历史、批判继承法国复辟时代历史学所得出的结果。普列汉诺夫指出,1843 年马克思提出市民社会是国家的基础,"只是重复了很早以前历史科学在社会发展及与其相联系的阶级斗争的影响下所作的结论。全部差别就在于马克思以前的人们对财产关系和利益的起源完全没有弄清楚,而马克思却把这个问题弄得十分清楚"[1]。应该说,普列汉诺夫的这一评价是公正的。

恩格斯在《路德维希·费尔巴哈和德国古典哲学的终结》中提出,马克思创立历史唯物主义的逻辑方法有三个基本环节,即观察人的活动,研究人们历史行动的动机,探究"动力的动力",并认为"这是能够引导我们去探索那些在

---

[1]《普列汉诺夫哲学著作选集》第二卷,第 547—548 页。

整个历史中以及个别时期和个别国家的历史中起支配作用的规律的唯一途径"①。列宁把这个方法又概括为："从社会生活的各种领域中划分出经济领域，从一切社会关系中划分出生产关系"，"把社会关系归结于生产关系，把生产关系归结于生产力的水平"②。在创立历史唯物主义的逻辑方法上，马克思也受到了法国复辟时代历史学的启发。

如前所述，人民群众、经济关系的历史作用，是在欧洲传统历史学和历史哲学的视野之外。与此不同，法国复辟时代历史学对历史的研究着眼于人民群众的历史作用，以阶级斗争为基本线索，从阶级斗争追寻到经济利益，从政治制度探究到财产关系。法国复辟时代历史学历史研究范围之广阔，蹊径之独辟，给当时的读者以新奇之感，同时，也启发了善于批判继承前人理论的马克思。梯叶里等人强调人民群众的历史作用，希望研究人民群众的历史，这就开始扭转历史理论的注意中心；强调阶级斗争是历史的主要内容并决定历史的进程，提出利益是阶级斗争的根源，这就开始揭示历史发展的客观规律。这些观点使马克思进一步认识到人民群众是历史的创造者，进一步认识到社会生活中的一切都同经济利益有关，而基于利益之上的阶级斗争是文明时代的主要内容和社会发展的"直接动力"。

所以，马克思在探索历史规律时，首先注意的是人民群众的动机，阶级的动机。正如恩格斯指出的那样，"如果要去探究那些隐藏在——自觉地或不自觉地，而且往往是不自觉地——历史人物的动机背后并且构成历史的真正的最后动力的动力，那么问题涉及的，与其说是个别人物、即使是非常杰出的人物的动机，不如说是使广大群众、使整个的民族，并且在每一民族中间又是使整个阶级行动起来的动机；而且也不是短暂的爆发和转瞬即逝的火光，而是持久的、引起重大历史变迁的行动"③。这样，马克思便从人们自己创造自己的历史这一前提出发，追寻到人民群众的创造活动、阶级的历史行动的思想动机，并在法国复辟时代历史学的启示下又从思想动机追寻到经济利益。

实际的经济利益是一种看得见、摸得着的客观现象，物质产品的数量和质量，只是提供了经济利益的前提，还不是经济利益上的实际占有。那么，决定

①《马克思恩格斯选集》第 4 卷，第 249 页。
②《列宁全集》第 1 卷，第 107、110 页。
③《马克思恩格斯选集》第 4 卷，第 249 页。

人们实际获得不同的经济利益的力量又是什么？发现这种力量，就能够抓住问题的本质，就能为剖析社会结构、分析社会关系奠定牢固的基础。在这一方面，马克思同样受到法国复辟时代历史学的启发。

基佐等人提出财产关系是一个国家的政治制度、统治思想的深刻基础，政治法律根源于社会关系，而社会关系为所有制状况所决定。这实际上初步描绘了社会结构，即财产关系——思想学说——政治制度，初步区分了社会关系，即财产关系与政治关系。按照基佐等人的意见，历史学家只有注意研究公民生活、财产关系，才能提供理解历史事变的钥匙。这把"钥匙"启发着马克思在探究社会结构的基础和历史发展的根源时，首先从社会生活的各种领域中划分出经济领域来，看到了经济利益的支配作用。"人们奋斗所争取的一切，都同他们的利益有关。"[1]而经济利益能否满足以及满足的程度同生产方式发展的水平是分不开的。对生产方式及其内在矛盾的深入探究，使马克思认识到，利益体现着历史主体(个体或群体)同对象(物质产品)间的一定关系，但在主体分配和享用这些对象时，必定要发生人与人之间的"利"与"害"、"益"与"损"等关系。

因此，经济利益在本质上是一个社会关系的范畴。一方面，生产关系体现经济利益，人们在经济交往中的全部活动，或者彼此合作，或者互相争斗，无一不是围绕着经济利益而展开的；另一方面，人们之间的社会关系，首先是经济关系、生产关系，又制约、决定着经济利益。后一个方面，是由现实的经济关系，尤其是所有制关系所制约、所决定的。人们对生产资料的占有关系(占有或不占有，以及用什么方式占有)不同，决定着人们实际获得的经济利益的性质和水平也就大不相同。经济利益的内容和性质必然随着生产关系的变化而变化。

对于经济利益的科学探讨，不仅帮助马克思正确地理解生产活动以及由生产活动所决定的一切社会活动，还使马克思正确地理解生产关系以及在生产关系基础上建立起来的一切社会关系，从而从社会关系的总和中划分出生产关系来，并把它当作决定其余一切关系的基本的原始的关系。这样，在经济利益的背后，马克思发现了直接决定它的生产关系，从而把经济利益看作人们对生活资料和生产资料的关系的具体表现。可以看出，基佐等人研究历史所

---

[1]《马克思恩格斯全集》第1卷，第82页。

用的方法,对马克思创立历史唯物主义的逻辑方法有着重要的启发作用。

以上是正面启发,下面再谈反面的启发。

财产关系是政治制度的基础,这是正确的。但是,财产关系,即所有制的状况又是由什么决定的?能否正确地解决这个问题,关系到历史理论能否转变为历史科学的问题。正是在这个问题上,法国复辟时期历史学派失足了。它用"征服"来解释财产关系,由此陷入了唯心主义历史观。正如普列汉诺夫所说,它坚决主张规律观,但还不完全明白究竟应该怎样来了解历史运动的规律性。它的理论失足,从反面启发了马克思。

任何征服的事实必然会引起这样一个问题,即为什么它的社会结果是这样的,而不是另一样的?这使马克思意识到,在社会生活中有一种未知的力量,它不仅不为征服所制约,相反,它制约着征服的后果,甚至制约着征服本身。通过对征服的具体的研究,马克思发现这种未知的力量就是物质资料的生产方式。"所有的征服有三种可能。征服民族把自己的生产方式强加于被征服的民族(例如,英国人本世纪在爱尔兰所做的,部分地在印度所做的);或者是征服民族让旧生产方式维持下去,自己满足于征收贡赋(如土耳其人和罗马人);或者是发生一种相互作用,产生一种新的、综合的生产方式(日耳曼人的征服中一部分就是这样)。在所有的情况下,生产方式,不论是征服民族的,被征服民族的,还是两者混合形成的,总是决定新出现的分配。"①

法国复辟时代的历史学把征服归结于人的天性中的"征服欲",用人的天性来解释财产关系,进而说明历史,包含着不可解决的矛盾,即人的天性是否变化?如果不变,那么不变的人性怎么能成为变动不居的历史的原因?如果变化,那么变化的原因又是什么?用普列汉诺夫的话来说,这仍然是一种"新的迷津",历史科学中折中主义和矛盾的新根源。这表明,法国复辟时代历史学仍在意见与环境的二律背反中徘徊。

然而,这些却启发了马克思跳出前人从人性中寻找"历史之谜"答案的老路子,而去寻找一条探索"历史之谜"的真实道路。这就是,从社会实践出发理解全部历史和人的本身及其现实表现。"环境的改变和人的活动或自我改变的一致,只能被看作是并合理地理解为革命的实践。"②通过对实践唯物辩证的

① 《马克思恩格斯全集》第46卷上,第34—35页。
② 《马克思恩格斯选集》第1卷,第55页。

理解,马克思科学地解决了长期困扰着旧哲学的环境与意见之间的二律背反,把历史哲学提到了一个崭新的高度,使历史理论成为真正的历史科学。正如普列汉诺夫所说,"'在作用于外间自然时,人改变了自己本身的天性。'在这几句话中包括着马克思的历史理论的全部本质"①。

可见,法国复辟时代历史学的理论贡献与理论失足,从两方面启发了马克思,即探讨经济利益背后的决定因素,探讨征服背后的未知力量以及人性变化的历史原因。这两方面的探讨在生产实践中聚首了,全部社会历史理论终于从昏暗的迷宫中走了出来。就这样,马克思为唯物主义历史观树起了凯旋门,对唯心主义历史观写下了墓志铭。

四、简短的结语

概括前述,做出两点结论:

第一,我毫不犹豫地认为,法国复辟时代历史学不乏真知灼见,已经具有唯物主义历史观的萌芽和因素。它在人类认识史上的地位就在于:第一次动摇了唯心主义历史观对历史理论的统治地位,并为唯物主义历史观的创立提供了直接的理论前提和方法论前提。如果说历史唯物主义的创立是人类思想史上的壮丽日出,那么法国复辟时代的历史学就是这日出前的启明。

第二,法国复辟时代历史学的理论贡献不应抹杀,它的理论局限也不应忽视。其学说存在着内在的不可解决的矛盾,迫使它退出了认识的发展行列,只能作为思想博物馆的标本陈列于世,而不是兴盛于世了。取而代之的是马克思的历史唯物主义。我毫不含糊地指出,只有历史唯物主义才第一次科学地揭示了人类历史运动的根本原因和一般规律,从而实现了人类思想史上的革命变革。

载《社会科学战线》1985 年第 4 期

---

① [俄] 普列汉诺夫:《论一元论历史观之发展》,第 107 页。

论《哲学的贫困》对历史唯物主义的科学表述

  《哲学的贫困》的特点,是严谨的唯物主义和科学的辩证方法。马克思后来评论这本书指出:"我们见解中有决定意义的论点,在我的 1847 年出版的为反对蒲鲁东而写的著作《哲学的贫困》中第一次作了科学的、虽然是论战性的概述。"①这一论述表明《哲学的贫困》在历史唯物主义史上具有重要的地位。我的这篇文章,试图通过探讨《哲学的贫困》如何科学表述历史唯物主义来确定它在历史唯物主义史上的地位。

一、历史唯物主义的中心范畴:"生产关系"的科学制定

  "生产关系"是马克思主义的一个特有范畴。生产力和生产关系矛盾运动的辩证法,经济基础、上层建筑以及社会形态这样一些历史唯物主义的基本范畴都是在生产关系范畴的基础上建立起来的。因此,列宁在《什么是"人民之友"以及他们如何攻击社会民主党人?》中把"生产关系"作为历史唯物主义体系的中心范畴。然而,马克思制定这一科学范畴经历了一个艰难曲折的思想登山路途。我们只有大致地了解这一过程,才能在比较中充分理解《哲学的贫困》对生产关系范

---

① 《马克思恩格斯选集》第 2 卷,人民出版社 1995 年版,第 34 页。

畴的科学制定。

生产关系范畴萌芽于《黑格尔法哲学批判》,在《1844年经济学哲学手稿》和《神圣家族》做了进一步探讨,在《德意志意识形态》中得以初步形成。之所以说生产关系范畴在《德意志意识形态》只是初步形成,是因为:

一是《德意志意识形态》提出所有制就是由分工决定的个人与劳动资料和劳动产品的关系,但没有直接把所有制归结为生产关系,没有明确所有制关系就是人们在生产、分配、交换和消费的过程中所形成的一切经济关系,反而把所有制与生产关系相对举,认为生产关系与所有制的关系是人们在制造"生产对象"的直接生产过程中同"权力"的关系①。

二是《德意志意识形态》中的生产关系范畴具有多义性,它有时同生产力的含义相类似,有时包括人口生产上的社会关系②,有时还指直接生产活动中人们之间的关系。

三是《德意志意识形态》中的生产关系范畴主要是用"交往形式"的术语表述的,然而,《德意志意识形态》中的交往形式一词,不仅包括物质交往和精神交往,还指战争、保险公司这样的事物③,其含义类似社会关系。作为一个发展中的概念,"交往形式"与"生产关系"有重合之处,但不等于"生产关系"。

那么《哲学的贫困》是如何科学地制定生产关系范畴的?

从内容上看,《哲学的贫困》直接把所有制关系归结为生产关系,并把生产关系规定为人们在整个生产过程中所形成的一切经济关系。

"所有制"是蒲鲁东"经济矛盾的体系"中最后一个范畴。蒲鲁东把所有制同分工、竞争、垄断、贸易等并列起来,把所有制规定为独立的关系。我们知道,所有制是占有的一定社会形式,体现为人与人的关系,存在于物质生产的各方面,生产、分配、交换和消费四个环节的有机构成则是生产资料所有制的实现。否则,所有制无从谈起,只能是空的。而生产关系就是人们在物质生产和再生产过程中发生的一定的、必然的、不以人的意志为转移的关系。因此,所有制关系和生产关系在内涵上是同一概念。

针对蒲鲁东把所有制形而上学化,马克思在《哲学的贫困》的纲要——1846年12月《致安年柯夫的信》中就指出,在资本主义社会中,"分工和蒲鲁东

---

① 《马克思恩格斯全集》第3卷,第28、205、402—421页。
② 《马克思恩格斯全集》第3卷,第28、33页。
③ 《马克思恩格斯全集》第3卷,第26、30、72页。

先生的所有其他范畴是综合起来构成现在称之为所有制的社会关系"①。在《哲学的贫困》中,马克思进一步指出:"给资产阶级的所有权下定义不外是把资产阶级生产的全部社会关系描述一番。""硬使所有权的起源神秘化也就是使生产本身和生产工具的分配之间的关系神秘化。"②这就是说,所有制关系就是生产关系,而生产关系则是"人们借以进行生产、消费和交换的经济形式"。"每一个社会中的生产关系都形成一个统一的整体。"③

　　这表明,《哲学的贫困》中的生产关系的含义,已经突破了把生产关系理解为直接生产活动中的人们相互关系的局限,把它推广到人们在生产、分配、交换和消费等生产和再生产所必经的几个环节中所形成的一切经济关系。这一表述同马克思后来的经典论述是完全吻合的。在《〈政治经济学批判〉导言》中,马克思把生产关系分为生产、分配、交换和消费四个环节,认为"它们构成一个总体的各个环节,一个统一体内部的差别"④。在《反杜林论》中,恩格斯也有类似的概括。因此,《哲学的贫困》确切地规定了生产关系的内涵。

　　从形式上,即术语的表达上看,《哲学的贫困》直接并完全用"生产关系"这一术语来表示人们在生产中所形成的关系,达到了形式和内容的统一。从此,"生产关系"成为表达人们在生产过程中所形成的一切经济关系的惯常用语。而"交往形式"这个术语从此以后只是作为表示一般社会关系的用语继续使用着,而且在成熟了的马克思主义著作中的比重大大降低了。

　　把《德意志意识形态》中的生产关系范畴同《哲学的贫困》中的生产关系范畴相比较,可以看出,后者继承了前者,即都是结合着生产力来说明生产关系。但是,二者又有区别。生产关系范畴在《德意志意识形态》中仍在形成之中,并未得到确切规定和准确表达,而生产关系范畴在《哲学的贫困》中已基本形成,生产关系内容的确切规定和术语的准确表达首次达到了统一,生产关系从此成为历史唯物主义的一个确定的中心范畴、科学范畴,表示人们在物质生产和再生产过程中所必然结成的,并体现于生产、分配、交换和消费四个环节中的一切经济关系。因此,《哲学的贫困》才真正完成了生产关系概念的形成过程。

　　生产关系范畴的科学制定完成于《哲学的贫困》并非偶然。

---

① 《马克思恩格斯选集》第4卷,第536页。
② 《马克思恩格斯全集》第4卷,人民出版社1958年版,第180、181页。
③ 《马克思恩格斯全集》第4卷,第144页。
④ 《马克思恩格斯选集》第2卷,第17页。

从意识形态斗争上看,生产关系范畴的科学制定是批判蒲鲁东主义的需要。蒲鲁东对经济关系的理解是极其错误的。他不懂得人们在发展生产力时也发展一定相互关系,不懂得所有制的真正含义,不是把经济范畴看成经济关系的理论表现,而是把经济关系看成经济范畴的化身。因此,必须科学制定生产关系的概念,以正本清源,消除蒲鲁东的影响。列宁由此认为,《哲学的贫困》对蒲鲁东社会学的批判是援引生产关系的。①

从历史唯物主义本身的发展来看,生产关系范畴的科学制定是历史唯物主义规范化的要求。如上所述,《德意志意识形态》中的生产关系范畴正处于从交往形式等范畴的演化过程中,历史唯物主义的进一步发展必然要求它的中心范畴确切化和规范化。

从整个马克思主义发展史来看,生产关系范畴的科学制定是马克思经济理论发展的必然。《哲学的贫困》中的经济思想较之《1844 年经济学哲学手稿》,有了很大的突破。这主要表现在四个方面:一是《哲学的贫困》第一次把生产关系及其历史运动规定为马克思主义经济学的对象;二是《哲学的贫困》已由否定劳动价值论转到承认劳动价值论,明确认识到劳动价值论是剖析资本主义经济制度的科学基础和理论出发点;三是剩余价值理论在《哲学的贫困》中已经萌芽,马克思初步认识到剩余价值理论是资本主义制度的基础;四是在《哲学的贫困》中,马克思认识到人们在生产中的地位和劳动产品的分配,并不是由人们的交换关系决定的,而是在交换之前就已经决定了。这样,马克思初步明白了资本主义经济制度的内在联系,进而必然会对生产关系范畴做出确切的规定和准确的表述。

可以看出,不仅意识形态斗争的逻辑,而且马克思主义理论本身发展的逻辑,都要求在这个时期科学地制定出生产关系的概念。

二、历史唯物主义的核心观点:生产力和生产关系之间关系的科学表述

发现生产力和生产关系的关系,是马克思解答"历史之谜"的关键。因此,生产力和生产关系的辩证法,是历史唯物主义的核心。

无疑,《德意志意识形态》第一次全面地描述了历史唯物主义。但是,准确

①《列宁全集》第 1 卷,第 112 页。

地说,《德意志意识形态》只是具备生产力决定生产关系的思想,并未将生产力和生产关系之间的关系直接确定下来。在这里,历史唯物主义创始人只是相应地考察了生产力与交往形式、生产力与所有制的关系,表述了这种从属关系,即生产力——生产方式——交往形式;生产力——分工——所有制形式①。如前所述,《德意志意识形态》中的交往形式概念包括物质交往,即人们在生产过程中的交往,有时又类似生产关系的概念;《德意志意识形态》中的所有制概念的内涵与我们今天所理解的生产关系概念的内涵是一致的。因此,"生产力决定交往形式""生产力决定所有制形式"的原理和"生产力决定生产关系"的原理是一致的,在一定意义上是相符合的。正是基于这一点,我认为,《德意志意识形态》发现了生产力与生产关系的辩证法。

但是,交往形式概念不能等同于生产关系概念,也不是生产关系内容的准确表达;所有制形式在《德意志意识形态》中也未被直接规定为在物质生产和再生产过程中所形成的一切经济关系。因此,"生产力决定交往形式""生产力决定所有制形式"的原理不能等同于"生产力决定生产关系"的原理。严格地说,"生产力决定交往形式"相当于"生产力决定社会关系",而"生产力决定所有制形式"只是具备了"生产力决定生产关系"的思想。所以,我又认为,《德意志意识形态》只是初步确立了生产力决定生产关系的原理,对这一原理的认识尚未完全成熟,也未直接得出生产力决定生产关系的结论。

《哲学的贫困》发展了《德意志意识形态》中关于生产力决定生产关系的思想。由于科学地制定了生产关系范畴,因此,马克思在这里以一种令人信服的明确性,科学地表述了生产力决定生产关系的原理。

具体地说,《哲学的贫困》对生产力和生产关系的关系直接做了规定。生产关系范畴的科学制定,为直接规定生产力和生产关系的关系提供了可靠的前提。因此,《哲学的贫困》直接考察了生产力与生产关系的关系,首次明确指出"人们生产力的一切变化必然引起人们的生产关系的变化"②。

生产力和生产关系之间关系的直接规定,使社会关系、生产关系和生产力三者之间的内在联系明确化、科学化了。社会关系和生产力密切相连。生产力是"全部历史的基础",生产方式是保证人们生活的方式,而生产关系则是作

---

① 《马克思恩格斯全集》第 3 卷,第 24、25、34、42—43 页。
② 《马克思恩格斯全集》第 4 卷,第 155 页。

为这一特定生产方式的必然关系的经济关系。生产力发展到一定阶段必然与现存的生产关系发生矛盾,为了不使已获得的生产力被破坏,必须粉碎生产力在其中产生的那些传统形式。生产力的一切变化必然引起人们的生产关系的变化。因此,"随着新生产力的获得,人们改变自己的生产方式,随着生产方式即保证自己生活的方式的改变,人们也就会改变自己的一切社会关系"①。这里的论述可以说是简练、明确而科学,清澈见底地向我们展示出物质生产的内在机制,即生产力——生产方式——生产关系;明白无误地向我们说明了社会关系的全部秘密,即生产力(人和自然界的关系)——生产关系——社会关系。

显而易见,马克思对生产力和生产关系之间关系的理解在《哲学的贫困》中完全成熟,并首次做了直接而科学的表述,由这个焦点焕发出整个历史唯物主义的无限光芒。

三、历史唯物主义的重要内容:阶级斗争理论的科学概括

马克思的阶级斗争理论的根本特点就在于,自觉认识到阶级存在仅仅同生产发展的一定历史阶段相联系。这一根本观点在《德意志意识形态》中就已做了论述。《哲学的贫困》以其深刻的思想、精彩的表述对《德意志意识形态》中的论述做了进一步概括。

第一,生产力的状况决定阶级的状况。《哲学的贫困》认为,由于经济条件不同,各个社会的阶级状况是不同的;由于生产力与生产关系的矛盾,即使同一个阶级在不同时期的状况也是不同的。"革命因素之组成为阶级,是以旧社会的怀抱中所能产生的全部生产力的存在为前提的。"而生产力的进一步发展必然与现存的生产关系发生冲突。为了解放生产力,"必须粉碎生产力在其中产生的那些传统形式。从此以后,从前的革命阶级将成为保守阶级"②。这就明确告诉我们,生产力的状况决定阶级的状况。

第二,阶级斗争是阶级社会发展的直接动力。《哲学的贫困》指出:"当文明一开始的时候,生产就开始建立在级别、等级和阶级的对抗上,最后建立在积累的劳动和直接的劳动的对抗上。没有对抗就没有进步。这是文明直到今

---

① 《马克思恩格斯全集》第4卷,第144页。
② 《马克思恩格斯全集》第4卷,第155页。

天所遵循的规律。到目前为止,生产力就是由于这种阶级对抗的规律而发展起来的。"①阶级斗争基于经济利益。但是,当统治阶级掌握统治权的时候,阶级斗争又必然上升为夺取和维护政权的斗争。因此,"阶级同阶级的斗争就是政治斗争"②,而被压迫阶级的解放必然意味着新社会的建立。

《哲学的贫困》的这些精彩的论述,使整个阶级社会的历史像一幅壮阔的画卷展现在我们面前:从文明一开始即有文字记载之日起到目前为止,社会一直分裂为各个独特的、彼此对立的阶级;在阶级社会中,整个社会从经济领域到政治领域都是在阶级对抗中发展起来的,阶级斗争是阶级社会发展的直接动力。因此,从文明社会开始到目前为止的人类社会历史实际上是一部阶级斗争的历史。

第三,阶级斗争必然导致全面的革命。基于现代大工业基础上的无产阶级和资产阶级的斗争是最后的斗争。"工人阶级解放的条件就是要消灭一切阶级。"③因此,在无产阶级和资产阶级斗争的进程中,无产阶级将建立在一个不同于任何原来意义上的新政权来代替资产阶级政权,将创造一个消除阶级和阶级对立的"联合体"来代替资本主义社会。这是一次"全面的革命"。从此,"社会进化将不再是政治革命"④。

四、历史唯物主义的基本思想:社会发展是自然历史过程的科学表述

社会形态的发展是自然历史过程的思想集中体现了历史唯物论与历史辩证法的高度统一,是历史唯物主义的基本思想。在列宁看来,马克思之所以能够得出社会形态发展是自然历史过程中的观点,其秘密就在于"把社会关系归结于生产关系,把它归结于生产力的水平"⑤。如前所述,这一划分过程在《德意志意识形态》中尚未完全实现。因此,社会形态的发展是自然历史过程的观点在《德意志意识形态》中只是初步形成。《哲学的贫困》则彻底厘清了社会关系、生产关系和生产力三者的内在联系,从而对《德意志意识形态》中的社会形

① 《马克思恩格斯全集》第 4 卷,第 104 页。
② 《马克思恩格斯全集》第 4 卷,第 196 页。
③ 《马克思恩格斯全集》第 4 卷,第 197 页。
④ 《马克思恩格斯全集》第 4 卷,第 198 页。
⑤ 《列宁全集》第 1 卷,第 110 页。

态发展是自然历史过程的思想做了鲜明的、较完整的论述。

一是人们不能自由选择自己的社会形式。社会是人们交互作用的产物，是"一切关系同时存在而又互相依存的社会机体"①。其中，人们不能自由选择自己的生产力，因为"任何生产力都是一种既得的力量，是以往的活动的产物"②，而一定的生产力又决定着一定的生产关系的产生，从而形成一定的社会关系。"在人们的生产力发展的一定状况下，就会有一定的交换……和消费形式。在生产、交换和消费发展的一定阶段上，就会有相应的社会制度、相应的家庭、等级或阶级组织，一句话，就会有相应的市民社会。有一定的市民社会，就会有不过是市民社会的正式表现的相应的政治国家。"③"手工磨产生的是封建主为首的社会，蒸汽磨产生的是工业资本家为首的社会。"④因此，人们不能自由选择自己的社会形式。

二是人们不能自由创造自己的历史。生产力和生产关系的矛盾运动推动着人类社会不断向前发展。任何一种社会形式，无论是资本主义社会、封建社会，还是奴隶社会，都是适应着生产力的发展而必然产生的社会形式，然而又都是暂时的和历史的形式。作为全部历史基础的生产力是一种既得的、客观的、不以人的意志为转移的物质力量。"后来的每一代人都得到前一代人已经取得的生产力并当作原料来为自己新的生产服务，由于这一简单的事实，就形成人们的历史中的联系，就形成人类的历史。"⑤人们不能随心所欲地创造历史。

三是人既是历史的"剧作者"，同时又是历史的"剧中人"。人是社会的主体，因而是历史的"剧作者"。作为社会存在和发展决定性因素的生产力也是人们的实践能力，"最强大的一种生产力是革命阶级本身"。社会历史离开人的活动将荡然无存，"人们的社会历史始终只是他们的个体发展的历史"⑥。"人们是在一定的生产关系范围内制造呢绒、麻布和丝织品的"，但是，"这些一定的社会关系同麻布、亚麻等一样，也是人们生产出来的"⑦。人又是历史的

---

① 《马克思恩格斯全集》第4卷，第145页。
② 《马克思恩格斯选集》第4卷，第532页。
③ 《马克思恩格斯选集》第4卷，第532页。
④ 《马克思恩格斯全集》第4卷，第144页。
⑤ 《马克思恩格斯选集》第4卷，第532页。
⑥ 《马克思恩格斯选集》第4卷，第532页。
⑦ 《马克思恩格斯全集》第4卷，第143、144页。

"剧中人"。如前所述,人不仅不能自由地选择社会形式,不能自由地创造历史,而且人本身的状况及其起作用的情况都是由生产方式决定,受社会状况和历史条件制约的。即使人的需要也不是产生于抽象的永恒本质,而是取决于具体的社会地位,"而这种社会地位的差别却又是社会组织的产物"。简而言之,"需要往往直接来自生产或以生产为基础的情况"。① 所以,人的能动性不能改变历史的客观性。

人既是历史的"剧作者",又是历史的"剧中人"的思想是极其深刻的。一方面,这一思想说明,历史是由具有理性和意志的人所创造的,历史规律并不是凌驾于人们活动之上的超然物,而是人们活动的产物,并且需要通过人的自觉活动才能实现;另一方面,这一思想义说明,人的活动又形成了不以人的意志为转移的客观的历史规律,形成了社会发展的自然过程。"随着新的生产力的获得,人们便改变自己的生产方式,而随着生产方式的改变,他们便改变所有不过是这一特定生产方式的必然关系的经济关系。"②因此,只有把人既当作历史的"剧作者",又当作历史的"剧中人",才能"回到真正的出发点"③,从而发现真实的历史。

以上三个基本观点,具有内在的逻辑联系,构成一个较为完整的思想,即社会形态的发展是自然历史过程。列宁认为,《哲学的贫困》已经做到"把社会演进看作是社会经济形态发展的自然历史过程"④。这表明,在《哲学的贫困》中,社会发展的观点已经具备了独特的历史唯物主义的特征。

五、《哲学的贫困》在历史唯物主义史上的地位

在完成了对《哲学的贫困》的具体分析之后,我们再回到对《哲学的贫困》的总评价上,就有可能获得一个包含着内容丰富而又具体的明确看法。

《哲学的贫困》标志着历史唯物主义形成史的结束。这是因为,生产关系范畴、生产力与生产关系的辩证法既然是历史唯物主义的中心范畴和核心观点,那么对生产关系、生产力与生产关系之间关系理解的成熟程度,也就是历

① 《马克思恩格斯全集》第 4 卷,第 86、87 页。
② 《马克思恩格斯选集》第 4 卷,第 533 页。
③ 《马克思恩格斯全集》第 4 卷,第 149 页。
④ 《列宁全集》第 1 卷,第 135 页。

史唯物主义本身成熟程度的标志。应该说,《德意志意识形态》第一次全面地描绘了历史唯物主义的大致轮廓,但是,生产关系、生产力与生产关系之间的关系在《德意志意识形态》中并未得到确切规定和准确表达,问题就在于,中心范畴的清晰、核心观点的明确,是任何一个科学体系完全形成不可缺少的因素。因此,历史唯物主义在《德意志意识形态》中只是初步形成,而未基本形成。换言之,《德意志意识形态》并未完成历史唯物主义的形成过程。与此不同,《哲学的贫困》第一次使历史唯物主义的中心范畴和核心观点达到了思想的完全成熟和术语的准确表达的统一,并以此为基础,"科学表述"了阶级斗争理论和历史研究的"真正的出发点"。至此,历史唯物主义真正完成了其形成过程。

正是基于这一点,马克思在《〈政治经济学批判〉序言》中,分别对《德意志意识形态》和《哲学的贫困》做出评价:对于历史唯物主义,《德意志意识形态》只是"弄清问题",《哲学的贫困》则做了"科学表述"。"弄清问题"和"科学表述"这八个字的评价很有分寸,极其准确,充分说明《德意志意识形态》和《哲学的贫困》在历史唯物主义形成史上的不同地位。

就《共产党宣言》和《哲学的贫困》的关系而言,《共产党宣言》是《哲学的贫困》的基本思想首次运用的产物。任何理论都是从对客观实际的观察和分析中抽象出来的,又必然回到实际中去接受检验并指导实践。这种接受检验并指导实践过程的第一步,就是在理论的指导下研究客观实际,形成路线,制定纲领。作为无产阶级政党第一个正式纲领的《共产党宣言》,正是运用了《哲学的贫困》中的历史唯物主义理论,研究并论证了资本主义产生、发展和灭亡必然性。恩格斯一再强调,《共产党宣言》的基本思想,就是生产力决定生产关系以及全部社会关系;除原始社会外,一部人类史就是阶级斗争史;而阶级斗争已经达到这样一个阶段,即消灭一切阶级①。

可以看出,《共产党宣言》的基本思想正是《哲学的贫困》的基本思想,只是被表述得更为明确和科学。可见,《共产党宣言》是历史唯物主义基本原理第一次具体运用的结果,它证明了历史唯物主义的理论意义和实践意义。这对历史唯物主义的发展无疑具有重大意义,但是,这已经是历史唯物主义形成之后所进行的工作了。换言之,历史唯物主义从《共产党宣言》开始便进入了运

①《马克思恩格斯选集》第1卷,第252、257页。

用、验证和发展时期。因此,《哲学的贫困》是第一部完全成熟的历史唯物主义著作。如果说《黑格尔法哲学批判》是历史唯物主义形成过程的开始,那么,《哲学的贫困》则是历史唯物主义形成过程的结束。

《哲学的贫困》标志着历史唯物主义的诞生和人类思想史伟大变革的实现。根据史实,马克思、恩格斯生前只是在1847年的《威斯特伐里亚汽船》杂志上发表了《德意志意识形态》第二卷第四章,即《卡尔·格律恩》那一章,而它关键的第一卷第一章,即论述历史唯物主义基本原理的《费尔巴哈·唯物主义观点和唯心主义观点的对立》那一章,直到1924年才在苏联首次发表。把当时尚未发表,因而尚未发生实际效用的著作作为历史唯物主义诞生的标志,没有实际意义。

《〈黑格尔法哲学批判〉导言》虽然是在1844年公开发表,并第一次提出了无产阶级历史使命的思想,但这里的出发点还是"人是人的最高本质"这一费尔巴哈人本唯物主义的观点。1845年出版的《神圣家族》第一次明确表述了"物质生产是历史的发源地"的思想,但《神圣家族》没有从根本上和费尔巴哈的人本唯物主义划清界限,也没有表明历史唯物主义的本质。所以,《〈黑格尔法哲学批判〉导言》和《神圣家族》的出版都不能标志一种崭新的理论体系,即历史唯物主义的诞生。这就是说,直到1846年,马克思还没有公开树立起历史唯物主义的旗帜,最多只是"自己弄清问题"。换言之,人类思想史上的伟大变革此时仍是可能,还未转变为现实。

《哲学的贫困》不仅科学表述了历史唯物主义的观点,而且在历史唯物主义上还有一个特殊地位,即它于1847年公开发表。这样,在1847年,马克思公开树立起历史唯物主义的旗帜,使他的第一个伟大发现变成读者的财产,载入世界史册。因此,《哲学的贫困》才真正是历史唯物主义诞生的标志,并使人类思想史的伟大变革从可能变为现实。如果说古希腊哲学家阿那克萨哥拉提出"理性统治世界"的命题标志着唯心主义统治历史观的开始,那么,马克思公开发表《哲学的贫困》则宣告了唯心主义历史观统治的结束,人类思想史新纪元的开始。

载《马克思主义研究》1985年第4期

马克思、恩格斯创立历史唯物主义
思想线索的同与异

历史唯物主义是马克思和恩格斯共同创立的，它既是马克思"多年诚实探讨的结果"，也是恩格斯"从另一条道路"得出的和马克思"一样的结果"。正因为如此，从 1845 年春开始，马克思和恩格斯决定"共同阐明"他们的"见解及其与德国哲学思想体系的见解之间的对立"①，从而创立了历史唯物主义。一部历史唯物主义史，就是以马克思和恩格斯为桅杆的双桅船不断前进的历史。本文拟就马克思、恩格斯创立历史唯物主义的各自的思想线索做一比较考察，以深化我们对马克思主义哲学史的研究。

一、在不同的国家遇到相同的问题：物质利益与思想原则的关系问题

马克思和恩格斯曾经都是黑格尔式的唯心主义者，都把理性看作历史发展的决定力量。那么，推动马克思、恩格斯从唯心主义转向历史唯物主义的直接动力是什么？我们的考察正是从这里开始的。

①《马克思恩格斯全集》第 13 卷，第 10 页。

众所周知，《莱茵报》期间的政治活动使马克思产生了"苦恼的疑问"。这个"苦恼的疑问"的实质就是，是经济利益还是历史理性决定历史发展？马克思在历史观上陷入矛盾之中：一方面，马克思还没有放弃原有的哲学信念——黑格尔法哲学，认为私人利益对国家的控制是"下流的唯物主义"；另一方面，矛盾引导前进，马克思开始怀疑黑格尔法哲学，决心重新审视黑格尔法哲学。从《莱茵报》时期的政治活动到批判黑格尔法哲学是一个过程。推动这一过程前进的动力，用马克思自己的话来说，就是"为了解决使我苦恼的疑问"①。这简洁地表达了马克思寻求新的历史观的真正原因。

差不多与马克思在德国同时，恩格斯在英国也陷入思想矛盾之中。通过考察围绕《谷物法》而展开的斗争，恩格斯清楚地看到，物质利益是阶级冲突、政党斗争的基础。然而，与《莱茵报》时期马克思把私人利益对国家的支配作用看作违反"常规"一样，恩格斯此时也认为物质利益在社会生活中的决定作用违反"原则"，是一种特殊情况。实际上，恩格斯在这里也遇到了物质利益与思想原则的关系问题。

可见，马克思和恩格斯在1842—1848年碰到了同一问题，即物质利益与思想原则的关系问题。对这个问题的解决，构成了马克思和恩格斯相同的出发点；在解决这个问题时，马克思和恩格斯又处于相同的理论水平上，即已看到物质利益对国家或阶级关系的不可抗拒的决定作用，但在整体上仍停留在唯心主义的精神世界。

二、马克思的历史研究和哲学批判与恩格斯的经济学研究和哲学批判

"巨大的历史感"是黑格尔思维方式的显著特点。黑格尔在研究法哲学时，既能搜集大量的丰富的历史材料，又能从"理性"出发去整理这些材料，并使二者融为一体。黑格尔法哲学这一特点，必然促使马克思去考察国家和法的历史变迁，尤其是国家和市民社会关系的演变。这一阶段的研究结果，使马克思初步形成了"历史现实"决定"国家观念"的观点②。

与历史研究密切结合，马克思进行了哲学批判。对马克思这一时期的哲

---

① 《马克思恩格斯全集》第13卷，第8页。
② ［德］马克思：《克罗茨纳赫笔记第四本（续）》，刘晬星译，载《马列著作编译资料》第12辑，人民出版社1980年版，第36页。

学批判产生巨大影响的是费尔巴哈的"颠倒法",即把思辨哲学的主体与客体关系"颠倒过来"。正因为如此,马克思指出:"费尔巴哈的警句只有一点不能使我满意,这就是:他过多地强调自然而过少地强调政治。然而这一联盟是现代哲学能够借以成为真理的唯一联盟。"①强调哲学与政治的"联盟"是获得真理的唯一途径,就是要把费尔巴哈的唯物主义方法论原则彻底贯彻到历史观中。

这实际上构成了马克思批判黑格尔法哲学和创立新的历史观的理论起点和逻辑方法。运用"颠倒法"分析社会结构,马克思自觉地认识到市民社会是国家的前提、基础和动力,不是国家决定市民社会,而是市民社会决定国家;运用"颠倒法"批判黑格尔法哲学,马克思自觉地认识到黑格尔法哲学实质上是"应用逻辑学"和"逻辑泛神论",并认为现实的主体不是理性,而是人,人是"一切社会组织的本质"②。

在马克思进行历史研究和哲学批判之际,恩格斯从事着经济学研究和哲学批判,其成果就是《政治经济学批判大纲》和《英国状况——评托马斯·卡莱尔的〈过去和现在〉》。在这两本著作中,恩格斯表述了自己对社会发展史的看法。

首先,恩格斯看到私有制是阶级斗争和社会矛盾的经济根源,私有制的存在必然使阶级斗争和社会矛盾日益激化,并引起消灭私有制的革命③。这就为历史唯物主义的创立奠定了第一块基石。

其次,恩格斯把费尔巴哈的观点运用到历史领域,批判了卡莱尔的神学史观和黑格尔的唯心史观,认为历史既不是"神"的启示,也不是检验逻辑结构的工具,而"只能是人的启示";人类的生活、斗争和创造构成历史的真实内容,"历史就是我们的一切"④。从人的活动来观察历史,为探究真实的历史并创立新的历史观提供了一条新的线索。

再次,恩格斯认为,私有制社会是一种人为的、无理性的社会,要克服这种现象,过渡到自然的、合乎理性的社会,关键就在于唤起人们的自觉,认识人类本质的伟大,并以人为尺度,"真正依照人的方式,根据自己本性的需要,来安

---

① 《马克思恩格斯全集》第 27 卷,人民出版社 1972 年版,第 442—443 页。
② 《马克思恩格斯全集》第 1 卷,第 293 页。
③ 《马克思恩格斯全集》第 1 卷,第 600 页。
④ 《马克思恩格斯全集》第 1 卷,第 650 页。

排世界"①。认为人们的活动创造历史就意味着人的本性决定历史,这显然不是历史唯物主义的观点,而是人本唯物主义的观点。此时,无论是经济学研究,还是哲学批判,恩格斯的理论出发点都是费尔巴哈的人本唯物主义。对此时的恩格斯来说,历史唯物主义的思想已经萌芽,但历史观在整体上还属于费尔巴哈的人本唯物主义。

以上,我们简述了马克思的历史研究和哲学批判,恩格斯的经济学研究和哲学批判的情况,由此,我们得出以下结论,这一时期,马克思、恩格斯在创立历史唯物主义的道路上具有相同的理论水平:

一是马克思发现市民社会决定国家,恩格斯发现私有制决定阶级关系。这些观点都为深入探究历史提供了新的理论线索,都是历史唯物主义的思想萌芽。可以说,马克思对黑格尔法哲学的批判和恩格斯对资产阶级政治经济学的批判是联璧之作,思想不谋而合。

二是马克思和恩格斯都放弃了黑格尔思辨唯心主义的理论结构,接受了费尔巴哈人本唯物主义的思想框架。在马克思看来,人是一切社会组织的本质;按照恩格斯的观点,人是一切社会关系的尺度。

三是马克思和恩格斯在告别黑格尔的思辨唯心主义走向费尔巴哈的人本唯物主义的同时,又超出了费尔巴哈的人本唯物主义,开始走向历史唯物主义。

三、马克思的经济学研究和哲学批判与恩格斯对英国工业革命的观察

发现市民社会决定国家,为马克思理解历史本质提供了一条线索,但市民社会的内在结构和实质对此时的马克思来说仍是秘密,然而,不解决这个问题,就无法解答"历史之谜";对此时的恩格斯来说,"把人叫作斯芬克斯谜语的猜谜者",并没有解决人如何创造历史的问题。解答"历史之谜"或猜中"现代的谜",直接推动着马克思去研究政治经济学和推动着恩格斯去考察英国状况,其标志就是《1844年经济学哲学手稿》和《英国状况·十八世纪》《英国工人阶级状况》。

《1844年经济学哲学手稿》的基本概念是"异化劳动"。异化劳动概念具

---

① 《马克思恩格斯全集》第1卷,第651页。

有二重性：一方面，立足于费尔巴哈的人本唯物主义，带有抽象的形而上学的性质；另一方面，又包含历史辩证法的内容，开辟出通向历史唯物主义的道路。正是以这种具有二重性的概念为核心和杠杆，马克思探究了"历史之谜"。这样，在《1844年经济学哲学手稿》中出现了两种逻辑并存的局面：以抽象的人的本质为出发点的思辨逻辑和以现实的经济事实为出发点的科学逻辑。在后一种逻辑的基础上，历史唯物主义的研究实现了重要突破。

马克思运用异化劳动概念剖析了社会结构，认为现实生活中存在两种异化，即意识的异化和经济的异化。其中，经济异化是基础和原因，它决定并导致了宗教、国家和法等其他领域的异化。这样，马克思便深入到了市民社会的深层结构，在思维与存在的关系问题上把黑格尔的精神异化决定论颠倒过来，同时，又把费尔巴哈的宗教异化决定论颠倒过来，而他自己曾使政治异化所具有的突出地位，现在也让给经济异化了，从而实现了整个上层建筑与经济基础关系的颠倒。

异化劳动概念也为马克思探讨历史规律提供了一条新的理论线索，即马克思把私有财产的起源问题变成异化劳动同人类发展的关系问题。问题的这种提法，意味着把"物"的问题归结到人类活动本身的问题，变为研究人怎样在发展中使自己的劳动异化的问题，即研究人类劳动发展史的问题。正是在对这个问题的探讨中，马克思得出了又一个重要结论："整个所谓世界历史不外是人通过人的劳动而诞生的过程，是自然界对人说来的生成过程。"①

马克思的这一发现具有振聋发聩的力量，具有重大的革命意义，它深刻说明了历史发展的客观性和必然性。"历史是人的真正自然史"，这个观点蕴含着历史唯物主义一个至关重要的思想——社会发展是一个自然历史过程。同时，它深刻地说明了历史是人的自我产生和自我创造的过程，并蕴含着历史唯物主义另一个重要思想——人通过劳动创造着自己的历史。

运用异化劳动概念去研究历史，使马克思沿着一条独特的思想路线前进着，最终站到了历史唯物主义的大门前。这条思想路线既不是布尔所说的那样，"仍然按照黑格尔的方式让事物服从于预先构想出来的辩证法本身"②，也

---

① 《马克思恩格斯全集》第42卷，第131页。

② ［东德］曼·布尔：《异化——哲学人本学——对马克思的批判》，载《〈1844年经济学哲学手稿〉研究》，中共中央马克思恩格斯列宁斯大林著作编译局马恩室编译，湖南人民出版社1983年版，第136页。

不是阿尔都塞所认为的那样,"是彻头彻尾费尔巴哈式的"①。实际上,这是一条黑格尔和费尔巴哈都不可企及的思想路线。当然,我们又必须看到,马克思此时在理论上是从费尔巴哈的人本唯物主义出发的,是用"真正的人的类本质"与现实的人的存在相对立,用"自由自觉"的劳动来与现实的劳动相对立。这样,在马克思的历史理论星空就呈现出一种奇怪的现象:太阳的单独运行轨道已经被指明,但关于整个天体运行的解释依旧通行着托勒密的理论。

当马克思通过经济学研究和哲学批判探讨新的历史观的时候,恩格斯则通过对英国状况的实际观察和研究,对新的历史观进行了独立的探索。从考察英国工业革命入手,恩格斯研究了工业技术革命与社会政治变革的关系,得出了一个重要结论:英国工业革命是现代英国各种关系的基础,是整个社会发展的动力。

更重要的是,恩格斯把英国同法国和德国做了对比,认为英国的发展展示了法国和德国的未来,法国人和德国人也将逐渐走向社会主义史的道路②。通过这个具有重大意义的对比,恩格斯把工业发展决定历史发展,经济利益决定社会生活的观点普遍化了,将其看作一切达到相应发展水平的国家所共有的现象。这样,恩格斯在探索历史规律的道路上终于迈出了重要的一步。可以说,此时,恩格斯距离历史唯物主义的门槛只有一步之遥了。

把马克思和恩格斯这一时期的理论活动进行比较,可以看出:

第一,马克思主要通过批判资产阶级政治经济学和黑格尔唯心主义辩证法来探索新的历史观,恩格斯则主要通过考察英国社会的实际状况来探索新的历史观;马克思主要从理论上分析并在宏观上展示了资本主义社会的异化劳动,恩格斯则主要在实际上展示了英国工人阶级的悲惨状况,具体地揭露了资本主义条件下的异化劳动现象。二者可谓是相互映辉。

第二,马克思对新的历史观的探讨系统而完整,在整体上高出恩格斯一筹;恩格斯对新的历史观的探讨具体而生动,在个别观点上比马克思精确。马克思此时已经意识到,历史本质上是由人的生产活动构成的,人在改变自然的同时,也在不断地改变自身。但是,马克思却不像恩格斯那样清楚地看到工业

---

① [法] L. 阿尔都塞:《论马克思思想的发展进程》,载《西方学者论〈1844 年经济学—哲学手稿〉》,复旦大学哲学系现代西方哲学研究室编译,复旦大学出版社 1983 年版,第 217 页。
② 参见《马克思恩格斯全集》第 1 卷,第 576—593 页。

的发展怎样决定社会状况。科尔纽正确地指出："从理论的观点来看,恩格斯还没有达到马克思已经达到的那种水平。"虽然恩格斯还没有使他的工作成果具有和马克思同样的概括性,但是,他"对经济状况和社会问题之间的关系所作的分析,却比马克思要精确得多"①。

第三,马克思和恩格斯都深入到了市民社会的深层结构,即物质生产或工业,都认识到工业是社会关系的基础和历史发展的动力。在这个重要观点上的一致,为马克思和恩格斯的首次合作奠定了基础。研读《神圣家族》可以看出,物质生产是历史的发源地,历史是追求着自己目的的人的活动的观点,构成了《神圣家族》的基本线索。这表明,马克思和恩格斯已经从主观性和客观性辩证统一的观点去理解历史了,从而为进一步探讨历史规律奠定了方法论基础。

之后,在《关于费尔巴哈》《德意志意识形态》和《哲学的贫困》中,马克思和恩格斯通过对实践的唯物辩证的考察,终于走进了历史的深处,发现了生产力与生产关系的矛盾是历史发展的根本动力。"历史之谜"终于得到了科学的解答。于是,马克思和恩格斯越出了唯心主义历史观的国界,跨过了人本主义历史观的领土,终于到达了唯物主义历史观的首府。

四、简短的结语

马克思和恩格斯是通过独特的、同时在原则上相似的道路,即通过对德国古典哲学、英国古典经济学批判性的考察,各自独立地走向历史唯物主义。

从思想道路看,马克思从历史研究和哲学批判开始,经过经济学研究和哲学批判,最后上升到历史哲学的概括;恩格斯则从经济学研究和哲学批判开始,经过对英国状况的实证考察,最后上升到历史观的综合。

从思想线索看,马克思从政治国家下降到市民社会,然后深入到市民社会的深层结构——物质生产,最终发现了物质生产的内在矛盾,即生产力与生产关系的矛盾运动;恩格斯则是从政党斗争、阶级关系追溯到物质利益,从物质利益背后发现了所有制关系,从所有制变化看到了工业革命。

① [法]科尔纽:《马克思恩格斯传》Ⅲ,管士滨译,生活·读书·新知三联书店1980年版,第139页。

这个过程又是马克思和恩格斯相互影响的过程。在政治经济学领域,恩格斯先行了一步,恩格斯是给予者,而马克思是承受者;在哲学方面,马克思则有着更高的天赋,从 1845 年春起,在历史唯物主义的关键问题上对恩格斯产生了决定性的影响。

我不能同意宾克莱的观点,即恩格斯只是提供了具体的资料,为马克思的"历史唯物主义哲学论文作佐证"①。但是,我们又不能不看到马克思和恩格斯的差异。

恩格斯生活在英国。在英国,人们往往直接从经济出发去研究社会问题,欧文和反李嘉图社会主义者都是这样的,英国的工业革命和工人阶级状况,促使恩格斯迅速转向历史唯物主义;英国是经验主义的故乡,英国传统文化必然给予恩格斯一定的影响,与马克思相比,恩格斯的思想具有较多的实证色彩。

马克思是在德国、法国走向历史唯物主义的。德国和法国的具体条件,使马克思不具备恩格斯所处的能直接观察发达的资本主义经济形式的优越条件。换言之,马克思不是直接从实际生活出发走向历史唯物主义,而是在现实斗争的推动下,首先通过研究法国政治革命走向历史唯物主义的。正如梅林所说,"马克思是通过对法国革命的研究理解了当代的斗争和要求,而恩格斯则是通过对英国工业的研究做到了这一点的"②。之所以如此,是因为"法国在欧洲是一个最讲究政治的国家。在法国,任何一种改良,任何一种学说,如果不具有某种政治形式,就不能在全国发生作用"③。

德国人是一个哲学民族。马克思走的是一条典型的德国人的道路,即马克思每前进一步都通过哲学批判的形式,特别是通过批判黑格尔哲学和费尔巴哈哲学的形式。这个艰苦过程也使马克思得到了更严格的理论锻炼,使他对德国古典哲学和英国古典经济学有着更深刻透彻的剖析;反过来,这又使马克思对现实生活的认识和发掘,比恩格斯更深刻。马克思吸取了恩格斯的成果,同时又超出了恩格斯,在历史唯物主义的整体理论和根本观点上比恩格斯高出一筹。

---

① [美] L. J. 宾克莱:《理想的冲突——西方社会中变化着的价值观念》,马元德、陈白澄、王太庆等译,商务印书馆 1986 年版,第 62 页。
② [德] 弗·梅林:《马克思传》上,樊集译,人民出版社 1972 年版,第 126 页。
③ 《马克思恩格斯全集》第 1 卷,第 576 页。

马克思和恩格斯曾经都是唯心主义者,在不同的国家、经过不同的思想道路,都走上了历史唯物主义的道路,这表明,历史唯物主义的创立是历史的必然,同时,这又是一条艰难曲折、漫长陡峭的思想登山之路。

载《学术研究》1987 年第 6 期

从历史主体与客体关系的视角
认识历史唯物主义

　　科学史表明,任何一门科学在其发展过程中,除了要研究新问题,往往还需要回过头去重新探讨像自己的对象、性质和职能这样一些对学科的发展具有方向性、根本性的问题。历史唯物主义在它的发展过程中同样存在这种情况。历史唯物主义的创立是科学史上的壮丽日出,它第一次把历史理论提到了科学的水平。然而,历史唯物主义又是一个问题的王国,其中,最折磨哲学家耐心的问题就是:历史唯物主义是什么? 历史唯物主义的位置究竟在哪里? 探讨这样一些问题,对历史唯物主义来说具有极其重要的理论意义。

一、历史唯物主义的理论性质

　　历史是人类认识世界的一个独特而丰富的领域。人们对于历史的认识不仅限于知道或确定历史事实,而且要求从历史事实中总结、概括出理论观点,即寻求历史的某种规律,把编年史的记录提升到思想理论的高度,从历史事实中抽绎出意义,从而把历史事实归纳为一种理论体系。这种理论性的活动就是历史哲学。换句话说,历史哲学就是从哲学的角度对整体历史的思考,是历史科学对自身存在的反思。在我看来,历史唯物主义①就是马克思的历史哲学,属于历史哲学的范畴。

从历史唯物主义概念的内涵看,历史唯物主义属于历史哲学范畴。

恩格斯表达过这样一种见解,即历史唯物主义是一种"关于历史过程的观点"②。正是在这个意义上,"历史唯物主义"和"唯物主义历史观"一直被当作同一概念使用,二者都是"马克思的历史观"的不同表述。因此,分析历史唯物主义概念的内涵与分析唯物主义历史观概念的内涵,是同一问题的两个方面。

哲学所讲的历史观,是指关于人类历史的根本观点。但是,这种观点必须是自觉的,而且必须是成系统的,即形成理论体系。不仅如此,这种观点必须从总体上对历史的存在和发展提出根本性的看法,即从对社会意识与社会存在关系的研究中提出一定的观点。从这一意义上说,从总体上研究人类历史,并且是系统化的历史观就是历史哲学。

唯物主义历史观无疑是成体系的历史观,而且是"用人们的存在说明他们的意识,而不是像以往那样用人们的意识说明他们的存在"③,从而发现历史运动的一般规律。因此,唯物主义历史观,即历史唯物主义就是马克思的历史哲学。普列汉诺夫多次使用"马克思的历史哲学"这个术语,并指出,《〈政治经济学批判〉序言》"叙述着马克思的历史哲学理论"④。伯恩施坦也认为,《〈政治经济学批判〉序言》是对马克思历史观的"著名表述","马克思的历史哲学的主要思想在这里一点也不缺少"⑤。

从1890年起,恩格斯对唯物主义历史观有了新的提法——"历史唯物主义"。这一新的表述具有双重意义:一是针对唯物主义历史观被歪曲或误解为"经济唯物主义",使用"历史唯物主义"说明唯物主义历史观并不是"经济唯物主义";二是由于"历史观"一词具有多义性,使用"历史唯物主义",以突出唯物主义历史观的哲学性质。"唯物主义"是认为存在决定思维的哲学理论,这表明历史唯物主义首先具有哲学性质;"历史"则说明研究的领域,这表明历

---

① 这里所说的历史唯物主义,不是指现行的历史唯物主义教科书的体系,而是指马克思、恩格斯著作中存在的历史唯物主义的内在结构及其相应的表现形式。在我看来,现行的历史唯物主义教科书体系并未体现出马克思、恩格斯历史唯物主义所固有的性质和特点。

② 《马克思恩格斯选集》第3卷,第704页。

③ 《马克思恩格斯选集》第3卷,第365页。

④ 《普列汉诺夫哲学著作选集》第一卷,博古等译,生活·读书·新知三联书店1959年版,第785页。

⑤ 《伯恩施坦文选》,殷叙彝编,人民出版社2008年版,第138、139页。

史唯物主义是从哲学的视角研究历史的学说①。可见,历史唯物主义这个术语本身就表明,历史唯物主义是一种历史哲学。

从历史唯物主义本身的内容看,历史唯物主义属于历史哲学范畴。

揭示历史的本质及其运动规律,揭示人及其活动的本质和规律,这一问题的两个方面构成了历史唯物主义本身的内容。但是,如果历史唯物主义仅仅把历史当作客体去研究,而不把它提到意识面前去研究,不回答怎样才能把握历史的本质及其规律的问题,那么,历史唯物主义就不是历史哲学,而是具体的历史科学。例如,"把历史看作一个规律性过程的这种新观点,已由复辟时代的法国历史学家在论述法国革命的著作中极为彻底地发挥过了"②。如果历史唯物主义把其研究的客观对象放到与意识的关系中,去研究怎样才能认识历史的本质及其规律,那么,历史唯物主义就属于历史哲学。

"现代唯物主义把历史看作人类的发展过程,而它的任务就在于发现这个过程的运动规律。"③"我们的出发点是从事实际活动的人,而且从他们的现实生活中我们还可以揭示出这一生活过程在意识形态上的反射和回声的发展。"因此,历史唯物主义"不过是从对人类历史发展的观察中抽象出来的最一般的结果的综合"。④ 马克思、恩格斯的论述说明了两个问题:一是历史唯物主义的内容就是对人及其活动的本质和规律、历史的本质及其运动规律的揭示,是人类历史过程的理论再现;二是社会意识不过是现实生活过程的"反射"和"回声"。因此,历史唯物主义从"从事实际活动的人"出发观察人类历史,并从社会意识与社会存在的关系中去"综合"研究历史的本质及其发展规律。换句话说,历史唯物主义是结合社会存在的运动规律研究意识形态的规律,从而建立社会存在与社会意识统一规律的理论体系。

---

① "历史"一词在马克思、恩格斯著作中有三重含义:一是指包括自然史和人类史在内的广义的历史,正如马克思、恩格斯所说,"历史可以从两方面考察,可以把它划分为自然史和人类史"(《马克思恩格斯全集》第 3 卷,第 20 页);二是指除自然界外的人类社会、人类历史,正如马克思、恩格斯所说,"历史在这里应当是……一切属于社会而不是单纯属于自然界的领域的简单概括"(《马克思恩格斯选集》第 4 卷,第 726、727 页);三是指人类过去发生的事实。我这里所说的"历史"是在第二层意义上而言的,"历史科学"也是在第二层意义上说的,即包括社会科学在内(参看拙作《历史唯物主义术语的由来及其实质》,载《江汉论坛》1985 年第 1 期)。
② 《普列汉诺夫哲学著作选集》第二卷,第 352 页。
③ 《马克思恩格斯选集》第 3 卷,第 738 页。
④ 《马克思恩格斯全集》第 3 卷,第 30、31 页。

事实正是如此。《德意志意识形态》《〈政治经济学批判〉序言》在阐述历史规律时都把问题提高到哲学基本问题,即思维与存在的关系问题的高度。《德意志意识形态》指出,唯物主义历史观"和唯心主义历史观不同,它不是在每个时代中寻找某种范畴,而是始终站在现实历史的基础上,不是从观念出发来解释实践,而是从物质实践出发来解释观念的东西"。"意识在任何时候都只能是被意识到了的存在,而人们的存在就是他们的实际生活过程。"①《〈政治经济学批判〉序言》在总结、概括了历史运动的一般规律后,明确指出:"物质生活的生产方式制约着整个社会生活、政治生活和精神生活的过程。不是人们的意识决定人们的存在,相反,是人们的社会存在决定人们的意识。"②可见,历史唯物主义属于历史哲学,是马克思的历史哲学。普列汉诺夫认为,历史唯物主义是"说明人类历史的唯物主义哲学"③。考茨基指出:"历史唯物主义也并没有始终是一个通过经验、通过对事实的单纯观察而得来的孤立假设,而是与一个巨大的世界观有机地结合为一体了。"④

从历史唯物主义的形成史看,历史唯物主义属于历史哲学范畴。

历史唯物主义的创立是近代哲学和历史科学发展的必然。为了真正理解历史唯物主义,就必须了解历史唯物主义创立之前近代哲学和历史科学所面临的主要问题。

从哲学看,近代哲学面临的主要问题就是人及其活动的本质和规律的问题。正是在近代哲学中,哲学的基本问题,即思维与存在的关系问题被十分清楚地提了出来,获得了它的完全意义。为了解决这一问题,近代哲学一方面形成了形而上学的机械唯物主义,另一方面又形成了唯心主义的概念辩证法,然而,机械唯物主义不理解意识的能动性,概念辩证法不懂得意识的物质基础,因而只在神秘的形式中片面地发挥意识的能动性。近代哲学之所以不能解决能动的意识和僵死的物质的矛盾,关键就在于,它不理解人们改造客体的活动既是能动的物质活动,又是意识的能动活动,正是在实践活动中,意识与物质

① 《马克思恩格斯全集》第 3 卷,第 43、29 页。
② 《马克思恩格斯选集》第 2 卷,第 32 页。
③ 《普列汉诺夫哲学著作选集》第二卷,第 510 页。
④ [德]考茨基:《唯物主义历史观》第一分册,《哲学研究》编辑部编,上海人民出版社 1964 年版,第 21 页。

统一了。

费尔巴哈的人本唯物主义提出,人是思维与存在统一的主体和基础。这一命题是正确的。思维与存在的矛盾是作为主体的人与客体矛盾关系的一个侧面,不了解人及其活动的本质和规律,就不能正确解决思维与存在的关系问题。但是,费尔巴哈只是提出了正确的命题,指出了哲学发展的方向,却既不完全懂得这一命题的真实含义,又未能正确地阐明这一命题的基本内容,因而并没有真正解决问题。问题在于,这一问题不解决,思维与存在的关系问题这个哲学基本问题就得不到科学的解答,辩证法与唯物论就不能从内容上统一起来,唯物主义也就不能成为完备、彻底的理论。因此,近代哲学的出路就在于,科学地揭示人及其活动的本质和规律,确立"关于现实的人及其历史发展的科学"。

从科学看,近代历史科学面临的主要问题也是人及其活动的本质和规律问题。18 世纪法国唯物主义者探究人类历史时,提出了一个"二律背反",即人及其观念决定于环境,环境又决定于人及其观念。这就深深地陷入了矛盾之中。然而,"矛盾引导前进"。法国复辟时代的历史学在此基础上迈出了重要的一步,提出了一个重要的结论,即所有制状况是政治制度和统治思想的基础。这就初步把经济领域从社会环境中划分出来了。然而,什么力量决定所有制及其变化?法国复辟时代的历史学在这个问题上力不从心了。19 世纪"批判的空想的社会主义"则从这里迈出重要一步。圣西门指出,生产的发展状况决定所有制性质;欧文认为生产力决定社会制度。但是,生产本身的发展规律又是什么?正是在这个关键问题上,19 世纪空想社会主义者失足了,认为在社会生活中起支配作用的物质生产本身又是人类理性的函数。结果,仍然在矛盾中跑来跑去。①

可见,近代历史科学对历史本质及其运动规律探讨的层层深入,终于归结到了生产和人的关系这个问题上。生产活动是人的活动,因此,生产和人的关系问题,实际上就是人及其活动的本质和规律的问题。这个问题不解决,就"不能发现各国社会现象中的重复性和常规性","至多不过是记载这些现象,收集素材",或者"从理想的观点来评价……社会现象",而不可能"以严格的科

---

① 参见拙作《论法国复辟时代历史学派的历史观及其与历史唯物主义的关系》(载《社会科学战线》1985 年第 4 期),《论十九世纪空想社会主义在哲学史上的地位》(载《江淮论坛》1985 年第 6 期)。

学态度去分析社会现象"①。一言以蔽之,这个问题不解决,就没有严格意义上的历史科学。

可以看出,近代哲学和历史科学在人及其活动的本质和规律这个问题上聚首了。这是近代思想史上最重要并具有关键性的问题。这一问题的科学解决必然会导致哲学和历史科学的革命性变革。马克思在其理论活动中敏锐地抓住了这一点。由于这个问题不仅涉及哲学,而且涉及历史科学,因此,能够解决这个问题的只能是历史哲学。因此,马克思进行研究的重要方法就是历史考察和哲学批判的紧密结合。马克思沿着具体的历史科学和利用辩证思维对历史科学成果进行概括的途径,科学地揭示了人及其活动的本质和规律,从而创立了历史唯物主义。恩格斯指出:"马克思和我,可以说是把自觉的辩证法从德国唯心主义哲学中拯救出来并用于唯物主义的自然观和历史观的唯一的人。"②

概括前述,我认为,历史唯物主义的理论内容同时包含两部分:一是体现在历史科学中的世界观,即哲学内容;二是同历史科学联系着的科学内容。这两部分内容又是有机地融合在一起的,即既要揭示历史认识的特殊规律,又要考虑人类思维的一般规律。可见,历史唯物主义具有二重性,即哲学和历史学的统一。因此,把历史唯物主义简单地等同于哲学是不妥的,同样,把历史唯物主义直接划入具体的历史科学或简单地等同于历史学理论或理论社会学,同样是不妥的。

二、历史唯物主义的理论特征

从总体上看,历史哲学可以分为三个基本派别:思辨的历史哲学、分析的历史哲学和马克思的历史哲学,即历史唯物主义。为了理解历史唯物主义的理论特点,我们需要首先了解思辨的历史哲学和分析的历史哲学。

思辨的历史哲学是对历史过程本身的研究,它肯定了历史的规律性,认为历史哲学的任务在于从一大堆貌似杂乱无章的历史事实背后寻求理性的原则或规律。康德就认为,人类历史整个说来,可以视为一幕大自然的隐蔽计划的

①《列宁全集》第 1 卷,第 109、110 页。
②《马克思恩格斯选集》第 3 卷,第 349 页。

实现。因此，人类历史同时具有合目的性和合规律性的二重性。这样，康德就把历史纳入了一个富有辩证色彩的思辨体系。

历史本来是经验的事实，但黑格尔的历史哲学是朝着反经验的方面运行的。在黑格尔看来，"'理性'是世界的主宰，世界历史因此是一种合理的过程"①。既然"哲学可以定义为对于事物的思维着的考察"，那么，"历史哲学只不过是历史的思想的考察罢了"②。在历史中，"'哲学'所关心的只是'理念'在'世界历史'的明镜中照射出来的光辉"③。从这些论述中可以看出黑格尔对历史哲学的理解：

首先，既然历史是一个"合理"的过程，那么，哲学在这里感兴趣的，就是要认识"理念"再现时所经历的发展进程，把握整个历史发展的规律性，力求使历史科学化。

其次，历史哲学既然以隐藏在历史现象背后的"理性"为对象，那么，它的研究方法只能是哲学的方法，即辩证的方法。同时，由于理性是在历时性的单线过程中表现其决定作用的，不具有重复性和实验性的特征，因此，这种哲学的方法只是逻辑的定性方法，数学的定量方法在这里完全不适用。凡是逻辑可以把握的都是确实的。

再次，既然理性是主宰，那么，历史哲学应从纯粹理性、抽象逻辑的角度看待历史，将历史还原为逻辑的一般进程。黑格尔的历史哲学只是在形式上肯定了人的能动性，由于它把人仅仅看作"绝对理性"自我实现的"工具"，因而实际上剥夺了历史的属人性质。凡是读过黑格尔历史哲学的人，都免不了对它的宏大的历史场面产生一种强烈的历史感，同时，也都免不了对它用"绝对理性"处理历史的统一性时产生一种强烈的压抑感。

1907年，德国历史哲学家齐美尔提出了一个康德式的问题，即历史科学何以可能？对这个问题的回答实际上构成了分析的历史哲学的主题。如果说思辨的历史哲学的研究重点是历史演变的规律是什么，那么，分析的历史哲学的关注中心则是历史知识的性质是什么。

分析的历史哲学断言历史哲学不是科学，而是"有关历史认识论的研究"，

① ［德］黑格尔：《历史哲学》，第46—47页。
② ［德］黑格尔：《小逻辑》，贺麟译，商务印书馆1980年版，第38页。
③ ［德］黑格尔：《历史哲学》，第503页。

"所研究的严格地说并不是历史,而是史学史"①。这一基本思想建立在两个论点基础之上。

一是历史是艺术品,是事件的科学。按照克罗齐的观点,人们是通过历史知识去认识历史的,但历史知识是历史学家本人的哲学观念的产物,这种哲学观念又来源于当代生活,"历史实际上总是面临着当代的需要和环境"。因此,"一切真正的历史都是现在的历史",不存在客观历史。② 克罗齐甚至断言:"历史经常是一种艺术作品……无任何规律可循。"③由于客观历史及其规律被否定了,因此,历史哲学试图把握历史的客观规律成了无意义的废话。文德尔班指出,自然科学是"规律的科学",而历史是"事件的科学","在历史中,思维则始终是对特殊事物进行亲切的摹写"④。

二是既然历史是"事件的科学","无任何规律可循",那么,逻辑抽象的方法与自然科学的精确方法都无法把握人的历史。随之而来的问题就是:在历史中,个别性的境界如何达到? 狄尔泰认为,历史是一个没有固定结构、没有规律的非理性之流,不需要解释,而需要理解。这个理解过程就是"感受"或"体验"的过程,就是对以往的事实和史学家意识进行"再一次经历"。克罗齐指出,与自然科学的观察、分类和概括的方法相区别,历史哲学的方法是"内省""体验"和"捕捉个别"。斯宾格勒则宣布:"体会、考察、比较。直接的内心的信念,精确的感性的幻想……这就是历史研究的手段。"⑤总之,历史哲学的方法只能是"体验""幻想"等非科学、非理性的方法。这样一来,历史哲学变成了记述心理学。

这表明,分析的历史哲学关注的中心乃是历史认识是什么,而不再是历史本身是什么;关心的乃是人们怎样认识历史运动,而不再是历史本身怎样运动。一句话,历史哲学应从哲学的角度来分析、反思历史知识的性质。这样,分析的历史哲学就把历史哲学的研究重心从解释历史事实的性质转移到了分

---

① [意]贝奈戴托·克罗齐:《历史学的理论和实际》,傅任敢译,商务印书馆1982年版,第60页。
② [意]贝奈戴托·克罗齐:《历史学的理论和实际》,第60页。
③ [意]克罗齐:《黑格尔哲学中的活东西和死东西》,王衍孔译,商务印书馆1959年版,第76页。
④ 洪谦:《现代西方哲学论著选辑》,商务印书馆1964年版,第59页。
⑤ [德]奥斯瓦尔德·斯宾格勒:《西方的没落:斯宾格勒精粹》,洪天富译,译林出版社2015年版,第20页。

析历史知识的性质上来了,强调历史哲学是对历史认识的性质、任务和特征的研究。

分析的历史哲学重视历史的属人性质,强调历史哲学的认识论的性质,关注历史认识的途径主要是分析"历史记载"或"史学史",这不无道理,但它断言历史不是科学,我却不能赞同。更重要的是,分析的历史哲学在考察历史时竟把历史哲学的对象和前提——客观历史本身一笔勾销了,结果是犯了一场"演丹麦王子而没有哈姆雷特"的错误。

从时间上说,历史唯物主义的产生后于思辨的历史哲学,先于分析的历史哲学。但是,从逻辑上看,历史唯物主义却是"晚出的哲学",它扬弃了思辨的历史哲学和分析的历史哲学的理论对立,在历史哲学史上完成了一次巨大的综合。

第一,历史唯物主义是社会观和历史观的统一。

对历史的考察与分析,马克思曾创立了顺向和逆向相统一的原则,即不仅要按照历史在时间上的发展顺序从古至今考察,而且要做从今返古的考察。"人体解剖对于猴体解剖是一把钥匙。反过来说,低等动物身上表露的高等动物的征兆,只有在高等动物本身已被认识之后才能理解。"①在马克思看来,在人类历史上存在着和古生物学上一样的情形。分析资本主义社会的结构和关系,"能使我们透视一切已经覆灭的社会形式的结构和生产关系"②。

系统是过程的集合,历史往往平铺在一个社会截面上。从认识方法来讲,社会结构的思想提供了认识历史进程的理论基础。只有从历史的横断面,从静态上剖析社会结构,认识各社会要素的内在联系,才能认识历史过程的本质及其规律。因此,历史唯物主义对历史规律的研究是以剖析社会结构为前提的。从这个意义上说,历史唯物主义是关于社会结构的科学。历史唯物主义虽然不研究整个社会历史,但它横跨社会结构的各层次,纵贯历史的全过程,从整体上揭示社会历史的一般规律。《〈政治经济学批判〉序言》就以深刻的思想、精彩的表述,把人类社会基本结构和历史基本过程清澈见底、明白无遗地表现出来了。这表明历史唯物主义既是社会观,又是历史观,是二者的有机统一。列宁干脆就说"社会的(或历史的)唯物主义"③。

---

① 《马克思恩格斯选集》第 2 卷,第 23 页。
② 《马克思恩格斯选集》第 2 卷,第 23 页。
③ 《列宁全集》第 2 卷,人民出版社 1984 年版,第 420 页。

第二，历史唯物主义是关于现实的人及其发展科学和关于历史发展一般规律科学的统一。

历史唯物主义高度重视历史的属人性质，认为人是社会的主体，社会是人们交互作用的产物，人们自己创造自己的历史。因此，历史唯物主义关注着人本身的发展，关注着无产阶级和人类解放，关注着每个人的全面而自由发展，是"关于现实的人及其历史发展的科学"①。历史是由具有理性和意志的人所创造的，这里，"任何事情的发生都不是没有自觉的意图，没有预期的目的的"②。但是，在人们的创造历史活动中又产生出不以人的意识、意志为转移的客观的历史规律。这种客观的历史规律不可能脱离人的活动成为独立的实体，但它又反过来决定着人们活动的方向，决定了历史发展的大概趋势。因此，历史唯物主义同样重视社会发展是一个自然历史过程。

实际上，人既是历史的"剧中人"，又是历史的"剧作者"③。人不仅是一个被决定的存在，同时又是一个能动的、具有创造性的存在。人的被决定性是作为某种历史条件的制约因素出现在人的创造性活动中的，历史规律并不是消融人及其活动的"盐酸池"。历史发展规律与人的活动规律是同一过程的两个方面。在研究历史的过程中，历史唯物主义把人们之间的社会关系归结为生产关系，把生产关系归结为人与自然的关系——生产力的高度。这样，就发现了历史发展的重复性和常规性，并能"用自然科学的精确性指明""生产的经济条件方面所发生的物质"④变革。"重复性""常规性"和"精确性"概念的出现，使历史唯物主义成为一门成熟的科学，关于人的活动规律和历史发展规律相统一的科学。

历史唯物主义是科学，并不是说它仅是一种科学体系。实际上，历史唯物主义既是科学体系，又是意识形态，它追求的是真理，又是一种信念，体现着无产阶级的意志、愿望和要求。因此，历史唯物主义是科学体系和意识形态的统一。

第三，历史唯物主义是历史观、历史认识论和历史方法论的统一。

作为历史观，历史唯物主义是关于历史过程的根本观点，是从社会意识与社会存在的关系研究中提出的关于历史发展一般规律的观点。同时，历史唯

① 《马克思恩格斯选集》第4卷，第241页。
② 《马克思恩格斯选集》第4卷，第247页。
③ 《马克思恩格斯选集》第1卷，第147页。
④ 《马克思恩格斯选集》第2卷，第33页。

物主义又是用范畴与范畴之间的关系去把握历史规律的。按照列宁的观点，人的发展过程、社会的发展过程就是与自然界区分开来的过程，同时也是人的认识（通过范畴）发展的过程。作为历史规律理论再现的历史唯物主义，它的范畴运动也就是人们对历史认识深化的过程。因此，历史唯物主义同时就是历史认识论，即研究作为认识主体的人对于以人为主体的历史现象的认识过程及其规律的理论。

值得注意的是，历史唯物主义并不是直接研究历史规律，而是通过总结和概括历史科学的成果，包括分析"历史记录""史学史"，去发现历史发展的一般规律的，是"第二层次"的研究。但是，在这种"第二层次"的研究中，客观历史"必须始终作为前提浮现在表象面前"①。唯物主义历史观是与历史认识论相统一的。

历史唯物主义又是历史方法论。马克思、恩格斯、列宁、普列汉诺夫、梅林都极为重视历史唯物主义这个功能。历史方法论就是历史规律的主观运用，是一切历史科学，包括研究"历史记录""史学史"的基本方法论，从而"对整理历史资料提供某些方便，指出历史资料的各个层次间的连贯性"②。历史唯物主义提供了如何对待和处理主观意识与客观历史关系的基本原则，并以此引导人们去正确地认识、把握和运用历史规律。因此，历史方法论也就是历史认识论、历史观，三者是同一的。

概而言之，历史唯物主义是历史观、历史认识论和历史方法论的三者"一体化"的理论，从三个不同的方面共同解决人们认识历史活动的基本矛盾。如果历史认识论不同时具有历史观的性质，那么，它就不能成为正确认识历史的科学理论；如果历史观不同时具有认识论的性质，那么，它的结论就是独断的、不牢靠的；如果历史方法论不以历史观、历史认识论所揭示的社会意识与社会存在共同遵循的规律为内容，那么，它也就不能成为科学性质的方法论。

一切认识都有一个认识者选取认识角度，即视角的问题。历史唯物主义既然是社会观和历史观的统一，是关于历史发展规律的科学和关于人的活动规律科学的统一，是历史观、历史认识论和历史方法论的统一，那么，它必然有其独特而又科学的理论视角。

---

① 《马克思恩格斯选集》第 2 卷，第 19 页。
② 《马克思恩格斯全集》第 3 卷，第 31 页。

社会意识与社会存在的矛盾,即历史认识的主观形式和客观内容的矛盾,是人们认识历史活动的基本矛盾。人们认识历史的一切活动,归根到底,都是为了解决这一矛盾,达到社会意识与社会存在的统一。作为理论思维的科学,历史唯物主义的任务就是为达到这个统一提供正确的观点和方法,解决社会意识与社会存在的矛盾是历史唯物主义的中心课题。

按照马克思的观点,凡是"实践的、感性的活动"均属社会存在序列,凡是人们对这些活动的思想印象均属社会意识的序列。在"实践的、感性的活动"和认识历史的活动中,作为实践者和认识者的人是历史的主体,而作为实践和认识对象的历史是历史的客体。社会意识与社会存在的矛盾关系,从特性化的角度看,就是主观与客观的矛盾关系,从实体化的角度看,就是历史主体与历史客体的矛盾关系。仅仅从历史客体的视角出发,只是提供认识的客观性,对对象做出客观的描述,然而,这只是一种知识体系;仅仅从历史主体的视角出发,只能体现认识者的主观要求,即体现人的需要、利益和愿望,然而,这属于意识形态或价值观念。因此,仅仅从历史客体或历史主体的视角出发,都不能从总体上、本质上解决社会意识与社会存在的矛盾,也不适合充当科学的历史哲学的视角,能够充当科学的历史哲学视角的只能是历史主体与客体关系的视角。

社会意识与社会存在的矛盾从人类改造外部世界的活动中产生,同时又在这种活动中不断得到解决,而实践则是历史主体与客体之间的根本关系。马克思选择了实践作为历史唯物主义的理论出发点,实际上就是选择了历史主体与客体之间的实践关系作为历史唯物主义的理论视角。这一选择体现了科学的历史哲学的本质,摆正了历史哲学在人类知识体系中的位置。

三、历史主客体关系视角的优势

从历史主体与客体关系的视角认识历史唯物主义,就能明确历史唯物主义认识问题的角度。这样,我们就能在一系列问题上处于优势地位。

首先,真正完成历史唯物主义的任务。

按照恩格斯的观点,历史唯物主义把历史看作人的发展过程,而它的任务就在于揭示这个运动过程的一般规律。要完成这一任务必须具备两个基本条件:

一是在研究途径上总结和概括各门历史科学的成果。这是因为,历史研究的对象就存在于各门历史科学的对象以及历史认识活动之中,历史唯物主义的规律,就存在于各门历史科学所揭示的具体历史规律中,以及历史科学在揭示这些规律的过程中所表现出来的认识规律中。

二是在研究对象上把历史主体与客体之间的关系作为研究对象[①]。人类历史是通过人的有意识、有目的的活动形成的。历史的总体活动包含三种本质关系,即人与自然的关系、人与社会的关系、人与意识的关系,历史的进程及其规律始终表现为"物""意""人"三种因素之间相互作用,这三种关系和三种因素实质上就是历史主体与客体的关系,统一于实践。"环境的改变和人的活动或自我改变的一致,只能被看作是并合理地理解为革命的实践。"[②]"整个所谓世界历史不外是人通过人的劳动而诞生的过程,是自然界对人来说的生成过程。"[③]正是在"劳动发展史"中,历史唯物主义"找到了理解全部社会史的锁钥"[④]。

劳动本质上就是历史主体与客体的相互作用。历史主体与客体的相互作用产生历史必然性、规律性,这种必然性、规律性又不以主体的意识、意志为转移。在历史主体与客体相互作用的基础上,目的性和规律性统一起来了。历史主体与客体关系的科学解答,使人与自然、人与社会、人与意识的矛盾运动规律,即历史发展的一般规律,得到了科学的说明。因此,历史唯物主义通过研究历史主体与客体之间的关系,完成了揭示人类历史发展一般规律的任务。

其次,真正贯彻逻辑与历史相统一的基本原则。

历史唯物主义的理论体系是人类历史发展一般规律的理论再现和逻辑展开,历史唯物主义的范畴应随着历史本身的发展而丰富和发展。因此,逻辑与历史相统一的原则必然成为建立历史唯物主义逻辑体系的基本原则。这一原则的展开必然表现为逻辑、认识论和辩证法相统一的原则。真正贯彻这一基

[①] 科学研究的对象和任务既有联系又有区别,任何科学都以寻求某种规律为任务。为了认识某种现象的规律,就必须从现象中确定适当的对象去研究,在对对象的研究中才能发现规律,完成任务。例如,《资本论》的任务是揭示资本主义社会的经济运动规律,为了完成这一任务,《资本论》把研究对象确定为资本主义的生产方式以及与它相应的生产关系和交换关系。

[②] 《马克思恩格斯选集》第1卷,第55页。

[③] 《马克思恩格斯全集》第42卷,第131页。

[④] 《马克思恩格斯选集》第4卷,第258页。

本原则就必须从历史主客体关系的视角出发。如前所述,人类历史的产生及其演变过程也就是历史主体与客体关系由潜在到实现、由自发到自觉、由必然不断走向自由的演变过程。可见,作为逻辑体系与历史进程相统一的历史唯物主义,从性质和职能来看,既是历史观,又是历史认识论、历史方法论;从内容来看,必然表现为历史辩证法、历史认识论和历史逻辑学的统一。

再次,真正与具体的历史科学区别开来。

关于历史唯物主义与具体的历史科学的区别,现行的历史唯物主义教科书都认为,历史唯物主义的规律适用于历史的各个领域,是普遍性的规律,而具体的历史科学的规律只适用于局部领域,属于具体规律。然而,这种理解只能把历史唯物主义同某些历史科学区别开来,不能同所有的历史科学区别开来。有些历史科学,如一般社会学、社会系统论、社会控制论的规律,也具有普遍性,适合于各个历史领域。

更重要的是,普遍性的大小不同仅仅属于量的区别,不是质的不同。历史唯物主义的规律与具体历史科学的规律既有联系,又有区别,二者内容和性质上是两种不同的规律,历史唯物主义与具体历史科学在理论性质上的区别正是来自两种规律的不同性质。具体的历史科学只把自己的研究对象当作客体加以研究,从不把它提到意识面前去探讨,回答怎样才能把握客体及其规律的问题。具体的历史科学一旦提出这个问题,把研究对象放到意识面前,思考如何才能把握对象的问题,就进入了历史哲学的领域。

最后,真正适应人类的认识发展和知识结构的变化。

任何一门科学的对象和内容,都要经历一个从不确定到确定,确定以后还要进行不断调整的变化过程。历史哲学也是如此。决定历史哲学的对象和内容的因素,首先是人类认识的发展水平,以及在这基础上所形成的知识结构;其次是历史条件,尤其是阶级斗争的状况。从今天的认识水平和知识结构来看,19世纪中期的产物历史唯物主义,作为历史哲学,它的内容已经不"纯"了。马克思主义社会学、马克思主义政治学、科学社会主义等学科的相继独立,使历史唯物主义的一些内容相继分化出去了。问题在于,这种分化一方面为历史唯物主义留下了一个专门的领域,即从历史主体与客体关系的视角研究历史规律;另一方面又赋予历史唯物主义更深刻的认识历史及其规律的可能性。为了真正适应人类认识的发展和知识结构的变化,我们应从历史主体与客体关系的视角认识历史唯物主义。

概而言之,历史唯物主义是马克思的历史哲学,是从历史主体与客体关系的视角探讨历史发展一般规律的学说。这就是历史唯物主义在科学体系和意识形态中的真正位置。历史哲学"就历史方面而言,它不能忽视历史这门学科的特殊性(及其包括的问题);就其哲学方面而论,它又不能假定历史知识与其他形式的知识毫无共同之处"①。《历史研究国际手册》编撰者伊格尔斯的名言对我们具有重要的启迪。

载《学习与探索》1987 年第 3 期

《新华文摘》1987 年第 11 期转载

---

① [美]伊格尔斯:《历史研究国际手册》,陈海宏、刘文涛、李玉林等译,华夏出版社 1989 年版,第 22 页。

关于历史唯物主义现代发展的再思考

历史唯物主义的研究如何才能取得实质性的进展，实现现代发展，获得现代形式，是我国哲学界所关注的问题。本文拟就这一问题做一新的考察和审视，以深化我们对历史唯物主义现代形态的研究。

一、历史哲学研究范式的三次转换

当代著名科学哲学家库恩表达过这样一种见解，即新的研究范式取代旧的研究范式是科学革命的标志。这是符合史实的。历史唯物主义是科学，因此，历史唯物主义研究的重大突破，首先取决于研究范式的根本转换。

历史唯物主义是马克思的历史哲学①。一般地说，历史哲学的研究范式就是审察历史现象的理论框架，其结构要素包括研究对象和考察该对象的坐标轴心，其中，研究对象标定历史哲学的内容，坐标轴心则是历史哲学理论的生长点。历史哲学的研究范式因而决定着历史哲学的发展方向。

纵览历史哲学史，可以看出，历史哲学的研究范式发生过三次转换，并且每一次转换都使历史哲学进入一个新的阶段。

①《普列汉诺夫哲学著作选集》第二卷，第51页。

人类历史是由人类自己创造出来,这是维柯历史哲学的总纲。按照维柯的观点,认识活动即创造活动,人们依据"诗性智慧"创造历史;在历史中,没有不以人的意志为转移的规律。维柯的历史哲学,一方面把历史从神的藩篱中解放出来,并确立了人的主体地位;另一方面,由于18世纪初的历史局限,它又只能以臆造的联系来代替现实的、尚未知道的联系。因此,以作为主体的人为轴心思辨人类历史进程,就是维柯历史哲学的研究范式。研究范式的这一转换,使历史哲学由神学走向人本主义。

理性是世界的主宰,世界历史因此是一种合理过程。这是黑格尔历史哲学的基本命题。黑格尔的理性是一种独立于时间、现象形态之外的逻辑实体。在黑格尔看来,实体即主体,历史不过是"绝对理性""在时间中的展开",人不过是"绝对理性"自我实现的"活的工具"。因此,黑格尔历史哲学只是在形式上肯定了人的能动性,实际上彻底剥夺了人的能动性、创造性、主体性,剥夺了历史属人的本质。"绝对理性"才是黑格尔历史哲学的真正的主题、历史的本体①。因此,以作为实体—主体的理性为轴心反思人类历史,便成为黑格尔历史哲学的研究范式。黑格尔以冰冷的笔调描绘了人类历史,形成了历史哲学史上的"绝对理性"的时代。

历史唯物主的创立,使历史哲学出现了又一次研究范式的重大转换。马克思主义创始人把实践引入历史哲学,揭示了历史主体与客体之间的双向运动,从而走向了历史深处。同时,由于马克思主义创始人当时所面临的主要任务是为历史哲学提供唯物主义的基础,因此,探讨历史客体对主体的制约性就成为他们历史研究的重心。这样,以客体为轴心审察历史主体与客体的关系,研究范式的这次转换消除了所谓的"精神的历史"与"物质的自然"对立的神话。历史哲学由此跨出了唯心主义历史观的"国界",而到达唯物主义历史观的领土。

历史是主体与客体相互作用的过程,主体创造历史的过程必然以客体为依据。但是,从发生学意义上说,历史主体与客体都不是预成、以自身完满的形态进入人类历史的,相反,历史主体与客体都是主体自身重建的结果。历史是主体连续不断的建构过程。这里,就存在着历史主体对历史客体的同化、改

① 黑格尔认为,"哲学用以观察历史的唯一的思想便是理性这个简单的概念"(〔德〕黑格尔:《历史哲学》,第47页)。

造、选择和超越的问题,存在着主体性问题。马克思主义创始人已经提出并深刻分析了这一问题,充分发挥和具体展开与此相关的理论观点,形成了历史唯物主义的主体性原则。然而,由于历史条件的限制,在相当长的时期内,后辈马克思主义者都没有注意到这一主体性原则,并由此形成了以客体为轴心审察历史主体与客体关系的"经典"历史唯物主义研究方式。

我注意到,当代实践和科学的发展越来越突出主体性问题;同时,当代实践和科学的发展,又使人们对主体性问题进行的哲学反思具有了普遍的必要性和现实的可能性。因此,历史唯物主义应适应时代的特点,实行研究范式的新的转换,即从以客体为轴心审察历史主体与客体关系转换到以主体为轴心重审历史主体与客体的关系。从其内涵看,这一新的研究范式就是从主体的角度,从实践的角度来考察和理解一切历史现象,来审察、评价和改变已有的历史哲学范畴和规范。这一新的研究范式把"经典"历史唯物主义的成果包含于其中,同时又是对"经典"历史唯物主义的实质性的发展,使之适应现代的特点,成为现代历史唯物主义。

二、历史唯物主义研究重心的转换

研究范式的转换必然导致研究重心的转换。把以主体为轴心审察历史主体与客体关系作为现代历史唯物主义的研究范式,主旨在于重申人的能动性、创造性、主体性。于是,人们创造历史活动的内在结构和运行机制的问题便成为我们面临的主要课题。按照经典历史唯物主义的观点,自在自为运动着的是物质实践活动。实践联系着历史的主体与客体,包含认识及其对象;人们在改造、认识自然界的同时,也改造、创造和认识自己本身——他的肉体组织、社会关系和思维结构等。历史本质上就是人们的实践活动在时间中的展开。这就是历史唯物主义关于人类创造历史活动的动态图式,至今仍显示出真理性。

但是,我注意到,人类创造历史的活动是实践活动和认识活动共同调节的结果。人们认识历史的活动也是其所从事的改造客体、创造历史活动的有机组成部分。如同自然存在是人的认识活动的客体一样,人们的社会存在,人们自己所创造的历史,也是人的认识活动的客体,并同样转化为人的认识的内容而被观念地加以把握。历史唯物主义着重研究的是历史主体与客体之间的实践关系,把重点放在从作为基础的经济事实中探索出思想观念,以及由这些观念所制约的行动。

但是，历史唯物主义对历史主体与客体的认识关系，即人们认识历史活动的特殊结构、机制以及规律，却没有详加探讨和具体展开。按照恩格斯的观点，这是为了内容而忽略了形式①。历史认识"自己构成自己的道路"，至今仍然是一个尚未深入探讨的灰色王国。对于这一问题的深入探讨已经成为时代的需要以及人类认识发展的趋势。因此，历史唯物主义的研究重心应转换到人们认识历史活动的内在结构、运行机制以及特殊规律上，不仅要从宏观上揭示，而且要从微观上探讨，即历史作为总体对自身的认识，是如何通过个体对历史的认识转化为社会意识而实现的。在我看来，历史唯物主义没有也不可能过时，但其研究层次有待转换，研究课题有待拓展。

全部社会生活在本质上是实践的。揭示历史认识的特殊规律，实际上就是揭示意识和社会存在，即"实践的、感性的活动"如何达到一致的辩证逻辑。当代科学，尤其是历史学理论、思维科学以及哲学本身的发展，一方面为历史唯物主义留下了这个专门的领域，另一方面又为历史唯物主义更深刻地认识、把握这个领域提供了前提、基础和必要条件。历史唯物主义应当自觉地适应人类认识的发展和知识结构的变化，及时地转换自己的研究层次。

三、历史唯物主义理论职能的转换

历史哲学的研究范式、研究重心不是一成不变的，历史哲学的职能同样也是变化的。黑格尔断言，历史哲学"研究的对象——世界历史"，是"世界历史本身"②，历史哲学的任务就在于从偶然性中去认识历史的必然性。黑格尔在其哲学体系中确立了历史规律性的权威，并表现出使历史哲学科学化的企图。因此，以黑格尔历史哲学为代表的思辨的历史哲学的研究重点就是历史规律，是一种独特的历史本体论。

分析（批判）的历史哲学却把历史哲学的重心转移到历史认识论上来了。按照分析的历史哲学的观点，不存在客观历史，更不存在客观的历史规律，历史就是史学意识，历史哲学就是"有关历史认识论的研究"，其宗旨就在于"反

---

① 《马克思恩格斯选集》第 4 卷，第 726 页。
② ［德］黑格尔：《历史哲学》，第 54 页。

思历史思维"①,从而确定历史科学努力的界限和特有价值。对此,苏联历史理论权威康恩评价道,分析的历史哲学"对于客观的历史不感兴趣,并不打算理解历史的客观逻辑。他们感兴趣的只是历史科学的方法论、历史研究的逻辑,企图从纯形式的立场,即脱离了历史科学的实物内容来考察这种逻辑"②。这样,分析的历史哲学在强调历史哲学的认识论功能,进行认识能力的自我批判这项有意义的工作时,竟把历史哲学的对象和前提——历史本身一笔勾销了。结果是犯了一场"演丹麦王子而没有哈姆雷特"的错误。然而,一幕没有"主角"的戏是无法上演的。

从时间上看,历史唯物主义的产生后于思辨的历史哲学,先于批判的历史哲学;从逻辑上看,历史唯物主义却是"晚出的哲学"。一方面,历史唯物主义是对思辨的历史哲学的扬弃,从思辨的历史哲学到历史唯物主义,也就是从辩证唯心主义到辩证唯物主义;另一方面,历史唯物主义又为科学地解决历史认识论问题奠定了可靠的基础,并以胚胎、萌芽形式包含着分析的历史哲学所关注的历史认识论问题。但是,历史唯物主义着重研究的的确是历史过程及其规律本身,是"一种关于历史过程的观点"③,是"描述人们的实践活动和实际发展过程的真正实证的科学"④。因此,历史唯物主义具有凝重的历史本体论色彩。当然,这是一种不同于思辨的历史哲学本体论的新的历史本体论。

现代历史唯物主义站在时代的制高点,彻底而全面地扬弃思辨的历史哲学与分析的历史哲学的理论对立,从历史观上升为历史本体论和历史认识论相统一的现代历史哲学。作为现代历史哲学,历史唯物主义不是对历史过程及其规律的客观描述,而是把研究客体放到与意识的关系中去研究人们如何才能正确认识、把握历史及其规律,揭示历史认识"自己构成自己的道路"。历史唯物主义理论职能的这一转换,既是其研究范式、研究重心转换的必然结果,又是实现其研究范式、研究重心转换的保证。

历史本体论是探讨历史的本质的理论,主要揭示历史现象的本源和派生

---

① [意]贝奈戴托·克罗齐:《历史学的理论和实际》,第 60—61 页;[英] R. G. 柯林武德:《历史的观念》,何兆武、张文杰译,中国社会科学出版社 1987 年版,第 6 页。
② [苏]康恩:《哲学唯心主义与资产阶级历史思想的危机》,乔工、叶文雄等译,生活·读书·新知三联书店 1961 年版,第 68 页。
③《马克思恩格斯选集》第 3 卷,第 704 页。
④《马克思恩格斯全集》第 3 卷,第 30—31 页。

关系,在这里,意识和社会存在作为历史哲学的最高范畴出现了;历史认识论是研究作为认识主体的人对以人为主体的历史现象的认识过程及其规律的理论,主要揭示意识和社会存在如何达到一致的辩证逻辑。如果历史认识论不同时具有历史本体论的性质,它就不能成为正确认识历史的科学理论;如果历史本体论不同时具有历史认识论的性质,从当代知识结构看,它就不属于历史哲学,而且其结论也是独断的、不可靠的。

因此,从劳动或实践概念开始,现代历史唯物主义的全部范畴和规律,都应当把解决意识和社会存在的关系作为自己的内容;现代历史唯物主义的全部范畴和规律,都应既是历史本体论的范畴和规律,同时又是历史认识论的范畴和规律。这是因为,这些范畴和规律具有来自客观历史、来自社会存在的内容,同时,这些范畴和规律要解决意识和社会存在的关系问题,并且这些范畴和规律本身就是认识历史现象之网的网上纽结,这些范畴和规律的展开过程也就是人们对历史认识的深化过程。质言之,现代历史唯物主义将扬弃历史本体论和历史认识论之分,同时实现历史本体论和历史认识论的双重职能。从理论上看,这就是历史唯物主义现代发展的真实含义。

载《社会科学》1988 年第 7 期

《新华文摘》1988 年第 12 期转载

关于历史唯物主义理论基础的再思考

正确理解历史唯物主义的理论基础,是正确把握历史唯物主义的实质、体系,以至整个马克思主义哲学的关键所在。然而,人们对历史唯物主义理论基础的理解至今仍是众说纷纭,又各有所本。因此,对历史唯物主义的理论基础做历史的分析和理论的反思,便成为具有重要理论意义的课题。本文拟就马克思主义史上几位重要的理论家——恩格斯、普列汉诺夫、列宁、斯大林和卢卡奇——对历史唯物主义理论基础的理解做一新的考察和审视,以深化我们对历史唯物主义的研究。

一、恩格斯对历史唯物主义理论基础的理解

历史唯物主义以它截然不同于以往任何历史哲学的崭新面貌呈现于世。对其理论基础,费解者有之,诘难歪曲者有之。在很长一段时间内,历史唯物主义被名曰"经济唯物主义",有时又被认为"可以与许多别的哲学合得拢",似乎历史唯物主义不存在自己独特的理论基础,不是一个完整的体系,而是一些独立学说的简单堆积。

为了捍卫历史唯物主义及其理论基础,恩格斯晚年写下了《反杜林论》《路德维希·费尔巴哈和德国古典哲学的终

结》等一系列著作和信件,并认为《反杜林论》和《路德维希·费尔巴哈和德国古典哲学的终结》"对历史唯物主义作了就我所知是目前最为详尽的阐述"①。在《反杜林论》《路德维希·费尔巴哈和德国古典哲学的终结》等著作中,恩格斯意识到实践的观点,尤其是劳动观点在历史唯物主义体系中的基础地位,因而从劳动,从人与自然的相互作用来理解人类历史,阐述历史唯物主义。

按照恩格斯的观点,人与自然对立统一,既包括对自然界而言的人的自然化,即"我们连同我们的血,肉和头脑都是属于自然界,存在于自然界",又包括通过劳动干涉自然、影响自然的"自然的人化",即"我们对自然界的统治"。"自然主义的历史观……是片面的,它认为只是自然界作用于人,只是自然条件到处在决定人的历史发展,它忘记了人也反作用于自然界,改变自然界,为自己创造新的生存条件。""随着劳动而开始的人对自然的统治,在每个新的进展中扩大了人的眼界。他们在自然对象中不断地发现新的、以往不知道的属性。另一方面,劳动的发展必然促使社会成员更紧密地互相结合起来。"同时,人的思维的最本质和最切近的基础,不单独是自然界,而是人所引起的自然界的变化,"人的智力是按照人如何学会改变自然界而发展的"。②

不难看出,恩格斯把劳动——实践的最基本形式——看作整个人类历史的根基,把劳动看作人的发展的基础,不仅是人的物质生存发展的基础,而且是人的社会关系、精神能力发展的基础。恩格斯抓住了历史唯物主义的深邃本质:正是在实践过程中,人们创造、认识自然界,同时也改造、创造和认识自己本身——他的肉体组织、社会关系和思维结构。正如马克思所说,"整个所谓世界历史不外是人通过人的劳动而诞生的过程,是自然界对人来说的生成过程"③。劳动创造了人本身,人们自己创造着自己的历史。

对于劳动及其历史地位的正确理解,使恩格斯对历史唯物主义的理论基础有了基本正确的理解。按照恩格斯的观点,历史唯物主义是"关于现实的人及其历史发展的科学",它的任务就是要揭示人类历史运动的一般规律。为了完成这一任务,历史唯物主义必须把实践的观点作为自己的理论基础,正是"在劳动发展史中",历史唯物主义"找到了理解全部社会史的锁钥"④。

---

① 《马克思恩格斯选集》第 4 卷,第 698 页。
② 《马克思恩格斯全集》第 20 卷,人民出版社 1971 年版,第 574、512、574 页。
③ 《马克思恩格斯全集》第 42 卷,第 131 页。
④ 《马克思恩格斯选集》第 4 卷,第 258 页。

正因为如此,恩格斯认为,马克思的"实践论"——《关于费尔巴哈的提纲》"包含着新世界观的天才萌芽"①,是"历史唯物主义的起源"②,并把《关于费尔巴哈的提纲》作为《路德维希·费尔巴哈和德国古典哲学的终结》的附录公开发表。这表明,恩格斯实质上是把实践的观点作为历史唯物主义的理论基础。这一见解实际上正是马克思始终强调的观点。按照马克思的观点,社会生活在本质上是实践的,因此,历史唯物主义是从物质实践出发来解释观念,描述全部历史过程。

我不能同意西方马克思主义的观点,即恩格斯没有看到实践的观点是历史唯物主义理论基础。但是,我又不能不指出,恩格斯的确没有明确地把劳动、生产和实践结合在一起去揭示实践的深层结构。即使在对历史唯物主义做了"最为详尽的阐述"的《路德维希·费尔巴哈和德国古典哲学的终结》中,恩格斯也只是把实践概括为"实验和工业",没有深入研究实践的内在结构及其本质特征——对象性活动,没有充分展开实践的观点,甚至多少有点忽视实践作为历史唯物主义基本范畴的意义。恩格斯晚年强调"交互作用论",即历史发展是经济、政治、思想等多种因素相互作用的结果,以此来批判经济唯物主义,阐明历史唯物主义。这无疑具有重大理论意义。但是,恩格斯没有进一步阐明历史唯物论与历史辩证法相统一的基础何在,即没有从实践基础上的历史主体与客体关系的高度去说明历史及其发展。在我看来,这正是恩格斯"晚年通信"未能阻止庸俗的"经济决定论"在第二国际泛滥的原因之一。南斯拉夫著名哲学家弗兰尼茨基认为:"实践的观点不仅克服了沉思的观点,而且带来了根本的历史尺度,而这一点恩格斯在这些著作没有充分强调。但他从来没有完全忽略掉。"③应该说,这个评价是中肯的。

我注意到,在恩格斯解释历史唯物主义的交响曲中,存在着一些不和谐的音响。在《反杜林论》以及"晚年通信"中,恩格斯认为,历史唯物主义的基本原理不是在"有关的时代的哲学中去寻找",而是在"有关的时代的经济学中去寻找"④。这就是说,经济必然性理论构成历史唯物主义的理论基础。恩格斯的

---

① 《马克思恩格斯全集》第21卷,第412页。
② 《马克思恩格斯全集》第39卷,人民出版社1974年版,第24页。
③ [南]普雷德腊格·弗兰尼茨基:《马克思主义史》I,李嘉恩、韩宗翊等译,人民出版社1986年版,第244页。
④ 《马克思恩格斯全集》第20卷,第292页。

这一见解不能说错误,但至少不准确。如果历史唯物主义仅仅依靠经济学研究建立起自己的理论,仅仅停留于此,那么历史唯物主义至多是一门经济社会学,而不是历史哲学。作为唯物辩证的历史哲学,历史唯物主义的创立固然需要借助经济学的研究,应当在"有关的时代的经济学中去寻找",同时,应当在"有关的时代的哲学中去寻找",需要对经济学做出哲学的反思和批判。

史实告诉我们,马克思的实践观点是经济学分析和哲学批判有机结合的产物,是马克思批判继承英国古典经济学和德国古典哲学的理论结晶。马克思正是从人的实践活动出发去揭示生产力与生产关系的矛盾运动规律,从而创立历史唯物主义的。在我看来,"经济必然性"是历史唯物主义的重要观点,而实践的观点则是历史唯物主义的理论基础。二者并非相悖。但是,历史唯物主义的"经济必然性"是建立在实践观点基础上的。恩格斯强调经济必然性的重要性本身无可厚非,但他把历史唯物主义的理论基础同建立在这一基础之上的重要观点混同起来了。如何使恩格斯的"交互作用论""经济决定论"与"实践基础论"融为一体,在理论上臻于完善,就成为后辈马克思主义者需要完成的重要任务。

二、普列汉诺夫对历史唯物主义理论基础的理解

恩格斯关于实践的观点是历史唯物主义理论基础的思想,为普列汉诺夫所继承。不过,普列汉诺夫更重视的是恩格斯的经济必然性理论。当然,普列汉诺夫也提出了一些独到的看法。

普列汉诺夫指出:"行动向辩证唯物主义者说明社会人的理性的历史发展。全部他的实践哲学归结为行动。辩证唯物主义是行动的哲学。""人为了生存而作用于外部自然时,人改变了自己本身的天性——这句话中包含着马克思的历史理论的全部本质。""漠视人的社会实践,具体的人的行动,唯物主义就是枯燥的、灰暗的、悲惨的。"[①]这些见解堪称精辟,沿着这条线索走下去,普列汉诺夫就有可能全面而深刻地揭示历史唯物主义的理论基础。然而,令人遗憾的是,普列汉诺夫未能把这些观点看作历史唯物主义的理论基础,未能把这些宝贵的思想加以充分的展开,更多的是把实践看成一个认识论的范畴,

---

① 《普列汉诺夫哲学著作选集》第一卷,第 676、769、747 页。

并且在这个范围内又首先把实践看作检验真理的标准。普列汉诺夫对实践的理解是狭隘的，未能把实践观和历史观结合起来。因此，尽管普列汉诺夫看到实践的观点在历史唯物主义体系中的重要性，但在具体论述历史唯物主义时，实践的观点仍在他的视野之外。

对把历史唯物主义等同于"经济唯物主义"的观点，普列汉诺夫一开始就持一种批判态度。按照普列汉诺夫的观点，经济唯物主义无非是主张经济因素，即经济关系或经济结构在社会生活中具有支配意义，它是从唯心主义历史观转向唯物主义历史观必要的理论阶梯，然而，它并不"排斥"历史唯心主义，甚至认为经济关系本身又是人类本性或人类知识的"函数"。而历史唯物主义的最重要发现就在于：经济结构或经济关系实际上是由生产力的状况决定的，并因生产力的变化而变化；在用经济来解释历史现象之前，经济本身首先需要得到解释，经济并不是关于历史的最后解释。因此，历史唯物主义与经济唯物主义具有本质的差别。

普列汉诺夫对经济唯物主义的批判，正是要说明历史唯物主义的理论基础。按照普列汉诺夫的观点，生产力是对历史的最终解释，历史唯物主义正是在生产力状况中找到了对全部历史现象，包括经济关系和知识观念的合理理解；历史唯物主义的成功的契机在于，"不是从心理学而是从政治经济学解释社会形态与人类思想的演变"，是"以人类生存的物质条件，以经济史来说明观念的历史"①。普列汉诺夫对经济唯物主义的批判相当精彩，对经济唯物主义与历史唯物主义区别的认识相当深刻，但他没有看到实践观点是历史唯物主义首要的和基本的观点，只是从经济史的角度来解释历史、说明观念，实际上是把"经济必然性"作为历史唯物主义的理论基础。

在我看来，普列汉诺夫的这一观点内蕴着一种逻辑矛盾。生产力无疑决定经济关系，但生产力也不是关于历史的最后解释。按照马克思的观点，"生产力是人们的实践能力的结果"②，而人们实践活动的根本内容就是人与自然的相互作用。"相互作用是事物的真正的终极原因……只有从这种普遍的相互作用出发，我们才能达到现实的因果关系。"③在历史观中，没有比人与自然的相互作用更根本的相互作用了。人与自然的相互作用构成根本的实践活

① 《普列汉诺夫哲学著作选集》第二卷，第186、387页。
② 《马克思恩格斯全集》第27卷，第477页。
③ 《马克思恩格斯选集》第4卷，第328页。

动,整个社会历史正是在这种实践活动中存在和发展的;全部历史现象,包括生产力,不仅来源于作为人类历史"终极原因"的这一实践活动,而且只有通过这一实践活动才能得到正确的说明。在这个意义上,历史哲学不能追溯到比人与自然相互作用更远的地方了。

普列汉诺夫未能深刻理解马克思的观点,也没有把生产力的观点与实践的观点统一起来,因而也就无法正确地阐述生产力本身发展的原因。为了避免用精神或知识来解释生产力本身的发展,普列汉诺夫走向了地理环境决定论,认为"生产力发展本身是为环绕着人的地理环境的属性决定的"[1]。这表明,普列汉诺夫虽然没有陷入唯心主义历史观,却走向了自然主义历史观。这样,在普列汉诺夫那里,整个历史唯物主义的理论星空中呈现出一种奇怪的现象:太阳的单独运行轨道已经被指明,但关于整个天体运行的解释仍旧通行着托勒密的理论。

普列汉诺夫是一个典型:无论是他注视的问题,还是他所忽视的问题,无论是他的成功之处,还是他的失败之处,共同证明了一个基本原理,即把实践理论提到历史唯物主义的首要的逻辑地位,是历史唯物主义的"绝对命令"。

三、斯大林对历史唯物主义理论基础的理解

斯大林对历史唯物主义理论基础的理解源自列宁,但又不同于列宁。按照列宁的观点,历史唯物主义是"一般唯物主义"在历史领域中的"贯彻和推广运用",历史唯物主义的基础即"哲学唯物主义"[2]。列宁指出:"既然唯物主义总是用存在解释意识而不是相反,那么应用于人类社会生活时,唯物主义就要求用社会存在解释社会意识。"[3]正因为如此,"马克思和恩格斯把自己的全部注意力集中于:不是重复旧的东西,而是认真地在理论上发展唯物主义,把唯物主义应用于历史,就是说,修盖好唯物主义哲学这所建筑物的上层"[4],即创立历史唯物主义。这是列宁关于历史唯物主义理论基础的基本思想。

同时,列宁认为,包括费尔巴哈在内的旧唯物主义者在历史领域中陷入唯

---

[1]《普列汉诺夫哲学著作选集》第二卷,第 747 页。
[2]《列宁选集》第 2 卷,人民出版社 1995 年版,第 226、425 页。
[3]《列宁选集》第 2 卷,第 423 页。
[4]《列宁选集》第 2 卷,第 179 页。

心主义的根本原因,就在于"他们不了解'革命实践活动'的意义"①。这就是说,不把实践活动引入对人类历史的分析之中,唯物主义就不能"贯彻和推广运用"到历史领域之中。这是其一。

其二,在探讨"黑格尔和历史唯物主义"的关系时,列宁认为,黑格尔的实践观"已经有历史唯物主义的萌芽","历史唯物主义,是在黑格尔那里处于萌芽状态的天才思想——种子——的一种应用和发展"②。列宁的这一观点具有深刻的思想意蕴,即历史唯物主义是建立在实践的观点基础之上。在我看来,列宁的这些思想是最有活力、最应该加以认真总结和发展的。

"熟知并非真知。"斯大林是非常熟悉列宁的,但他并未真正地理解列宁,没有抓住列宁观点的深邃本质,对历史唯物主义是唯物主义原理在社会历史领域的"贯彻和推广运用"这一观点只是做了字面上的理解,并对这一观点做了片面发挥。在斯大林看来,历史唯物主义是辩证唯物主义在社会历史领域中的"推广"和"应用",而辩证唯物主义则是这样一种理论,即"它对自然界现象的看法、它研究自然现象的方法、它认识这些现象的方法是辩证的,它对自然界现象的解释、它对自然界现象的了解、它的理论是唯物主义的"③。不难看出,斯大林实际上是把唯物主义自然观作为唯物主义历史观的理论基础了。

我不能说斯大林的观点没有一点道理,他毕竟看到了历史唯物主义与辩证唯物主义之间的联系。但是,我不能同意斯大林的观点。撇开自然观能否作为历史观的理论基础不说,斯大林的这一观点也包含双重的理论错误。

其一,割裂了理论与方法的内在联系。斯大林不理解在辩证唯物主义中,不存在一个仅仅作为"理论"的唯物主义,也不存在一个仅仅作为"方法"的辩证法。唯物主义既是理论,又是方法;辩证法既是方法,又是理论。理论与方法融为一体,有着无比坚实的理论基础,深深地植根于辩证唯物主义的内在本性之中。

其二,混淆了"新唯物主义"与"旧唯物主义"的本质区别。在论述"马克思主义哲学唯物主义的基本特征"时,斯大林向我们展示的实际上只是新唯物主义与旧唯物主义的共同点,而没有看到新唯物主义的本质特征是实践唯物

---

① 《列宁选集》第 2 卷,第 421 页。
② 《列宁全集》第 55 卷,人民出版社 1990 年版,第 160 页。
③ 《斯大林选集》下卷,人民出版社 1979 年版,第 424 页。

主义,正是这种理论上的特殊性,使马克思的新唯物主义有别于旧唯物主义以及其他形态的唯物主义。在《论辩证唯物主义和历史唯物主义》中,斯大林把"决不可把思维与思维着的物质隔开,物质是一切变化的主体"这句话当作马克思本人的话加以引用。实际上,这是一段明显的误引,即把马克思对于霍布斯思想的复述看成马克思本人的思想,把马克思所批判的观点看成马克思本人所赞赏的观点。在我看来,这不是偶然的疏忽,它表明,斯大林并没有真正认识到马克思的新唯物主义的本质特征,没有真正认识到新唯物主义与旧唯物主义的根本区别。

总之,斯大林所理解的辩证唯物主义实质上是一种理论与方法相分离,唯物论与辩证法简单相加,并且带有浓厚的旧唯物主义色彩的自然观。以这样一种"辩证唯物主义"作为历史唯物主义的理论基础,必然使历史唯物主义发生"变形":马克思所关注的人与自然之间的"物质变换""物质与观念的变换"以及人与人之间的"活动互换"不见了,生产方式的发展成了一种神秘的运动过程,历史规律成了一种独立于人的活动之外的预成的"绝对计划"。斯大林企图通俗地阐述历史唯物主义,却简单地理解了历史唯物主义及其理论基础,并在这条道路上走到了逻辑的终点。

四、卢卡奇对历史唯物主义理论基础的理解

如果说斯大林对历史理论基础的理解,是延续并发挥了列宁的基本思想,即历史唯物主义是一般唯物主义在社会历史领域中的"推广和运用",那么,卢卡奇(又译卢卡契)对历史唯物主义理论基础的理解,则是继承并发挥了列宁的另一个观点,即历史唯物主义是黑格尔的实践观的"应用和发展"。卢卡奇真正理解了列宁的这一观点中的深刻意蕴。正是在列宁的启示下,卢卡奇重新审查了历史唯物主义的理论基础,并提出了一系列极有价值的观点。斯大林对历史唯物主义理论基础的理解曾被定为一尊,而卢卡奇对历史唯物主义理论基础的理解则引起人们的激烈争论。因此,在评述卢卡奇的观点之前,我们有必要明确两个问题。

一是卢卡奇究竟是马克思主义者,还是"西方马克思主义者"?为此,我引用匈牙利社会主义工人党在《匈牙利纪念乔治·卢卡奇诞辰一百周年提纲》中的一段文字来说明问题:"卢卡奇自从成为共产党人和马克思主义者以来,直

至生命的终结,始终不渝地捍卫和继续发展马克思列宁主义的经典遗产,巩固和改革其辩证唯物主义的历史基础","乔治·卢卡奇是 20 世纪的一位伟大的马克思列宁主义思想的卓越代表"①。我同意这个论断。在以下的论述中,我将把卢卡奇看作一位马克思主义者。

二是卢卡奇关于历史唯物主义理论基础的论述有早期和后期之分,那么,是以其早期论述为准,还是以后期的论述为准? 早期,卢卡奇以历史总体性理论作为历史唯物主义的理论基础。按照卢卡奇的观点,所谓总体性范畴,是"总体对于局部的普遍优越性",即任何局部只有和总体联系起来才有意义。"只有在这种把社会生活中的孤立事实作为历史发展的环节并把它们归结为一个总体的情况下,对事实的认识才能成为对现实的认识",因此,"不是经济动机在历史的解释中的占首地位,而是总体的观点,使马克思主义同资产阶级科学有决定性的区别"②。卢卡奇的这一观点确有见地,对于反对第二国际的庸俗经济决定论很有意义。然而,卢卡奇毕竟"矫枉过正"了,他批判了庸俗的经济决定论,但又夸大了无产阶级意识的作用,从而使历史总体性理论笼罩着一层唯心主义的阴影;他强调了历史辩证法,但又否定了自然辩证法,从而使实践范畴缺乏实在内容——人与自然之间的物质转换过程。

从 20 世纪 30 年代起,卢卡奇对自己的错误多次进行批评,并力求加以改正。为此,卢卡奇"一切从头开始",深刻地领会了"马克思关于客观性是一切事物和关系的基本物质属性的论述",并为自然辩证法恢复了名誉,把自然辩证法看作历史本体论的必要前提。卢卡奇自我批评的精神是令人感动的,见解也是相当深刻的。正因为如此,我在评述卢卡奇对历史唯物主义理论基础的理解时,以其后期表述为蓝本。

按照卢卡奇的观点,"人的劳动总是目的论的——它定下目的,而这个目的是选择的结果。因此人的劳动表达人的自由。但是这种自由的存在,只表现在使服从物质世界因果规律的客观自然力量运转起来"③。这就是说,劳动包含着人的目的性,存在着客观的物质前提,因而是一种能动的、改造自然的客观活动。不仅如此,卢卡奇还自觉地认识到:劳动是实践的原始形式和根

① 《国际共运史研究资料》第 14 期,人民出版社 1985 年版,第 86、87 页。
② [匈] 卢卡奇:《历史与阶级意识——关于马克思主义辩证法的研究》,杜章智、任立、燕宏远译,商务印书馆 1999 年版,第 58、94 页。
③ 《卢卡奇自传》,李渚青、莫立知译,社会科学文献出版社 1986 年版,第 294 页。

基。显然,卢卡奇已经把人和自然的物质变换,以及物质和观念的变换的内容纳入实践范畴之中,并把实践规定为人类改造自然、改造社会的现实活动,从而使实践概念有了实在内容。

卢卡奇的见解与马克思的见解是完全一致的。在《1861—1863 年经济学手稿》中,马克思指出,劳动是"占有自然物质的有目的的活动"[①]。马克思多次重复这个定义,并把这一定义写进了《资本论》的定稿。马克思甚至把生产的主观条件理解为"有目的地表现出来的劳动力"[②],并把劳动和实践结合在一起,通过对劳动过程和要素的分析,揭示了实践的本质特征,即实践是人类有目的的、改造客观世界的感性的、对象化的活动。

卢卡奇深刻地理解并把握了马克思的实践理论,自觉地意识到实践是人成为人及其历史发展的基础,是人类社会的基础。如果说历史是主体和客体相互作用的总体,那么这种相互作用的现实基础就是实践活动。实践也即历史总体。的确如此。"环境的改变和人的活动或自我改变的一致,只能被看作是被合理地理解为革命的实践";"全部社会生活在本质上是实践的。凡是把理论引向神秘主义的神秘东西,都能在人的实践中以及对这个实践的理解中得到合理的解决"。[③]

由于正确理解了实践及其在社会历史中的地位,卢米奇便极为强调"物质实践"或"劳动"是历史唯物主义的基本范畴,明确地把实践的观点作为历史唯物主义的理论基础,并通过实践范畴把社会与自然联系起来,力图建立历史的"实践本体论"。正如卢卡奇本人所说,"劳动概念是我分析的关键","遵循马克思的思想,我把本体论设想为哲学本身,但是是在历史基础之上的哲学……人类社会,它的本质就是人的有目的的行动,也就是劳动。这是最主要的新范畴,因为它把一切都包括在内"[④]。

按照卢卡奇的理解,马克思的理论工作之所以直接衔接着黑格尔遗留下来的理论线索,同时,又对黑格尔哲学实现了革命性变革,使唯物主义之光终于照射到历史深处,其奥秘就在于,马克思创立了科学的实践观点。"马克思主义的劳动观点所以能够作到这一点,是因为它使社会同自然的物质变换有

① 《马克思恩格斯全集》第 47 卷,人民出版社 1979 年版,第 55 页。
② 《马克思恩格斯全集》第 49 卷,人民出版社 1982 年版,第 38 页。
③ 《马克思恩格斯选集》第 1 卷,第 55、56 页。
④ 《卢卡奇自传》,李渚青、莫立知译,第 203 页。

了内容,因而既使劳动范畴同它们的自然前提的关系有了内容,也使由于劳动的社会发展这些前提所发生的变化有了内容。"①就这样,卢卡奇回到了马克思,恢复了历史唯物主义理论基础的本来面貌,并为我们正确理解、深刻把握历史唯物主义开辟了广阔的理论空间。

五、简短的结语

以上,我评述了恩格斯、普列汉诺夫、列宁、斯大林、卢卡奇对历史唯物主义理论基础的理解。在评述的过程中,我又随时随地地探讨了马克思对这个问题的看法。现在,我概括前述,做出如下结论。

按照马克思的观点,自在自为运动着的是人类改造外部世界的"物质实践活动"。正是实践,一方面为人们的生存、发展提供了最终的动力;另一方面,也为人们改变、创造和理解对象世界提供了现实的基础。实践是整个人类世界得以存在的根据和基础。"旧唯物主义"在历史领域中陷入唯心主义的根本原因就在于,"不是把感性理解为实践活动"。"新唯物主义"的创立则使马克思站到了理论的制高点上。马克思把实践的观点作为历史唯物主义的理论基础,从而消除了"精神的历史"与"物质的自然"对立的神话,填平了人本主义与科学主义之间的鸿沟。

全部社会生活在本质上是实践的。如果把"实践"仅仅限制在认识论范围,而排除在历史观之外,就必然导致唯物主义历史观的逆向位移,即转向唯心主义历史观。因此,必须把实践的观点引入历史观,并把它作为历史唯物主义的理论基础。正因为如此,马克思把历史唯物主义定性为"从物质实践出发来解释观念",从而完整地描述全部历史过程,以及"这个过程的各个不同方面之间的相互作用"②。

马克思的深刻见解在很长时间内未引起人们的重视。在对历史唯物主义理论基础的理解中,恩格斯基本正确,但已有不准确之处;普列汉诺夫确有深刻之处,但已做了不正确的理解;列宁的论述虽不多见,却预示着解决问题的新思路;斯大林把不正确的理解推向极端,把实践的观点彻底排除在历史唯物

---

① 《卢卡契文学论文集》第1卷,范大灿等译,中国社会科学出版社1980年版,第432页。
② 《马克思恩格斯全集》第3卷,第43页。

主义之外,在相当大的程度上抛弃了马克思的划时代贡献,造成了哲学史上一次惊人的理论倒退;卢卡奇走在通向真理的道路上,回归马克思的历史唯物主义,为我们全面而深入理解历史唯物主义的理论基础提供了广阔的思维空间。

把实践的观点作为历史唯物主义的理论基础不是从外部的需要中产生的,而是历史唯物主义本身的主导逻辑,有着坚实的理论和实践基础。把实践的观点排除在外,或者把实践的观点仅仅作为一般观点的"历史唯物主义",已经暴露出种种困难和弱点,无法适应现时代的要求。为此,一些学者重新回到马克思的实践唯物主义,力图以实践的观点为理论基础重建历史唯物主义。引人注目的是,这种重建方兴未艾,在各种建构中显示出强大的生命力。可以预言,以马克思的实践观点为理论基础的历史唯物主义,将会"洛阳纸贵",在不久的将来成为哲学家之间的一个重要话题。

载《中国人民大学学报》1988 年第 6 期

第二编

1989—1999 年

拒斥形而上学：马克思哲学的基本原则

人们通常认为"拒斥形而上学"是现代西方哲学的基本原则，而马克思的哲学高于，或者说，比现代西方哲学更具真理性的地方，正在于它仍然坚持哲学必须具有"形而上学"①的特色。这是对马克思哲学的误读和曲解。我认真地反思了马克思主义哲学史、现代西方哲学和当代实践的发展后发现，"拒斥形而上学"同样是马克思哲学的基本原则，抛弃这一原则既背离了马克思哲学的精神，又背离了时代的发展。

一、"拒斥形而上学"是马克思哲学的基本原则

从本质上说，马克思的哲学是实践唯物主义，而"反对形而上学"或"拒斥形而上学"则是实践唯物主义得以产生的前提或出发点。马克思在《神圣家族》中曾分析过"形而上学"这种思维方式的兴衰。

按照马克思的观点，"形而上学"在 17 世纪的笛卡尔、莱布尼茨哲学中，还有"积极的世俗的内容"；到了 18 世纪，"形而上学变得枯燥乏味了"，首先"在理论上威信扫地"，失去了

---

① 这里所说的"形而上学"，不是指与辩证法相对立意义上的形而上学，而是指形而上学的本意，即以追溯世界的本原、基质或终极存在为目标的研究方式和哲学形态。

它自身的光环和积极意义。黑格尔曾把形而上学同德国唯心主义辩证法结合起来，建立起一个思辨的"形而上学"王国，从而使 17 世纪的"形而上学"在 19 世纪德国哲学中有过"胜利的和富有内容的复辟"。然而，在黑格尔的这次悲壮的"复辟"之后，"形而上学在实践上已经威信扫地"①。

因此，马克思明确提出"反对一切形而上学"，并把对"形而上学"的胜利看作时代和时代精神的胜利，即看作现代精神对近代精神和古代精神的胜利，并认为这种胜利是永久性的、划时代的。马克思断言："这种形而上学将永远屈服于现在为思辨本身的活动所完善化并和人道主义相吻合的唯物主义。"②可见，马克思在 19 世纪 40 年代就已高举"拒斥形而上学"的旗帜，并把"反对形而上学"或"拒斥形而上学"看作实践唯物主义的基本原则。

二、从实践和人的发展出发是"拒斥形而上学"的内涵

马克思对"形而上学"的拒斥有其特定的内涵，从本质上不同于实证主义的"拒斥形而上学"。自孔德实证主义开始，直到现代西方的科学主义，都把"拒斥形而上学"局限于经验、知识以及可证实的范围之内；马克思提出的是另一条思路，即对"形而上学"拒斥之后，哲学应该是"趋向于直接的现实，趋向于尘世的享乐和尘世的利益，趋向于尘世的世界"，"把人们的全部注意力集中到自己身上"③。

在马克思看来，近代唯物主义一开始就具有反"形而上学"的倾向。在培根那里，唯物主义"包含着全面发展的萌芽"。然而，到了霍布斯那里，唯物主义"变得片面了""变得敌视人了"④；在拉美特利（又译拉·梅特里）那里，人仅仅成了一架机器；即使爱尔维修、费尔巴哈也只是从客体的形式来考察"对象、现实、感性"，而忽视了人的主体地位。因此，近代唯物主义虽然具有反"形而上学"的倾向，但它最终又回归于"形而上学"。马克思认为，实践唯物主义所关注的是"自己时代的现实世界"，这种拒斥了"形而上学"的"新唯物主义"具有如下特点：

---

① 《马克思恩格斯全集》第 2 卷，第 161、162、159、161 页。
② 《马克思恩格斯全集》第 2 卷，第 159—160 页。
③ 《马克思恩格斯全集》第 2 卷，第 161、161—162 页。
④ 《马克思恩格斯全集》第 2 卷，第 163、164 页。

第一，从人的实践出发。这是因为，现存世界、人的本质以及人对世界、对自身的认识，本质上都是在实践中生成的，只有在实践活动，特别是"物质实践"中，才能找到打开所有这些奥妙的钥匙。

第二，从人的主体性发展出发。这是因为，人与世界的关系本质上不是解释与被解释的关系，而是改造与被改造的关系，因此，必须从主体发展来重新安排人与世界的关系。在这里，"自然界才不过是人的对象，不过是有用物；它不再被认为是自为的力量；而对自然界的独立规律的理论认识本身不过表现为狡猾，其目的是使自然界（不管是作为消费品，还是作为生产资料）服从于人的需要"①。正因为如此，对人类来说，重要的不是使"人和自然都服从于同样的规律"，而是按人的本性、人的发展"使现存世界革命化"，即"必须这样安排周围的世界，使人在其中能认识和领会真正合乎人性的东西，使他能认识到自己是人"②。应该说，这是马克思"拒斥形而上学"的本质所在，也是马克思的"拒斥形而上学"原则同现代西方哲学"拒斥形而上学"原则的根本区别。

第三，从人类已经达到的认识出发。这是因为，离开人类已经达到的认识去做空洞的推论，完全是一个"经院哲学的问题"，正如恩格斯所说，"我们只能在我们时代的条件下进行认识，而且这些条件达到什么程度，我们便认识到什么程度"③。

显然，马克思哲学"拒斥形而上学"包含着实证因素，要求"用纯粹经院的方法来确定"现实的个人及其活动和物质生活条件，并以实践来判断思维，反对离开实践去做抽象的议论。正是在这个意义上，马克思认为，实践唯物主义"是描述人们的实践活动和实际发展过程的真正实证的科学"④。在这一点上，马克思的哲学同现代西方哲学具有相似之处。然而，相似不等于相同。马克思哲学的"拒斥形而上学"与现代西方哲学的"拒斥形而上学"指向性不同，前者深深地扎根于人类实践活动中，其核心是人类的主体发展。在这一点上，马克思的哲学又高于现代西方哲学，具有旺盛的生命力。

---

① 《马克思恩格斯全集》第 46 卷上，第 393 页。
② 《马克思恩格斯全集》第 2 卷，第 166—167 页。
③ 《马克思恩格斯全集》第 20 卷，第 585 页。
④ 《马克思恩格斯全集》第 3 卷，第 23、30—31 页。

三、对哲学本义的实证否定是"拒斥形而上学"的贯彻

马克思把"拒斥形而上学"的原则贯彻于哲学本身,便是本来意义上的哲学的终结。哲学的本义是"爱智慧"。这种爱智慧的思维方式使人们去做无穷无尽的想象和推论,使哲学成为"知识的总汇"或"科学之科学",以为哲学在研究某一个独立的对象。马克思坚决反对对哲学的这种理解,认为:"对现实的描述会使独立的哲学失去生存环境,能够取而代之的充其量不过是从对人类历史发展的观察中抽象出来的最一般的结果的综合。"①显然,实证科学的发展使"独立的哲学"终结了,哲学被实证地否定了,哲学因此成为随着历史的发展而不断变化的总体性的思考方式,它不断地体现时代精神,不断地否定和超越自己。"离开了现实的历史",哲学"就没有任何价值"②。

恩格斯在《反杜林论》和《路德维希·费尔巴哈和德国古典哲学的终结》中表达了同样的思想:随着现代科学的发展,以往的全部哲学只留下一个纯粹的思想的领域,即关于思维及其规律的学说——逻辑和辩证法,其余的一切都归到自然和历史的实证科学中去了③。需要补充恩格斯的是,到了 20 世纪,对思维本身的研究也从哲学中分化出来,成为一门独立的学科。可以说,在今天,自然界、社会、思维本身都已经不属于哲学研究的领域,哲学的实体性对象已经不存在了。因此,现在再把哲学界说为研究社会、自然界、思维发展的一般规律,只能是一种理论倒退。

历史走过了一段曲折的路。马克思拒斥了"形而上学",现行的马克思主义哲学体系却把"形而上学"接纳进来,并以此作为哲学体系的建构原则。马克思划时代的贡献在相当大的程度上被抛弃了,所谓的"辩证唯物主义"实际上成了一种新的"形而上学"。在我看来,在时代性上,马克思哲学的"拒斥形而上学"原则与现代西方哲学的"拒斥形而上学"原则具有一致性;在指向性上,马克思哲学的"拒斥形而上学"原则与现代西方哲学的"拒斥形而上学"原则却有本质上的不同。马克思把哲学的理想性与激情以及对未来的预见都建立在人的实践活动和主体发展的基础上,认为哲学是"激情的理性"和"理性的

① 《马克思恩格斯全集》第 3 卷,第 31 页。
② 《马克思恩格斯全集》第 3 卷,第 31 页。
③ 《马克思恩格斯选集》第 3 卷,第 738 页;第 4 卷,第 257 页。

激情"。当代实践格局和科学结构证明了马克思哲学"拒斥形而上学"原则的真理性,我们必须重新认识马克思哲学的"拒斥形而上学"原则,并把这一原则彻底贯彻到马克思主义哲学的当代形态之中。

载《光明日报》1989 年 1 月 16 日

实践唯物主义：唯物主义的现代形态

马克思的实践唯物主义不仅扬弃和超越了唯心主义，而且扬弃和超越了旧唯物主义。但是，这一"超越"并没有超越哲学基本问题，即思维与存在的关系问题，也没有否定唯物主义本身。实践唯物主义的创立是对哲学基本问题现代理解的结果，即实践唯物主义是从主体的、活动的、功能的形式来理解哲学基本问题而产生的唯物主义的现代形态，即"现代唯物主义"。

一、哲学基本问题的五种表现形式

要理解实践唯物主义是唯物主义的现代形态，首先就要对哲学基本问题的内在矛盾进行剖析。在我看来，作为哲学基本问题，思维与存在的关系问题是问题的永恒性和形式的更替性矛盾的统一。

只要哲学存在着，思维与存在的关系问题就必定是哲学的基本问题。这是因为，思维与存在的关系问题根源于哲学的本性。哲学本质上是对人与世界关系的总体把握方式。对人与世界关系作更高的抽象，就是感性活动与精神活动两个方面，由此形成自在世界与人化世界的双向转化。离开这一基本点，人与世界的总体关系就是空洞的。正是在这个意义上,恩格斯又把思维与存在的关系问题称为"哲学的最高问题"。

思维与存在的关系根源于人及其实践活动、社会与自然的关系。人是"灵"与"肉"的统一,实践是对象性活动与目的性活动的统一,社会是人与自然物质变换的过程和人的有目的的活动的统一,等等。思维与存在的关系就其本质而言,就是对这些关系的总体抽象,因而它是哲学思维"本性"的体现,是哲学安身立命之所在。

思维与存在的关系问题作为哲学基本问题,一方面具有永恒性,另一方面,在不同时代的哲学中又有不同的形式,处于不断的变化之中。恩格斯在总结哲学基本问题,即思维与存在的关系问题时,就指出过它的五种表现形式:

一是远古的萌芽形式,即梦与肉体,思维和感觉与"身体的活动",以及"灵魂对外部世界"的关系问题。

二是古代的朴素形式,即世界的"基质"是"原初物质",还是"理念"的问题。

三是中世纪的经院哲学形式,即"神"与世界的关系问题。

四是近代的完全形式,即"精神对自然界的关系问题"。"思维对存在、精神对自然界的关系问题,全部哲学的最高问题……只是在欧洲人从基督教中世纪的长期冬眠中觉醒以后,才被十分清楚地提了出来,才获得了它的完全的意义。"①这一"完全的意义"上的思维与存在的关系问题表现为两个方面:一方面,世界的本原"是精神,还是自然界";另一方面,思维对"世界本身的关系是怎样的"。正是在这一意义上,恩格斯认为:"全部哲学,特别是近代哲学的重大的基本问题,是思维和存在的关系问题。"②

五是现代形式,即"人的思维"与"人的活动"的关系。恩格斯指出:"自然科学和哲学一样,直到今天还全然忽视人的活动对人的思维的影响;它们在一方面只知道自然界,在另一方面又只知道思想。但是,人的思维的最本质的和最切近的基础,正是人所引起的自然界的变化,而不仅仅是自然界本身。"③实际上,这也就是马克思所说的思维与实践、意识与社会存在、精神活动与物质活动、精神交往与物质交往、精神生产与物质生产的关系问题。这正是哲学基本问题的现代形式。

---

① 《马克思恩格斯选集》第4卷,第224页。
② 《马克思恩格斯选集》第4卷,第223页。
③ 《马克思恩格斯选集》第4卷,第329页。

可见,哲学基本问题,即思维与存在关系问题的发展表现为问题的永恒性与形式更替性的对立统一。

二、实践唯物主义所实现的思维坐标的转换

在不同的哲学形态中,思维与存在的关系问题具有不同的内涵。哲学基本问题在近代唯物主义中的表现形式与在现代唯物主义中的表现形式的差别,就在于对这一问题理解的坐标转换。这一坐标转换表现为三个方面:一是从客体出发转换到从主体出发;二是从静态出发转换到从动态出发;三是从实体出发转换到从功能出发。实践唯物主义的创立正是这种坐标转换的标志。正因为如此,实践唯物主义是唯物主义的现代形态,即现代唯物主义。

首先,近代唯物主义所理解的思维与存在关系是客体型的。在这里,存在等同于自然界,而思维则等同于精神,思维与存在的关系问题因此转化为精神与自然界的关系问题。现代唯物主义,即实践唯物主义,则是从“人的感性活动”、从主体角度来理解思维与存在的关系。按照实践唯物主义的观点,存在是人与自然之间的物质变换关系,而思维则是人对世界及自身的观念把握关系,或者说,存在是主体与客体之间的物质变换关系,思维是主体对客体及自身的观念把握关系。

其次,近代唯物主义对思维与存在关系的理解是静态的,一旦确立自然界决定思维的原则,整个哲学体系就由此进行逻辑推导。这是一个静态的逻辑体系,尔后的实践发展的成果,只是不断地作为证明已有结论的注脚。实践唯物主义对思维与存在关系的理解则是一种不断生成、不断倾听实践呼声,并随实践的发展创新自身内容、改变自身形式的过程,是从现代实践格局反过来理解和探讨思维与存在关系问题的过程。这是一个动态的、开放性的理论体系。

再次,近代唯物主义离开实践活动来“直观”思维与存在的关系,认为自然界决定精神。实践唯物主义确认自然界的“优先地位”,但实践唯物主义不是从“纯粹”的自然或“抽象的物质”出发去理解和把握思维与存在的关系,而是从实践的对象性的转换过程解答思维与存在关系问题的,并认为社会、人类及其认识是由实践活动中的人与自然之间的物质、能量、信息变换过程所决定的。换言之,实践唯物主义所理解的思维与存在关系是功能型的。

思维与存在关系问题向功能型转化,与现代科学的自组织理论具有异曲

同工之妙。自组织理论认为,系统发展是立足于与环境的物质、能量、信息的耗散基础之上的,只有当输入和输出的物质、能量、信息交换形式产生高于自身"熵增加"的"负熵流"时,系统才能由低级向高级发展。哲学只有在承认人类、社会和思维的发展是立足于人与自然之间的物质、能量、信息变换关系的基础之上,才能找到自身发展的基础。当然,哲学与自组织理论又有不同之处,这种不同之处在于,哲学是从更宏观的角度做出的思考,并且认为人类这一自组织系统不仅具有对象意识,而且具有自我意识,具有自我超越能力。

三、实践唯物主义的"唯物"之所在

唯物主义的本意在于承认自然界的本原性,这是传统唯物主义的"唯物"所在。除此之外,唯物主义这个术语"本来没有任何别的意思","也不是在别的意义上使用的"①。实践唯物主义确认自然界的"优先地位",但它同时确认精神对自然具有不可还原性,并从实践的、主体的、动态的过程来重新理解唯物主义,把"存在"理解为人与自然之间的物质变换过程。

按照马克思的观点,在人与自然之间物质变换的过程中,人们改变的是"物质的形态"。然而,正是人与自然之间的"物质变换"构成了贯穿于人类社会发展始终的"永恒的必然性"。正如马克思所说,"象野蛮人为了满足自己的需要,为了维持和再生产自己的生命,必须与自然进行斗争一样,文明人也必须这样做;而且在一切社会形态中,在一切可能的生产方式中,他都必须这样做。这个自然必然性的王国会随着人的发展而扩大,因为需要会扩大;但是,满足这种需要的生产力同时也会扩大。这个领域内的自由只能是:社会化的人,联合起来的生产者,将合理地调节他们和自然界之间的物质变换,把它置于他们的共同控制之下,而不让它作为盲目的力量来统治自己;靠消耗最小的力量,在最无愧于和最适合于他们的人类本性的条件下进行这种物质变换。但是不管怎样,这个领域始终是一个必然王国。在这个必然王国的彼岸,作为目的本身的人类能力的发展,真正的自由王国,就开始了。但是,这个自由王国只有建立在必然王国的基础上,才能繁荣起来"②。

———————

① 《马克思恩格斯选集》第4卷,第224—225页。
② 《马克思恩格斯全集》第25卷,人民出版社1974年版,第926—927页。

可见,人与自然之间"物质变换"是"一切社会形态""一切可能的生产方式"乃至"自由王国"的基础,当然,也是人的认识的基础。确认人与自然之间的"物质变换"构成了人类认识、人类社会以及整个人类世界的基础和"永恒的必然性",这就是实践唯物主义的"唯物"所在。显然,实践唯物主义对唯物主义的理解,是以对思维与存在关系问题的现代理解为基础的,这一现代理解的思维坐标就是"人的感性活动"。换言之,实践唯物主义是从人的实践活动,从"主体方面"去理解"对象、现实、感性"何以成为这样的存在的。实践唯物主义扬弃了直观唯物主义,超越了唯物主义的近代形态,创立了唯物主义的现代形态,是把"对象、现实、感性""理解为实践活动的唯物主义"①。

当然,我注意到,把唯物主义与唯心主义作为"形而上学"加以"拒斥",是现代西方哲学的基本原则。但是,现代西方哲学"拒斥形而上学"只是拒斥了直接回答思维与存在关系问题的传统哲学,拒斥了以唯物主义与唯心主义来划分哲学流派的哲学分类方法,拒斥了传统哲学的本体论。现代西方哲学的发展表明,它没有,也不可能否定思维与存在的关系问题及其哲学意义,没有,也不可能否定唯物主义与唯心主义本身的存在。

实际上,思维与存在的关系问题、唯物主义与唯心主义在现代出现了更复杂的结构、更高的形式。

其一,现代西方哲学对思维与存在关系问题的回答由直接形式进入间接形式,如存在主义所探讨的人的选择、自由等问题实质上就是思维与存在的关系问题。

其二,唯物主义与唯心主义由学派的对立转化为原则的对立,如我们不能把现代西方科学哲学简单地划分为唯物主义或唯心主义,但现代科学哲学的发展,以及现代西方哲学一个流派对另一个流派的否定,内在地透视出唯物主义与唯心主义原则的分歧。

其三,唯物主义与唯心主义转化为方法论,特别是现代唯物主义方法论成为任何哲学都必须借用的方法,这不能不是"时代性"的体现,并表明了唯物主义与唯心主义在现代发展的复杂性。

因此,我们应从现代实践格局出发重新认识唯物主义,重新认识马克思

―――――――――
① 《马克思恩格斯选集》第1卷,第56页。

"新唯物主义"的"新"之所在,或者说,重新认识马克思的"新唯物主义"的"唯物"之所在,从而真正理解实践唯物主义是唯物主义的现代形态,即现代唯物主义。

载《哲学动态》1989 年第 3 期

《新华文摘》1989 年第 5 期转载

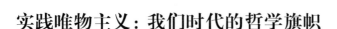

实践唯物主义：我们时代的哲学旗帜

确立实践观念的权威，进而通过人的实践活动"改变世界"，"使现存世界革命化"，这是马克思哲学关注的焦点。为此，马克思在宣布传统哲学"终结"的同时，建构了一种以实践的观点为基础和原则，以改变世界为己任的"新唯物主义"哲学，即"实践的唯物主义"。今天，我们重申实践唯物主义，一方面是因为马克思的实践唯物主义被淡忘了；另一方面，也是更为重要的，是因为马克思的实践唯物主义以其巨大的超前性体现了我们时代的时代精神。实践唯物主义是立足于人的实践活动，从实践活动出发来理解和把握人与世界关系的哲学；是立足于实践发展，以现代实践格局再认识已有的哲学体系，并把其合理因素吸收进去的哲学；是马克思主义哲学现代发展的必然形式，而马克思主义哲学仍然"是我们时代不可超越的哲学"。因此，实践唯物主义是我们时代当之无愧的哲学旗帜。

一、实践唯物主义所实现的哲学革命

实践唯物主义是马克思所实现的哲学革命的本质所在。从根本上说，实践唯物主义就是以人类改造世界和发展自身的实践活动为出发点，并从这一主体活动来理解现存世界以及人与世界关系的唯物主义。作为新唯物主义、新的哲学形态,实践唯物主义不同于立足于思维与存在二极结构的旧唯物主义、旧的哲学形态,它产生于一条全新的哲学思路。这条思路是在马克思对人与世界的关系进行再认识的过程中形成的。马克思正是从哲学发展史与人类发展史相结合这一新的角度,以人的发展这一根本问题来批判哲学史,考察现存世界,分析人与世界的关系,从而对哲学的主题、结构、形态和职能做出了自己独特的回答。这一回答的结晶,便是实践唯物主义的创立。

从总体上看,实践唯物主义产生于两条基本原则:

第一条原则是,哲学必须"反对形而上学"。这是马克思在《神圣家族》中提出的。马克思在这里所说的"形而上学",是指以追溯整个世界的本原或基质为宗旨的哲学形态。在马克思看来,随着科学的发展和社会的变革,"形而上学"不仅"在理论上威信扫地",而且"在实践上已经威信扫地",因此,"形而上学将永远屈服于现在为思辨本身的活动所完善化并和人道主义相吻合的唯物主义"①。这种扬弃了"形而上学"并"和人道主义相吻合的唯物主义",应当"趋向于直接的现实,趋向于尘世的享乐和尘世的利益,趋向于尘世的世界","把人们的全部注意力集中到自己身上"②。换言之,哲学应从人们自身出发,从"直接的现实""尘世的世界"出发。

第二条原则是,哲学必须从实践出发。从"尘世的世界"出发,绝不是承认现存世界的合理性,从而做"解释世界"的哲学,而是要按人的本性和人的发展来"改变世界"。这是实践唯物主义的本质所在。在《神圣家族》中,马克思指出:"既然人是从感性世界和感性世界中的经验中汲取自己的一切知识、感觉等等,那就必须这样安排周围的世界,使人在其中能认识和领会真正合乎人性的东西,使他能认识到自己是人。"③所以,实践唯物主义是改变世界的哲学,它的核心就是以人的发展为坐标来"安排周围的世界"。

循着这一思路前进,马克思写下了著名的《关于费尔巴哈的提纲》和《德意志意识形态》。在这两部著作中,马克思对哲学发展史,尤其是唯物主义发展史做出了自己独特的分析和判断,那就是,全部唯物主义的发展可以划分为三

① 《马克思恩格斯全集》第 2 卷,第 162、161、159—160 页。
② 《马克思恩格斯全集》第 2 卷,第 161、161—162 页。
③ 《马克思恩格斯全集》第 2 卷,第 166—167 页。

种基本形态，即"纯粹的唯物主义""直观的唯物主义"和"实践的唯物主义"①。

费尔巴哈以前的唯物主义都是"纯粹"的唯物主义，即仅仅从"客体的形式"去理解"对象、现实、感性"的唯物主义。这种唯物主义的要害是"见物不见人"，甚至"敌视人"②。18世纪法国唯物主义曾弘扬"天赋人权"，然而，以机械性为特征的时代精神束缚了它的视野，刚从神权的重压下解放出来的人，在拉美特利那里又被贬为一架机器。

费尔巴哈的唯物主义是"直观"的唯物主义，其"优越性"在于，它承认人也是"感性对象"，并把人作为哲学的"最高对象"，从而使哲学对世界的认识从"物"回到了"人"。但是，费尔巴哈停留在"直观"形式上，"把人只看作是'感性的对象'，而不是'感性的活动'"③，因而不理解实践是人的存在方式，人的本质在其现实性上是一切社会关系的总和，因而是一种"直观的唯物主义"。"直观的唯物主义，即不是把感性理解为实践活动的唯物主义。"④

马克思的唯物主义是"实践"的唯物主义，即把"对象、现实、感性""当作感性的人的活动，当作实践去理解"，"从主体方面去理解"的唯物主义。在《德意志意识形态》中，马克思明确指出："对实践的唯物主义者，即共产主义者说来，全部问题都在于使现存世界革命化，实际地反对和改变事物的现状。"⑤实践唯物主义是一种根本不同于"旧唯物主义"，即包括费尔巴哈唯物主义在内的"从前的一切唯物主义"的"新唯物主义"，其出发点就是人类的实践活动。

实践唯物主义的创立是人类思想史上的壮丽日出，它所实现的哲学革命包含着四重含义。

第一，对世界的理解由"客体原则"转换到"主体原则"，实现了哲学思维方式的根本变革。

从根本上说，包括费尔巴哈的唯物主义在内的"从前的一切唯物主义"，对世界的理解都是从客体原则出发，在各种各样的现象背后寻找所谓的本原的、终极的存在，其要害是以还原论的思维方式，把"整个世界"还原为自然，否定

---

① 《马克思恩格斯全集》第3卷，第50、5、48页。

① 《马克思恩格斯全集》第3卷，第50、5、48页。
② 《马克思恩格斯全集》第2卷，第164页。
③ 《马克思恩格斯全集》第3卷，第50页。
④ 《马克思恩格斯选集》第1卷，第56—57页。
⑤ 《马克思恩格斯全集》第3卷，第48页。

人的主体地位,使"人和自然都服从于同样的规律"①。实践唯物主义则高扬人的主体性,从实践出发、从主体方面来理解世界。换言之,自然界无疑是客观存在的,但是,人们的"周围的感性世界"却是经过人的实践改造过的世界,对自然具有不可还原性;同时,人们是通过实践理解、把握世界的,对世界理解的深度和广度是由实践规范的。因此,思维不应当从物的尺度来理解人,从自然出发来理解现存世界,相反,应当从人的主体尺度来理解物,从实践出发来理解现存世界。

应当指出,马克思的实践原则也就是主体原则。在《关于费尔巴哈的提纲》中,马克思是把"感性的人的活动""实践""主体方面"三者等同起来看待的。在马克思看来,主体首先是实践主体,而实践就是人的能动地改变世界的活动,二者是贯通的。主体性原则无非是宣布谁是世界的创造者。当然,马克思的主体性原则不等于唯主体论。实践是主体与客体相互作用的过程,马克思的主体性原则是在主体与客体关系中高扬主体的能动性和创造性来把握世界的原则。这一原则是针对那种排除主体的"客体原则"而言的,其实质是主体能动地把握和改造客体、主体与客体在实践基础上相统一的原则。把握这一点是理解实践唯物主义的关节点,也是理解实践唯物主义所实现的哲学思维方式变革的关节点。

第二,哲学本身的结构由"思维与存在"的二极结构转换到"思维、实践、存在"的三级结构,实现了哲学结构的根本变革。

包括旧唯物主义在内的传统哲学的结构是二极型的——思维与存在,承认思维决定存在的是唯心主义,承认存在决定思维的是唯物主义。这种二极型的哲学结构贯穿于马克思之前的全部哲学之中。作为新唯物主义,实践唯物主义则把"实践"作为中介置于思维与存在的两极之中,从物质实践出发来解释观念,并认为:"人的思维是否具有客观的[gegenständliche]真理性,这不是一个理论的问题,而是一个实践的问题。人应该在实践中证明自己思维的真理性,即自己思维的现实性和力量,自己思维的此岸性。关于思维——离开实践的思维——的现实性或非现实性的争论,是一个纯粹经院哲学的问题。"②由此,实践唯物主义展开了一个新的哲学结构。

---

① 《马克思恩格斯全集》第 2 卷,第 164 页。
② 《马克思恩格斯选集》第 1 卷,第 55 页。

哲学从二极结构向三级结构的飞跃,表明旧唯物主义与唯心主义的斗争已经成为历史形态,简单地回答"思维与存在何者为第一性"已经不适合现代实践活动的要求。在哲学的三级结构中,思维与存在的关系问题仍然存在,但以更高级、更复杂的形式存在着。这是实践唯物主义的产生必然带来的问题,也是哲学本身结构的变化所形成的问题。

第三,哲学体系的建构原则由"物质原则"转换到"实践原则",实现了哲学由封闭向开放的根本变革。

旧唯物主义坚持客体原则来理解世界,因此,它的哲学体系的建构原则必定是"物质"原则,也就是以"物质"的运动、变化、发展来规范世界、社会乃至人本身的发展,以"反映"来确定认识的发展。作为新唯物主义,实践唯物主义则从实践出发,以实践活动来说明世界、社会乃至人本身的发展,以"实践"来确定认识的发展,并要求随着实践格局的时代性转换,形成新的哲学体系。

实践唯物主义否定抽象的、游离于人类实践活动之外的所谓的"整个世界""普遍规律"或"一般规律"。但是,这绝不是说实践唯物主义放弃了对"现存世界"普遍规律或一般规律的思考,而是说,应立足实践所达到的范围和程度对"现存世界"普遍规律或一般规律进行思考。恩格斯指出:"从历史的观点来看,这件事也许有某种意义:我们只能在我们时代的条件下去认识,而且这些条件达到什么程度,我们才能认识到什么程度。"①问题是清楚的。实践作为"时代的条件"的总和,作为现存世界的缩影,确实规范着人们对物质运动、现存世界规律认识和把握的程度。因此,实践唯物主义不是从物质出发来说明"世界",而是从实践出发说明物质、世界以及人与世界的关系。实践唯物主义所实现的哲学体系建构原则的革命,其实质就在于此。

第四,对哲学中心点的理解由"解释世界"转换到"改变世界",实现了哲学功能的根本变革。

"哲学家们只是用不同的方式解释世界,问题在于改变世界。"②在马克思看来,围绕思维与存在的关系,旧唯物主义从客体原则出发,用存在来说明思维,用自然说明世界;唯心主义则从精神主体原则出发,用思维说明存在,用精神说明世界。可以说,马克思之前的全部哲学都在于回答世界"是什么""怎么

---

① 《马克思恩格斯选集》第4卷,第337—338页。
② 《马克思恩格斯选集》第1卷,第57页。

样""统一于什么",都是在"解释世界"。"整个所谓世界历史不外是人通过人的劳动而诞生的过程,是自然界对人来说的生成过程。"①因此,实践唯物主义的中心点并不在于通过物质运动说明自然界怎样产生人,而在于人怎样使自然界"对人生成",成为人的对象性存在、人的社会存在。换言之,实践唯物主义是一种以人的发展为根本原则来"改变世界"的哲学,其宗旨就是使世界成为属人的世界,人们在这个属人的世界中能够得到全面而自由发展。这就是"改变世界"哲学的根本含义。

马克思的实践唯物主义所实现的哲学革命并不是通常所说的那样,仅仅是实现唯物主义自然观与唯物主义历史观的统一,以及唯物主义与辩证法的统一。在我看来,实践唯物主义所实现的哲学革命的实质就在于,从"客体原则"转换到"主体原则",从"物的原则"上升为"实践原则",从人的实践出发来理解和把握现存世界和人类自身,从而实现了人的主体性与唯物主义的统一。可以说,整个现代哲学的产生和发展,都是以马克思的实践唯物主义所实现的哲学变革为实质内容和根本方向的,实践唯物主义是现代哲学的奠基石。

二、立足现代实践格局的现代唯物主义

今天,我们重申实践唯物主义,并不是简单地"回到马克思",而是力求建构以现代实践格局为基础、体现时代精神的实践唯物主义,即"现代唯物主义"。这是高层次的"回到马克思"。

马克思的实践唯物主义创建于 19 世纪中叶。当时,科学的非经典的革命尚未发生,科学还仅仅以达尔文进化论、能量守恒和转化定律、细胞学说这三大发现为自己的骄傲;人类社会在总体上仍处于旧式的工业结构中,无产阶级与资产阶级还仅仅在西欧进行着殊死的阶级搏斗。在这种实践格局中创立起来的马克思的实践唯物主义固然具有时代的超越性,但又不可避免地具有时代的局限性。今天,我们在探讨坚持和发展马克思主义哲学时,无疑应该立足于现代实践格局,"扬弃"这种局限性。更重要的是,这种"扬弃"并不是外加的,而是马克思主义哲学的内在要求。实际上,这是马克思主义哲学自我完善的过程,只不过这种自我完善始终以自我否定、自我更新的形式出现罢了。

---

① 《马克思恩格斯全集》第 42 卷,第 131 页。

从总体上看,现代实践格局在实践的形式、内容和方向上都发生了重大变化。

第一,在形式上,现代实践格局是超常规、超经验型的,实现了实践向信息型、智力型、复杂系统型转化。

经验、常规型的实践格局是与经典科学相适应的。20世纪,随着经典科学向非经典科学转化,人类从常规的经验尺度进入宇观尺度、微观尺度,从简单的主体与客体一致的经验型实践进入到大尺度、大系统、深层结构,从物质、能量为主的实践模式转换为信息、智力因素越来越占主要地位的实践模式。人类的主体、客体与中介系统都处于一种迅速膨胀的状态,实践格局的侧重点、网络、层次都发生了重大变化。

在这种情况下,简单地回答思维与存在的关系问题,或者说辩证法是"三大规律""五对范畴",或者说认识过程是由感性认识到理性认识……都已不适应现代实践格局了。例如,经典哲学的方法源于黑格尔思辨哲学的方法,它以宏观的定性方法为主要内容,以"抽象—具体"的逻辑方法为主要手段,以学者的个体思维为主要途径,这与现代以电脑系统为主要手段的社会调查网,以快速的信息收集与反馈为中介,由智囊团群体进行的多方位、多变量、多层次的研究方法,显然属于两个层次、两个等级。这并不是否定经典哲学方法的重要性,但是,我们又不能固守经典哲学的方法。作为现代唯物主义,马克思主义哲学无疑应以现代实践格局为基础和出发点。

第二,在内容上,现代实践格局高扬人类主体性,否定了抽象的客体坐标。

旧唯物主义的客体坐标的产生与经验型的实践格局是一致的。在经验型的实践范围内,主体与客体具有某种天然的统一性,人们可以充分地强调"天人合一""经验论""感觉论""反映论"。但是,一旦实践尺度超出经验型,进入宇观、微观的层次时,人类的主体坐标就充分显示出它的作用,并转化为科学困惑不解的相对性、测不准性、不完全性、投影性、互补性等。实际上,这是理解现代科学和人类发展的一把钥匙,它表明,不仅人的需要、利益规范着人的认识活动,而且人总是从人的角度,从自身这一特殊的坐标来把握世界的。换言之,我们应当立足现代实践格局,以主体为坐标,对"世界""物质""思维"等哲学基本范畴进行再认识,跳出以物为本的格局,走进以人为本的格局。

现代实践格局是以人类主体由"地方性发展"到"世界性发展",由"保守性""静态性"到"变革性""动态性"的转化为标志的。现代实践活动越来越显示出人是世界中唯一的自为的力量,并在越来越大的范围内和越来越深的层次上支配着自在的力量,把人以外的自然物变成人的"有用物",变成社会的财富。当然,这种高扬人的主体性的实践格局并没有否认世界的客观性,正如马克思所说,"人只能象自然本身那样发挥作用,就是说,只能改变物质的形态"①。这就是说,人的主体性是以承认"物的尺度"为前提的,但主体性的本质含义却是指"改变物质的形态",使人以自身的"内在尺度"占有物,使物"人化"。现代实践格局表明,人们不断地在更广的范围和更深的层次上"改变物质的形态",使"人的无机身体"扩大到历史上任何时候都不能比拟的领域之中。可以说,人的主体性的高扬既是现代实践格局的轴心,又是现时代时代精神的灵魂。作为现代唯物主义,实践唯物主义体现的正是人类的主体性。

第三,在方向上,现代实践格局是面向未来的,是一种以可能性、创造性、变动性来规范、引导现实性的活动。

现代实践格局对哲学最深刻的影响,就是使原有的哲学范畴都成为"经典"式的了。经典认识论认为,一切可能性都是从现实性中引申出来的,可能性是现实性的展开形式。但是,现代实践格局的回答却是相反的,即现实只是可能的一种形式。这种认识的逆转,首先发生在几何学中。欧几里得几何空间只是可能空间的一种,我们不能从欧几里得几何空间推出其他空间,但是,我们却能够从非欧几里得几何空间推出欧几里得几何空间。同样的革命发生在相对论、量子力学、控制论中,它们以同样的方式回答:现实的物理关系、控制行为模式只是可能的物理关系、可能的控制行为模式之一。因而,整个关系被颠倒过来了,现实只是可能之一,从现实出发并不一定能够达到其他的可能性。合理的方式应当是,从可能出发,从可能来考察现实,并从可能中创造出新的现实。

这种考察现实性和可能性关系的新视角,使现代实践格局充满了创造性和变动性,表现为一系列的"目标"确立、"模型"设计、"可能性空间""可能性程度""优化选择"的新方法。实践由此转化为一种"设计的实践",它以巨大的创造性为自己的先导,以人类自身迅速爆炸着的"小宇宙"——"思维空间"——进行理想化的建构,以可经验性、可操作性、可选择性作为自己的可能性证明。这种现代实践格局开拓了新的活动方式、思维方式,引起了人类世界

①《马克思恩格斯全集》第23卷,人民出版社1972年版,第56页。

的巨大变化。应该说,与近代经验型实践格局相比,现代实践格局在方向性、层次性以及操作性上都发生了根本性的变革。

立足现代实践格局基础之上的实践唯物主义,一方面把马克思的实践唯物主义作为既定前提包含其中;另一方面,又以现代实践格局为现实基础,重新建构自己的范畴体系。马克思在论及经济范畴与社会发展的关系时指出:"把经济范畴按它们在历史上起决定作用的先后次序来排列是不行的,错误的。它们的次序倒是由它们在现代资产阶级社会中的相互关系决定的,这种关系同表现出来的它们的自然次序或者符合历史发展的次序恰好相反。"①哲学范畴的安排也应如此。按历史次序应该是自然界—人—社会—思维,但这种安排同样"是不行的,错误的"。哲学范畴的次序也应以现代实践格局为现实基础和建构原则,由它们在现代实践活动中的相互关系来决定。

马克思一再强调"哲学是自己时代精神的精华"。哲学何以做到这一点?根本原因就在于,哲学总是以发展着的实践格局作为自己的出发点,作为安排自身范畴次序和改变自己形式的依据。实践是哲学的永恒的起点,是哲学发展方向的永恒的校正者。要使马克思主义哲学真正成为现代唯物主义,就必须使它成为体现现代实践格局的实践唯物主义。这样,我们的哲学思考就会获得一个坚实的支点。

三、实践唯物主义的理论框架

实践唯物主义是把"对象、现实、感性""理解为实践活动的唯物主义",从而建构了一个具有新的出发点范畴、新的坐标系统和新的建构原则的新唯物主义的理论框架。

第一,出发点范畴——实践。

对出发点范畴理解的不同,是实践唯物主义与一般唯物主义,即新唯物主义与旧唯物主义的根本分歧。旧唯物主义都是以"抽象的物质"为出发点范畴,实践范畴或者不存在,或者被曲解了。即使在所谓的"辩证唯物主义"体系中,实践也被围于认识论之中,作为与认识对应的范畴出现,实践的地位被降低了,意义被缩小了,实践本身作为总体性的范畴被忽视了;实践的客观性得

---

① 《马克思恩格斯选集》第2卷,第25页。

到了充分强调,但实践的主体性、批判性却被忽视了,而实践的主体性、批判性把人的活动和动物的活动从本质上区别开来。

在实践唯物主义体系中,实践范畴则成为基础和出发点范畴。实践之所以能够成为基础和出发点范畴,是因为社会是实践的存在形式,全部社会生活在本质上是实践的;现存世界是在人们的实践活动中生成的,"整个所谓世界历史不外是人通过人的劳动而诞生的过程,是自然界对人来说的生成过程"①;人本质上也是实践的,"个人怎样表现自己的生活,他们自己也就是怎样。因此,他们是什么样的,这同他们的生产是一致的——既和他们生产什么一致,又和他们怎样生产一致"②;人是通过实践、通过自然"对人的生成"过程来把握自然、世界的,思维结构本质上是实践结构的内化和升华;实践是人的存在方式,人类自身的发展和解放只有通过实践这唯一的途径才能切实地达到。

由此看来,实践唯物主义与一般唯物主义,即新唯物主义与旧唯物主义的分歧,的确是结构性的、本质上的分歧。

第二,坐标系统——主体。

人们所面对的世界,存在着永恒的"物质变换"和"相互作用"过程,其间既存在着低级向高级的上向运动、由平衡结构向耗散结构的发展过程,也存在着高级向低级的下向运动、"熵增加"的过程。人作为世界的一分子,也属于这永恒的"物质变换"中的一个环节,实践唯物主义并不否认客体对主体的制约性。但是,实践唯物主义同时确认,"对象、现实、感性"是主体实践活动的产物和结果,人的被决定性只是作为历史条件的制约因素出现在人的创造活动之中。实践唯物主义与一般唯物主义的区别就在于,它把人的主体地位突出出来,形成了一个新的坐标系统。

一是形成以人类为一方,世界为一方的新的系统。在这个系统中,人是主体,世界是客体,对象是人的"有用物"。换言之,实践唯物主义不再从物质的自然运动的视角来考察人与世界的关系,而从人的主体活动的视角来认识和把握人与世界的关系。

二是人是以其主体地位来把握和改变世界的。"世界不会满足人,人决心以自己的行动来改变世界。"③换言之,人是从自身的需要出发,发挥"理性的

----

① 《马克思恩格斯全集》第 42 卷,第 131 页。
② 《马克思恩格斯全集》第 3 卷,第 24 页。
③ 《列宁全集》第 55 卷,第 183 页。

狡计",利用客观规律来改变客观世界的现存状况,即"通过消灭外部世界的规定的(方面、特征、现象)来获得具有外部现实形式的实在性"①,从而使物按照主体需要的形式和方向运转起来,使世界满足人的需要和发展,实现人的主体性。

三是人是具有自我意识的,以"满足自己的需要"和发展为目标的自组织、自反馈、自调节、自控制的活动系统,这是主体坐标系统的核心。马克思始终坚持主体坐标系统的原则,并认为人与世界是这样一种关系,人"积极地活动,通过活动来取得一定的外界物,从而满足自己的需要。(因而,他们是从生产开始的)。由于这一过程的重复,这些物能使人们'满足需要'这一属性,就铭记在他们的头脑中了"②。

四是改变世界、满足自身需要的主体活动不仅在思维中积淀下来,形成了如皮亚杰所揭示的认识发生的过程,而且通过社会的形式继承下来,形成了信息量急剧膨胀、形式越来越多样化的主体系统。

从主体坐标系统来考察客体,客体本质上是"人的本质力量的对象化",属于"人的无机的身体"。换言之,人通过实践实现主体的对象性的存在,"通过自己的对象性关系,即通过自己同对象的关系而占有对象"③。这里,贯彻的就是主体性原则。可以说,离开了主体性原则,也就失去了实践唯物主义的灵魂。

第三,世界——实践的前提和要素、产物和结果。

"世界"具有双重含义:一是"大世界"概念,指作为自然、社会、人之总和的宇宙;二是"小世界"概念,指与人对应的对象世界,即现存世界、人类世界,或与社会对应的"自然"。这里,我们主要讨论"小世界"概念。但是,无论是对"大世界"的认识,还是对"小世界"的认识,实践唯物主义都反对抽象地谈论物质、自然,认为人对物质、自然的把握总是以实践为中介的。"纯粹的自然"对人来说是"无",即无意义、无价值;"先于人类历史而存在的那个自然界,不是费尔巴哈在其中生活的那个自然界……对于费尔巴哈说来也是不存在的自然界"④。这里所说的"无""不存在",并不是说"纯粹的自然"全属子虚,而是说,就对人的"意义"而言,它是"不存在"的,是"无",因为人不可能不通过"中介"

---

① 《列宁全集》第 55 卷,第 183 页。
② 《马克思恩格斯全集》第 19 卷,人民出版社 1963 年版,第 405 页。
③ 《马克思恩格斯全集》第 42 卷,第 124 页。
④ 《马克思恩格斯全集》第 3 卷,第 50 页。

而把握"纯粹的自然"。

当然,实践唯物主义并没有否定"外部自然界的优先地位"。但是,当实践唯物主义谈论这种"优先地位"时,已经内在地附加了一个条件,即"优先地位"是对人而言的。这里,已经需要把人"看成是某种与自然界不同的东西"了。这就是说,这里产生了主体、客体、中介系统的区别,"优先地位"同样是通过实践这一中介系统来把握的。正如列宁所说,"对象、物、物体是在我们之外、不依赖于我们而存在着的,我们的感觉是外部世界的映象。这个结论是由一切人在生动的人类实践中作出来的"①。具体地说,实践唯物主义是在三种意义上来讨论"世界"问题的:

一是世界是实践的前提和要素。没有对象世界,当然也就没有作为对象性活动的实践。但是,作为前提的世界反过来又是社会的、历史的,并与实践产生互为因果的双向关系,因而又转化为实践的要素。

二是世界是实践的产物和结果。人们"周围的感性世界决不是某种开天辟地以来就已存在的、始终如一的东西,而是工业和社会状况的产物,是历史的产物,是世世代代活动的结果"②。

三是"世界"是人类通过实践而把握的相对形式,人类对世界的认识随实践格局的转化而不断深化的。马克思指出:"我们仅仅知道一门唯一的科学,即历史科学。历史可以从两方面来考察,可以把它划分为自然史和人类史。但这两方面是密切相联的;只要有人存在,自然史和人类史就彼此相互制约。"③换言之,在人类实践活动中产生了"历史的自然"和"自然的历史","世界"只是对这种"历史的自然"和"自然的历史"的"抽象";这种"抽象"绝不是凝固不变的,而是历史变动的,它本身就是以主体和实践为中介而特殊地生成的。这就从根本上拒斥了抽象的本体论的"世界"概念,形成了一个新的、通过实践对人生成的"世界"概念。在我看来,离开了人的实践活动来谈论世界,只能是一个"经院哲学的问题"。

第四,社会——实践活动的存在方式。

社会是在人类实践活动中生成的,它是实践活动的存在方式。社会无非是人类实践的静态表现,而实践则是人类社会的动态过程;前者表现为存在方

---

① 《列宁选集》第2卷,第78页。
② 《马克思恩格斯全集》第3卷,第48页。
③ 《马克思恩格斯全集》第3卷,第20页。

式,后者表现为活动方式。马克思从来没有离开实践活动来研究社会。按照马克思的观点,"生产力与交往形式的关系就是交往形式与个人的行动或活动的关系"。"分工和私有制是两个同义语,讲的是同一件事情,一个是就活动而言,另一个是就活动的产品而言。"①为此,马克思研究了一系列"活动",如历史活动、物质活动、精神活动、政治活动、宗教活动、自主活动等,并把社会的异化现象归结为"社会活动固定化"的产物,把未来社会看作自主活动与物质活动相一致的社会。实践唯物主义正是从人的活动出发反观、反思社会的。

我注意到,马克思为了分析资本主义的社会形态,把人的活动抽象为生产力与生产关系、经济基础与上层建筑。作为一种深入人的活动内在结构中的分析方法,这是十分重要的。但是,后来我们对马克思这一分析方法的理解却发生了两种偏差:

一是马克思对生产力、生产关系(经济基础)、上层建筑的分析是从属于人的活动的,其核心是实践活动问题,但我们忽视了这一核心问题。

二是我们把生产力与生产关系、经济基础与上层建筑的"抽象"模式化、公式化了,把它看成凌驾于人的活动之上的抽象的社会规律。于是,社会成了离开人的活动,仿佛在那里自我运动的"无主体的过程",仅仅成为一种"自然历史过程"。

实际上,社会发展的必然性,即历史必然性问题,本质上是一个实践问题,我们必须从实践活动的具体性来展开社会发展的必然性、多样性、选择性,来理解社会生活和社会发展的特殊性。"全部社会生活在本质上是实践的。凡是把理论引向神秘主义的神秘东西,都能在人的实践中以及对这个实践的理解中得到合理的解决。"②

第五,唯物辩证法——以实践辩证法为核心的三级系统。

在现行的马克思主义哲学教科书中,辩证法被界定为关于自然界、社会、思维发展的一般规律的科学,关于普遍联系和永恒发展的科学。同时,辩证法又分为客观辩证法与主观辩证法,而沟通客观辩证法与主观辩证法的中介是反映,即主观辩证法是客观辩证法的反映。这一辩证法系统的根本缺陷就在于,忘记了实践辩证法。

---

① 《马克思恩格斯全集》第 3 卷,第 80、37 页。
② 《马克思恩格斯选集》第 1 卷,第 56 页。

按照马克思的观点,自在自为运动着的是人类的实践活动。人在改造、认识着自然的同时,也改造、创造和认识着自身——他的肉体组织、社会关系和思维结构等。人类本身、人类社会、人类世界,以及人们对世界的认识都是在实践活动中生成和发展的。马克思把辩证法从黑格尔的唯心主义囚笼中解放出来、把黑格尔的概念辩证法"颠倒过来",正是以实践辩证法为基础,并从实践本体论这个层面发动、展开的。辩证法的批判性和革命性源于"革命的、实践批判的活动",作为"推动原则和创造原则"的"否定性的辩证法"源于实践的辩证法。可以说,实践辩证法是全部辩证法的核心,客观辩证法与主观辩证法则是从实践辩证法引申出来的,是实践辩证法必然展开的内在逻辑和理论形式。

实践辩证法是以主体为轴心的主体与客体相互作用的辩证法,回答主体如何以自己的活动来"改变物的形态",主体与客体处于什么样的相互关系中,在什么情况下异化,主体如何不断实现对客体的限定性的超越,等等。实践辩证法是辩证法的本质特征,集中体现了辩证法的批判性和革命性,客观辩证法与主观辩证法是对实践辩证法做二极抽象的产物。如果把三者综合起来,唯物辩证法就是一个以实践辩证法为核心,将客观辩证法与主观辩证法包含在内的三极系统。在辩证法领域内,我们同样要贯彻实践原则,并以实践为出发点。

第六,认识——实践结构的内化和升华。

把认识的本质归结为反映,并不为错,却是不够的。反映论是常规型、经验型实践的产物,是一切唯物主义在认识论上的前提和共性。但是,实践唯物主义不能停留在反映论上。只要认真考察一下就会发现,反映概念远远地大于认识概念。反映是普遍存在于人的感情、意志、爱等之中的要素。换言之,感情也是反映,意志也是反映,爱也是反映……当我们说认识是反映时,并没有把认识与人的其他的对象性反映区分开来,因而也就没有抓住认识本身的特殊性质。反映只是认识的一种特点。停留在反映论的认识论,并不是马克思主义的认识论。

人的认识是反映,但不是一般的反映,而是经过主体观念改造过的反映。正如马克思所说,"观念的东西不外是移入人的头脑并在人的头脑中改造过的物质的东西"[1]。由此,形成了人类独有的"认识"。认识之所以不同于人的其

---

[1]《马克思恩格斯全集》第23卷,第24页。

他对象性反映,就在于认识总是以"有序""概念""网""格"等来整理世界。但是,这种"有序""概念""网""格"等绝不是仅仅通过感觉、知觉、表象得到的,它们有着更为深刻的现实基础,即它们是实践的"格"的内化和升华,而实践的"格"的变化体现为社会结构的演变。正因为如此,马克思指出:"五官感觉的形成是以往全部世界历史的产物。"①同样,概念、范畴系统的形成也是"以往全部世界历史的产物"。

因此,人们对世界认识的广度和深度取决于实践的"格"以及由实践的"格"所内化和升华的思维的"格"。换言之,不存在一个抽象的反映过程,以及抽象的从感性认识到理性认识的过程。即使感觉本身,也已经被历史的实践所中介,现代人与古代人绝不会是一样的。在研究"逻辑范畴和人的实践"的关系时,列宁指出:"人的实践活动必须亿万次地使人的意识去重复不同的逻辑的式。"②因此,我们必须寻找一条新的认识论道路,那就是,把认识看作实践的内化和升华的过程,而不是仅仅停留在反映论上。

第七,人类——在实践活动中自我塑造。

按照马克思的观点,人既是自律的,又是他律的;既是被限定的,又是自我超越的。人是他律的,具有被限定性,即人是被规定的,在其现实性上,人的本质是一切社会关系的总和;人又是自律的,具有自我超越性,无论是社会关系,还是社会历史,都是人类世世代代创造出来的,即使生产力也是"人们的实践能力的结果"③。

更重要的是,人不仅有意识,而且有自我意识,不仅能够意识到对象,而且能够意识到自我;不仅能够意识到客体条件,而且能够意识到主体条件,意识到自己的被限定性。这就是说,人能够把自己作为自己的认识对象和改造对象,因而人又是自我塑造的。马克思指出:"人的类特性恰恰就是自由的自觉的活动。"这种自由活动的特征就在于,"他自己的生活对他是对象。仅仅由于这一点,他的活动才是自由的活动"。④ 换言之,人的自由就在于他能够认识和把握自己,设计出新的发展的目标,重新塑造自己,从而实现自我超越。

———————————

① 《马克思恩格斯全集》第 42 卷,第 126 页。
② 《列宁全集》第 55 卷,第 160 页。
③ 《马克思恩格斯全集》第 27 卷,第 477 页。
④ 《马克思恩格斯全集》第 42 卷,第 96、96 页。

"人们的社会历史始终只是他们的个体发展的历史。"①因此,对实践唯物主义来说,"全部问题都在于使现存世界革命化",排除人的自主活动与物质生活过程的分离,排除在社会处于无权状态下的"偶然的个人","排除一切不依赖于个人而存在的东西",实现"联合起来的个人对全部生产力总和的占有",实现每个人的全面而自由发展②。"代替那存在着阶级和阶级对立的资产阶级旧社会的,将是这样一个联合体,在那里,每个人的自由发展是一切人的自由发展的条件。"③在实践唯物主义中,个人发展的程度是衡量社会发展的尺度。

第八,新的本体论——实践本体论,以及由此产生的"反对形而上学"原则。

实践唯物主义以实践为基础和出发点来考察自然、社会和人的发展,因而也必然反对脱离现实的人和人的现实活动抽象地讨论问题的方式。马克思指出:"自然界才不过是人的对象,不过是有用物;它不再被认为是自为的力量;而对自然界的独立规律的理论认识本身不过表现为狡猾,其目的是使自然界(不管是作为消费品,还是作为生产资料)服从于人的需要。"④"一定的外界物是为了满足已经生活在一定的社会联系中的人(这是从存在语言这一点必然得出的假设)的需要服务的。"⑤显然,脱离现实的人和人的现实活动抽象地讨论"整个世界"的终极存在或"原初物质",都是"形而上学"⑥,都是抽象的本体论。沿着这条本体论道路走下去,必然背离实践唯物主义的基本原则,即"反对一切形而上学"⑦。

实践唯物主义不仅否定了唯心主义的抽象的精神本体论,而且否定了旧唯物主义的抽象的物质本体论,否定一切以"实体"为核心的静态的、一经把握就永恒不变的"本体",确立了实践本体论。实践本体论具有三重含义:一是实践是现存世界的基础;二是实践是社会生活的本质;三是实践是人的存在方式和社会关系"由此产生"的源泉。正是在实践是现实世界的基础、社会生活的本质和人的存在方式这三重含义上,实践具有本体论意义。

---

① 《马克思恩格斯选集》第 4 卷,第 532 页。
② 《马克思恩格斯全集》第 3 卷,第 48、79、77 页。
③ 《马克思恩格斯选集》第 1 卷,第 294 页。
④ 《马克思恩格斯全集》第 46 卷上,第 393 页。
⑤ 《马克思恩格斯全集》第 19 卷,第 405 页。
⑥ 这里所说的"形而上学",不是指它的转义,即与辩证法相对立的思维方式,而是指它的本义,即以探究整个世界的终极存在为宗旨的、关于"存在的存在"的学说。
⑦ 《马克思恩格斯全集》第 2 卷,第 159 页。

在我看来,实践唯物主义视野中的本体是一种以"物质实践"为内涵的动态的、不断生成、不断变化的本体;实践本体论的根本特征就在于,立足于人的实践活动并关注人类自身的发展,把"人的存在"本身作为哲学所追寻的本体。实践本体论是现代形态的本体论。"反对形而上学"与实践本体论的有机统一,必然使实践唯物主义贯彻动态的实践的建构原则。换句话说,实践唯物主义必然随着实践格局的转换而不断创新自己的理论内容,改变自己的理论形式。

马克思的哲学以截然不同于以往任何哲学的崭新面貌呈现于世。对其理论性质和职能,诘难有之,误解者有之,曲解者有之,甚至许多马克思主义理论家也产生了困惑。第二国际的伯恩施坦、考茨基等人力图把马克思哲学同康德哲学连接在一起,波格丹诺夫、瓦廷连诺夫等人企图把马克思哲学同马赫学说结合在一起,普列汉诺夫甚至认为,马克思的唯物主义与费尔巴哈的唯物主义都属于"最新的唯物主义",并断言:马克思的"唯物主义观点是在费尔巴哈哲学的内在逻辑所指示的同一方向上出来的","马克思的认识论是直接从费尔巴哈的认识论发生出来的……实际上就是费尔巴哈的认识论"[1]。显然,伯恩施坦、波格丹诺夫、普列汉诺夫等人都不理解马克思的哲学所实现的哲学革命的真实内涵,都不理解"实践"在马克思哲学中的地位和意义,都不理解马克思的哲学本质上是实践唯物主义。

认识发展史表明,对任何一个伟大学说的内在价值,往往有一个再认识、再发现和再评价的过程。对马克思的实践唯物主义的认识就存在着这种情况。历史是公正的。随着当代实践格局的发展,人类主体性的高扬,实践唯物主义的内在价值和意义日益凸显出来。随着现行的"辩证唯物主义和历史唯物主义"体系暴露出来的种种缺陷,越来越多的哲学家"回到马克思",力图以实践唯物主义为基础和蓝本重建马克思主义哲学。这使我不禁想起《浮士德》中两行著名的诗句:

浮光只徒炫耀一时,
真品才能传诸后世。

载《江海学刊》1989年第2期

---

① 《普列汉诺夫哲学著作选集》第三卷,第155、147—148页。

人的本质：三种整体的探讨

——关于费尔巴哈、舍勒、马克思人的本质理论的再思考

人的本质和存在方式问题是一个古老而又常新的课题，它犹如一个巨大的引力场，吸引着无数科学家、思想家、哲学家不断探索和思考。这是一个极其广阔的思想领域，其中，费尔巴哈、舍勒、马克思对人的本质的理解占有独特的历史地位：三者都把人的"完整本质"作为自己毕生关注的焦点，都是从整体的视角探讨人的本质，并提出了一系列富有创新意义的论点。其中，马克思通过对劳动或实践的唯物辩证的分析，抓住了"现实的、活生生的人"，从而真正发现人的本质是人的自我创造活动的产物，真正发现了人的存在方式，从而以巨大的超前性扬弃了费尔巴哈哲学人本学与舍勒哲学人类学的理论对立。本文拟就费尔巴哈、舍勒、马克思的人的本质理论作一新的考察和审视，以深化我们对"人学"，尤其是马克思的"人学思想"的研究。

一、费尔巴哈哲学人本学的理解：人是"多名"的

费尔巴哈关于人的本质的论述的确是从某一特定方面和特定角度展开的，提法有所不同，不尽一致。但是，他的人的本质概念却是作为一个整体实现的。费尔巴哈明确指

出，"真理只是人的生活和本质的总体"①，他的新哲学就是要揭示"实在的和完整的人的实体"②。只有考察"人的整个本质"或"完整的本质"，才能把握"具体的人"。

按照费尔巴哈的观点，人是"多名"的，人的本质是人有别于动物的各种属性的总和，是人所共有的东西，包括三个层次，即自然本质、社会本质和精神本质，三者统一构成人的完整本质。在费尔巴哈哲学人本学体系中，人的本质概念的根本特征就是以自然属性为基础的结构层次说。这既是费尔巴哈解决近代哲学的中心课题——思维与存在关系的主要措施，又是他的人的本质理论，乃至整个学说划时代的历史贡献。

首先，人是自然的人。费尔巴哈特别强调从人与自然的关系中来考察人的本质。把人视为人与自然的统一体，这是费尔巴哈的人的本质理论的前提。人是自然的人这一观点具有双重含义：一是人的本质首先是由自然所规定的，是由人所在的自然条件所规定的；二是人的本质形成于人对自然的关系之中。前者强调人是自然界的产物，人的本质只能"来自自然的深处"；后者注重人与自然界不能直接等同，即"直接从自然界产生的人，只是纯粹自然的本质，而不是人"③。自然的人与现实的人之间存在着"一系列无穷多的变异和媒介"，仅仅从自然界还无法完全认识人的本质。

其次，人是社会历史的人。在费尔巴哈看来，纯粹的自然本质只是人的"原始本质"，"人，完善的，真正的人，只是具有美学的或艺术的，宗教的或道德的，哲学的或科学的官能的人"④。人的一个显著特征就是互相需要、互相依赖、互相交往。孤立的人并不具备人的本质，人的本质只是包含在团体之中，包含在人与人的统一之中，所以，应当"把人的实体仅仅置放在社会性之中"⑤。离开了人对人的关系，人的本质就是"毫无内容的虚构"。"只有社会的人才是人。"⑥正因为如此，人又是"历史的产物"，人的本质并不是一成不变的，而是随着时代的变化发展而变化的。可见，费尔巴哈的人的本质概念不是

---

① 《费尔巴哈哲学著作选集》上卷，荣震华、李金山等译，商务印书馆 1984 年版，第 185 页。
② 《费尔巴哈哲学著作选集》上卷，第 180 页。
③ 《费尔巴哈哲学著作选集》上卷，第 247 页。
④ 《费尔巴哈哲学著作选集》上卷，第 184 页。
⑤ 《费尔巴哈哲学著作选集》下卷，荣震华、王太庆、刘磊等译，商务印书馆 1984 年版，第 435 页。
⑥ 《费尔巴哈哲学著作选集》上卷，第 571 页。

一个纯粹的生物学的概念,其中蕴含了社会关系和历史发展的成分。

再次,人是理性的人。依据费尔巴哈的观点,人异于动物的最重要特征,就是人有"严格意义上的意识"——理性,即人不仅能感知到自己的个体,意识到"自我",还能把自己的类作为"对象",意识到自己的"类"。这就是说,人能够过一种有意识的"类"生活,正是这种有意识的类生活把人与动物区别开来。理性与人的生命同存亡、共始终,人只要活着,就必然要运用自己的理智力、意志力和心力。理性、意志、心,"这就是作为人的绝对本质"①。人的精神本质构成了费尔巴哈人的本质概念的重要内容。

由此可见,费尔巴哈从不同层次、不同方面、不同角度探讨了人的本质。人的自然本质、社会本质、精神本质共同构成了费尔巴哈人的本质的完整概念。费尔巴哈本人也的确提出人的"完整本质""人的整个本质"等概念。因此,费尔巴哈的人的本质概念是一个多层次的整体概念。这是一个由较低级本质上升到较高级本质的结构图式。其中,自然本质处于最低层,属基础部分,社会本质处于中介地位,居于最高层次的是精神本质。三者之间有着密切的关系,较低层次本质是较高层次本质的基础和前提,较高层次本质把较低层次本质包含于自身之中。在费尔巴哈看来,人的思维不能脱离生命和血肉的感性存在,但思维属性又高于自然属性,人与动物的本质区别就在于人有思维。正是在此意义上,费尔巴哈把"理性、意志、心"作为人的"绝对本质"。

对费尔巴哈的人的本质理论的评价应当从两方面进行:一方面,应积极评价费尔巴哈从整体的角度探讨人的完整本质;另一方面,又要看到,自然主义在这里打下了深刻的烙印。

从根源上说,人产生于自然界,人的本质形成于人与自然的实践关系。费尔巴哈提出了"具体的人"和"具体的自然"这两个重要的概念,并首先从人与自然的关系中去探讨人的本质,这无疑具有合理性,即为在深层结构上把握人的本质提供了一条切实可行的思路。这是一方面。

另一方面,费尔巴哈只是以"感性的直观"的方式回答了人与自然的关系,他虽然意识到"自然的人"与"真正的人"之间存在着一定的"媒介",但他不理解这个"媒介"正是人对自然的改造,即实践活动,不理解实践活动对人与自然

---

① 《费尔巴哈哲学著作选集》下卷,第28页。

关系以及人本身的决定性影响,不理解人的自然属性是在实践活动以及社会关系中不断得以重塑的。费尔巴哈的悲剧就在于:他紧紧地抓住了自然界和人,但只是确认了人与自然界之间的自然关系,而没有前进到人与自然界之间的实践关系。

从人与自然的关系上升到人与人的关系进一步探讨人的本质,这是费尔巴哈人的本质理论的又一特点。人对自然的关系离不开人与人的关系。费尔巴哈意识到这一点,因而提出从社会历史的视角考察人的"类"本质,开拓了从现实的人出发来认识人的本质的道路。然而,费尔巴哈的局限性正体现在他所提出的最有意义的问题上。在具体理解社会关系时,费尔巴哈却把人与人之间的社会关系"理解为一种内在的、无声的、把许多个人自然地联系起来的普遍性"①。费尔巴哈的失误就在于:他确认了人与人之间的自然关系,却没有由此前进到人与人之间的实践关系。

人是有意识的类存在物,是否具有意识,尤其是自我意识,的确是"人猿相揖别"的标志之一。在人与自然的关系问题上,如果不结合人的思维属性而谈论人改造自然的活动,就不能说明人与动物的区别,因为人所引起的自然界的改变和动物所引起的自然界的改变的根本区别就在于,动物所引起的自然界的改变是微不足道的,而且动物的活动是无目的的、消极地适应自然界的活动,人改造自然的活动则是有意识、有目的的活动,是使"自然人化"的活动;在人与社会的关系问题上,如果不结合人的思维属性而谈论社会属性,同样不能说明人与动物的区别,因为人的社会性与动物的"群体性"的根本区别需要通过人的思维属性才能做出科学的解释。正如马克思所说,"意识到必须和周围的个人来往,也就是开始意识到人总是生活在社会中的……这里,人和绵羊不同的地方只是在于:他的意识代替了他的本能,或者说他的本能是被意识到了的本能"②。这就是说,动物的分工合作是无意识的结合,是动物生存的本能,而人的社会分工合作却是有意识的结合,人的意识代替了动物的本能。

因此,费尔巴哈从人与意识的关系中进一步探讨人的本质本身无可非议,而且这是一项具有科学价值的工作,是说明人的活动之所以具有自觉能动性

① 《马克思恩格斯选集》第1卷,第56页。
② 《马克思恩格斯全集》第3卷,第35页。

的关键之所在。可问题在于，费尔巴哈把理性、意识仅仅看作"头脑的活动"，不理解意识同人"创造对象世界"的感性活动具有同一性的联系。费尔巴哈的弱点正在于：他只是确认了人与意识之间的自然（生物）关系，而没有前进到人与意识之间的实践关系。

在费尔巴哈之前，哲学家已分别从自然、社会或意识的角度探讨了人的本质。费尔巴哈的历史性贡献就在于，他从整体的视角，即从人与自然、人与社会、人与意识的多维视角，探讨了人的完整本质。然而，费尔巴哈的局限性恰恰又在他所提出的最有意义的问题上。正如马克思所说，"费尔巴哈比'纯粹的'唯物主义者有巨大的优越性：他也承认人是'感性的对象'。但是，毋庸讳言，他把人只看作是'感性的对象'，而不是'感性活动'，因为他在这里也仍然停留在理论的领域内，而没有从人们现有的社会联系，从那些使人们成为现在这种样子的周围生活条件来观察人们；因此毋庸讳言，费尔巴哈从来没有看到现实存在着的、活动的人，而是停留于抽象的'人'上"①。从根本上说，由于费尔巴哈不理解实践是人的存在方式，不理解人的"完整性"就在于实践的全面性，因此，他所描绘的"具体的人"、完整的人，从本质上看仍然是抽象的人、片面的人。

二、舍勒哲学人类学的理解：人是"生命冲动"与精神活动的统一体

马克斯·舍勒（1874—1928）是现代哲学人类学的开创者。"完整的人"是他一生理论探讨的主题。正是对人的本质的整体探讨使舍勒的哲学人类学"在全部现代哲学中成为最强有力的哲学力量"②。

舍勒是分两步论证人的完整本质的。他首先从自然领域，然后从精神领域考察了人，从而确立了人的生命和精神双重本质结构，或者说确立了以生命冲动和精神本质为特征的完整的人。舍勒认为，人首先是同维持生命相关联的自然存在物，在人之中必然存在着"生命欲望或冲动"。这种生命冲动具有二重性：一方面，它是一种向外的原始运动，永远是人的"内部状态的表现"；另一方面，它又是一种具有自我限制的有限的冲动。因此，人的生命冲动是

---

① 《马克思恩格斯全集》第3卷，第50页。
② Heidegger：In Memory of Max Scheler，Scherrer's Encounters in Modern Philosophy，Springer，1983，p. 9.

"自我运动、自我形成、自我区别",是一种"自在和自为的存在"①。

按照舍勒的观点,生命冲动本身具有强大的自我活动的能力,当人在生命冲动驱使下活动时,他是一种自我推动、自我实现的活生生的力量。然而,生命冲动处在实在领域,是人与动物共同具有的现象,当人在生命冲动驱使下活动时,他仅仅是"自然的人",而"作为自然的人是一个动物"②。实际上,人不仅是一种自然存在物,更重要的是一种精神存在物。

舍勒所说的精神具有广泛的意义,它不仅包括理性,还包括情感、直觉、体验。在舍勒看来,精神本身既不是无机界的事物,也不是有机界的事物,而是"纯粹的活动",但人通过精神活动能使现实"非现实化",使环境对象化,从而为自己创造出一个特殊的世界;同时,人通过精神活动能够"使自己本身的生理和心理状态以及任何单独的感受也成为自己的对象"③,即对象化自身的生理和心理状态。正是这种双重的对象化活动使人超越自身的自然存在,意识到自己不是作为人"类"而存在,而是作为个人而存在,从而形成"个人的本质"。正是在这个意义上,舍勒认为精神才是人的基本的、决定性的属性,"人能与其他存在物相区分的只能是精神"④。

问题在于,精神仅仅是一种意向性活动和动态性倾向,它"接受对象",本身却"不构成对象"。纯粹的精神软弱无力,而且一个存在越是精神化越是无力。因此,无论把人归结为生命冲动,还是归结为精神活动,都是一种"未完成的描述",都不能揭示人的完整本质或完整的人。在舍勒看来,完整的人必然兼生命冲动和精神活动于一身。人既是生命冲动的体现,又是精神活动的场所,是二者之间的张力和中介。因此,必须从生命和精神之间的相互补充、相互转化的过程中去描述人的完整本质。

按照舍勒的观点,生命作为盲目的冲动内在地需要精神的引导,精神有着自己的"有序的活动结构",它能够协调人的各种欲望和需要,引导生命摆脱有限的困境,使其丰富的样式成为现实;精神作为一种"纯粹的活动"需要实在的内容去充实,作为一种动态的趋向性内在地需要从生命冲动中吸取原始的动

① [德]马克斯·舍勒:《人在宇宙中的地位》,陈泽环、沈国庆译,上海文化出版社1989年版,第11—12页。
② [德]马克斯·舍勒:《人在宇宙中的地位》,第44页。
③ Scheler. Zur Idee des Menschen, Gesamelte Werke Bd3, s. 49.
④ [德]马克斯·舍勒:《人在宇宙中的地位》,第49页。

力,从而实现自身最终的完美和永恒的价值。这是一个"生命精神化"和"精神生命化"的双向运动过程。这个双重过程形成人的生命冲动与精神活动双重结构的本质;这种双重结构使人打破了动物与环境之间的封闭性的关系,成为"一个能够向世界无限开放的 X"①。

舍勒关于人的本质的理论具有突出的双重品格:

一方面,在"生命精神化"和"精神生命化"的双向运动中考察人的本质,具有合理性。现实的人必然同时兼生命冲动和精神活动于一身,是二者的统一体。从人的自我创造的动态过程中考察人的本质,认为人是"自在和自为的存在",人的本质是一个动态发展的开放体系,说明舍勒坚决反对将人的本质凝固化。如果说费尔巴哈主要从静态、从人的被动性方面考察了人的本质,那么,舍勒则着重从动态、从人的能动性方面考察了人的本质。人的本质就形成和实现于人的活动之中。这种自觉地、有意识地从"人的存在本身",以人的自我创造和自我发展的眼光看待人的本质的观点,正是舍勒高于费尔巴哈之处。

另一方面,舍勒把精神归入"高级的东西",把生命归入"低级的东西",认为精神是耸立在生命之上,同时又是不依赖于生命的自我意识领域;精神的内容因有语言而变成了个人的财富,而"语言来源于上帝,是第一性的现象,这是思维的前提,同时也是整个认识,即潜在历史的主要手段"②。这表明,舍勒既不理解"高级的东西"与"低级的东西"的辩证关系,又不懂得精神与社会的辩证关系。实际上,"语言是一种实践的、既为别人存在因而也为我自身而存在的、现实的意识"。因此,人的意识或精神是一种"社会的产物","而且只要人们存在着,它就仍然是这种产物"③。

从根本上说,舍勒的理论失误并不在于他从生命与精神的双向运动中寻求人的本质,而是在于他没有找到生命与精神相互对流的真正中介,忽视了社会实践对人的本质的决定性作用。因此,舍勒所描绘的人的完整本质缺乏现实的基础。尽管他力图发现完整的人,得到的却是抽象的人、片面的人。正如当代著名哲学家鲍勒诺夫所说,"带有全部丰富性的历史世界一点也没有进入

---

① 〔德〕马克斯·舍勒:《人在宇宙中的地位》,第 49 页。
② 〔德〕马克斯·舍勒:《价值的颠覆》,罗悌伦、林克、曹卫东译,生活·读书·新知三联书店 1997 年版,第 121 页。
③ 《马克思恩格斯全集》第 3 卷,第 24 页。

这些哲学人类学所建立的人的形象中……这里只是在人的本质特征和属性的森林中砍出一条小道。虽然建立一些特定人的形象，但他们都是片面的，只有一些被扭曲的画面，因而也就没有确定地达到人的整体性定义"①。

三、马克思哲学的理解：劳动构成人的"全面的本质"

马克思的"人的哲学"是在扬弃费尔巴哈哲学人本学的基础上产生的，同时，"正如存在主义与人类学有某种姻缘又反对人类学一样，马克思主义与人类学也有相似的矛盾关系"②。从时间上说，马克思的人的哲学的产生后于费尔巴哈的哲学人本学，而先于舍勒的哲学人类学；从逻辑上看，马克思的人的哲学却是"晚出的哲学"，它扬弃了费尔巴哈哲学人本学和舍勒哲学人类学的理论对立，在探讨人的本质的历史上完成了一个巨大的综合。

与费尔巴哈、舍勒相同，马克思也是从整体的视角探讨人的本质，"完整的人"及其"全面的本质"是马克思关注的焦点；与费尔巴哈、舍勒不同，马克思所理解的"完整的人"是"从事实际活动的人"，其完整本质的根本特征是劳动的全面性和开放性。实践是人的存在方式，在实践活动中，人成为一种"总体存在物"，因此，劳动构成人的本质，这是马克思哲学关于人的本质的全局性的定义。

在此基础上，马克思又分别从不同的角度论述了人的本质：人"是能动的自然存在物""人是社会存在物""人是有意识的类存在物"③。这些论断可以说是马克思哲学关于人的本质的局部性的定义，从不同侧面反映了人的本质，而它们的综合则反映了人的完整本质，从而具体说明出现在历史中的人是被决定的存在和能动的创造性的存在的统一。

按照马克思的观点，"一个种的全部特性、种的类特性就在于生命活动的性质"④。换言之，人的本质只是贯穿于人的生命活动，从而表现为这种生命活动性质的东西。因此，应"从现实的、有生命的个人本身出发"⑤，在人的生命

---

① Bollnow, *Prinzipien der philosophischen Anthropologie-Methodik*, *Die heutige philosophische Anthropologie*, Westminster Press, 1972, s. 30.
② ［德］米夏埃尔·兰德曼：《哲学人类学》，张乐天译，上海译文出版社 1988 年版，第 66 页。
③ 《马克思恩格斯全集》第 42 卷，第 167、122、96 页。
④ 《马克思恩格斯全集》第 42 卷，第 96 页。
⑤ 《马克思恩格斯全集》第 3 卷，第 30 页。

活动及其特殊性质中去探究人的本质。马克思的论断极为深刻,它表明这样一个真理,即判断一个物种的存在方式就是看其生命活动的形式。

具体地说,动物是在消极适应自然的过程中维持自己生存的,动物的存在方式就是其本能活动,动物的存在方式是由其生理结构,特别是其活动器官的结构决定的。与此不同,人是在利用工具积极改造自然的过程中维持自己的生存和发展的。从人类生存的前提看,人类生存的第一个前提就是必须能够生活,所以,人类的第一个历史活动,也是每日每时必须进行的基本活动,就是"生产物质生活本身"。正是这种实践活动不断地创造着人本身生存和发展的根本条件。实践因此成为人的生命之根和立命之本,构成了人类的特殊生命形式,即人类的存在方式。

动物的生命活动是本能的活动,而人的生命活动是有意识的活动。"有意识的生命活动把人同动物的生命活动直接区别开来。"①问题的关键在于,马克思把这种有意识的生命活动的具体内容规定为:改造自然界、实际创造对象世界的实践,而劳动则是实践的原初形式和根本形式。在马克思看来,这种"一般劳动"是"人的一般本性",它不仅是人所具有的各种属性中的根本属性,而且是能够说明人之所以为人,以及人之所以具有其他那些属性的内在根据,正是劳动构成了人与动物的根本区别,生成着人作为现实的人的根本特征,一句话,构成了人的"绝对本质"。

把改造自然界、创造对象世界的"一般劳动"作为人的本质,这的确是一个抽象。然而,这是一个具有科学内涵的抽象,一个包含着丰富内容的合理的抽象。

其一,劳动首先是人和自然之间的过程,是人以自身的活动来引起、调整和控制人与自然之间物质变换的过程。

其二,人与自然之间的物质变换过程离不开人与人之间的活动互换。人们"只有以一定的方式共同活动和互相交换其活动,才能进行生产。为了进行生产,人们相互之间便发生一定的联系和关系;只有在这些社会联系和社会关系的范围内,才会有他们对自然界的影响,才会有生产"②。

其三,劳动又是一个人与自然之间的物质和观念的变换过程,"劳动过程

①《马克思恩格斯全集》第 42 卷,第 96 页。
②《马克思恩格斯选集》第 1 卷,第 344 页。

结束时得到的结果,在这个过程开始时就已经在劳动者的表象中存在着,即已经观念地存在着。他不仅使自然物发生形式变化,同时他还在自然物中实现自己的目的,这个目的……作为规律决定着他的活动的方式和方法"①。

可见,马克思所理解的劳动包含着三重关系,即人与自然的关系、人与人的关系,以及人与其观念的关系。正是这三种关系使人成为自然属性、社会属性和精神属性的统一体。

人们之所以劳动,是由人们的"肉体组织所决定"的,而劳动一经开始就成为强大的推动力,支配着人类生物进化的方向,它使人的自然需要的对象、内容和满足方式与动物相比发生了质的区别,赋予它们以不同于动物需要的属人性质,形成和发展着人自身特有的自然属性或生命冲动。人的自然属性因此也就成为人的本质的一个因素或方面。

同时,劳动还使人形成和发展着自身特有的精神活动、心理状态和思维结构。人的精神或意识既是人的自然性和社会性的产物,又是造成人与动物区别的主体因素。在人的自然性和社会性中,都包含着现实化了的主观因素。人的精神属性因此也就成为人的本质的又一个因素或方面。

可见,劳动凝结着人的自然属性和精神属性。换句话说,在劳动中,"感性的人"和"理性的人"、人的"生命冲动"和"精神活动"才真正发生相互对流,达到有机统一,二者互为前提、互相渗透,成为人的生命活动密不可分的两个方面。人的本质不仅是自然的,而且是精神的,确切地说,是自然性和精神性的统一。

劳动不仅凝结着人与自然的关系和人与意识的关系,而且它从一开始就凝结着人与社会的关系。人通过劳动为自己创造了一个人化的自然环境,也就为自己造就了人的特殊的自然属性。与此同理,人通过劳动以及交往活动为自己创造了一个社会环境,也就为自己造就了人所特有的社会属性。社会环境、社会关系、社会属性制约着人的自然属性,并在其中打上了社会的烙印,促使人的生物组织越来越适合社会生活的要求。马克思所提出的人的本质是一切社会关系总和的著名论断,正是从方法论上指出了社会关系与人的社会属性、自然属性之间这种一致的关系。这是一方面。

另一方面,社会关系并不是消融一切的"盐酸池"。人成为社会存在物之

① 《马克思恩格斯全集》第 23 卷,第 202 页。

后,其自然属性并没有消失,它仍然参与人的发展过程,仍然作为现实的人从事物质生产和精神生产的前提、因素而存在于劳动之中。人的社会性包含着人的自然属性的社会性。人是生物遗传和社会遗传、自然演进序列和社会演进序列的统一。在劳动中,"自然的人"和"社会的人"才真正达到了有机统一。人的本质不仅是自然的,而且是社会的,确切地说,它是自然性和社会性的统一。

马克思哲学所说的"一般劳动",是自在自为运动着的人类改造外部世界的"物质实践活动",它联系着现实的人和现实的自然界,包含着认识及其对象,人在改造、认识着自然的同时,也改造、创造和认识着自己本身,包括他的肉体组织、心理状态、思维结构和社会关系等。因此,马克思哲学所理解的人的本质是一个包含着多种要素(自然属性、社会属性、精神属性)、多重关系(人与自然的关系、人与社会的关系、人与其意识的关系)的系统本质。

从根本上说,人与自然的关系、人与社会的关系、人与其意识的关系,以及在此基础上形成的人的自然属性、社会属性和精神属性,统一于实践活动中。这表明,人通过实践使自己成为一种自我创造的主体性存在。人的秘密就在自己的实践活动中。正如马克思所说,"个人怎样表现自己的生活,他们自己也就怎样。因此,他们是什么样的,这同他们的生产是一致的——既和他们生产什么一致,又和他们怎样生产一致"[1]。

概而言之,费尔巴哈的哲学人本学、舍勒的哲学人类学对人的本质的整体探讨不乏真知灼见,二者都力图发现"完整的人"或"人的完整本质"。然而,它们都高傲地撇开人的劳动这一重要部分来谈论人的本质。这是根本性的错误,它不可避免地造成了费尔巴哈哲学人本学、舍勒哲学人类学的悲剧结果:力图发现"完整的人",得到的却是抽象的人、片面的人。

"工业的历史和工业的已经产生的对象性的存在,是一本打开了的关于人的本质力量的书。"[2]马克思认为,"这本书"是人的本质的最现实、最有内容、最容易感知和理解的成果。可是,众多的哲学家恰恰没有在人的本质力量这个意义上去研究它。在这种情况下,关于人的本质的学说"就不能成为内容确实丰富的和真正的科学"[3]。马克思的人的哲学高出一筹的地方就在于:发现

---

[1]《马克思恩格斯全集》第3卷,第24页。
[2]《马克思恩格斯全集》第42卷,第127页。
[3]《马克思恩格斯全集》第42卷,第127页。

实践是人的存在方式，从而真正发现了"现实的人"，发现了人的真实的"完整本质"，即发现了"完整的人"。这才是费尔巴哈的哲学人本学、舍勒的哲学人类学，乃至整个关于人的哲学的真正出路。

载《社会科学战线》1989 年第 3 期

关于社会发展"自然历史过程"的再思考

长期以来,马克思主义哲学教科书一直把"社会形态的发展是一个自然历史过程"看作历史唯物主义的基石和总纲。实际上,这是对马克思社会发展理论的误解。马克思从来没有在等同的含义上用"自然历史过程"表述社会历史过程,而只是指出社会经济形态的发展同自然历史过程具有"相似"的一面。然而,相似不等于相同,甚至存在表面相似而本质不同的事物。因此,本文拟对"社会形态的发展是一种自然历史过程"的观点做一新的考察和审视,以深化我们对社会历史过程的研究。

一、问题的提出

按照马克思主义哲学教科书的观点,"社会形态的发展是一种自然历史过程",是马克思在《资本论》第1卷第1版序言中提出的。为了弄清问题,我们首先需要考察德文原文以及中译本。

在德文版《资本论》中,马克思的原话是:"MeinStandpunkt, der die Entwicklung der Oekonomischhen Gesellschafts formation als einen naturgeschichtlichen Prozess auffasst."这段话应译为:我的观点,是把社会经济形态的发展理解为自然历史的过程。

郭大力、王亚南的译本把这段话译为："我的观点,是把经济社会形态的发展,理解为一个自然史的过程。"①

中央编译局的译本把这段话译为："我的观点是,社会经济形态的发展是一种自然历史过程。"②

对照德文原文,我认为,郭大力、王亚南的译法较为准确。这是因为,把社会经济形态的发展"理解"为自然历史的过程,并不是说社会经济形态的发展"就是"自然历史的过程。

为了进一步明确问题,我们再考察一下中央编译局根据马克思本人修订的法文版《资本论》第一卷翻译的中译本。在这个版本中,马克思明确指出:"我的观点是:社会经济形态的发展同自然的进程和自然的历史是相似的。"③显然,马克思把社会经济形态的发展"理解"为自然历史的过程,并不是说社会经济形态的发展本身"就是"自然历史过程,而是说社会经济形态的发展与自然历史具有"相似"的一面。正是在法文版《资本论》第一卷中,马克思把"相似"这一层含义说得更明确、更突出了。

由此,我们不难做出判断:马克思本人并没有说过社会形态发展是自然历史过程,把社会经济形态的发展看作自然历史过程也不是马克思的本意。马克思的本意是指,社会经济形态的发展可以从"自然的进程和自然的历史"方面来理解,因为社会经济结构、运行机制,特别是社会工艺过程,同自然进程、自然历史具有"相似"性。显然,把社会形态的发展说成是"自然历史过程"是一种误解。这里,至少发生了三个思维跳跃:

一是把马克思所说的"社会经济形态"跳跃为"社会形态"。实际上,马克思所说的社会经济形态是特指"社会人的生产器官"构成形态④,即社会的经济活动结构,这与我们现在所理解的作为经济基础与上层建筑统一体的社会形态并不是一个概念。

二是把社会经济形态的发展同"自然历史过程"的"相似"性跳跃为二者的相同性。作为现实的人的主体活动过程,社会历史过程与自然历史过程是无

---

① ［德］马克思:《资本论》第 1 卷,郭大力、王亚南译,人民出版社 1963 年版,第Ⅶ页。

② ［德］马克思:《资本论》第 1 卷,中共中央马克思格斯列宁斯大林著作编译局译,人民出版社 1975 年版,第 12 页。

③ ［德］马克思:《资本论》(根据作者修订的法文版第一卷翻译),中共中央马克思恩格斯列宁斯大林著作编译局译,中国社会科学出版社 1983 年版,第 4 页。

④ ［德］马克思:《资本论》(根据作者修订的法文版第一卷翻译),第 374 页。

法等同的。严肃的思考应该是，社会经济形态在何种意义上与自然历史过程"相似"，又在何种意义上与自然历史过程不相似。

三是马克思在《资本论》中重点说明的不是历史唯物主义，而是解剖资本主义的经济形态以及与它们相适应的交往关系、生产关系，即分析社会运动的一个特殊阶段和特殊方面。毫无疑问，这一特殊阶段和特殊方面是十分重要的。但是，用这一方面来取代并跳跃为历史唯物主义的总观点，理由是不充分的。历史唯物主义在《1844年经济学哲学手稿》中开始形成，在《德意志意识形态》中基本形成，之后在《政治经济学批判》《资本论》以及其他哲学、政治经济学、科学社会主义的论著和晚年人类学笔记中得到了全面的阐发。研究问题不能仅仅停留于某一阶段、某一方面。在我看来，全面而系统研究是更为重要的。

二、何谓自然历史过程

为了把问题弄清楚，我们需要弄清什么是"历史过程"，什么是"自然历史过程"？

"历史过程"简称历史，这一概念在马克思那里具有极其重要的意义。马克思赋予历史以内在变化和发展的含义，他经常用"排除历史过程""没有历史的要素"来批判那种"抽象的"观点，其中，不仅包括唯心主义、形而上学的唯物主义、自然科学的唯物主义，而且包括费尔巴哈的人本唯物主义。

按照马克思的观点，"联系不断采取新的形式，因而就呈现出'历史'"①。而"没有发展"，也就"没有历史"。这就是说，历史就是变化，就是联系的新形式不断产生过程，也就是发展过程。同一的重复，没有形式和内容的变化，尽管存在着，也没有历史。例如，在谈到亚细亚生产方式的典型——印度时，马克思指出，"印度社会根本没有历史，至少是没有为人所知的历史"②，并认为"没有历史"本质上是指"不发生变化""不变性"。亚细亚生产方式中的"公社自给自足，不断地按照同一形式把自己再生产出来，当它们偶然遭到破坏时，会在同一地点以同一名称再建立起来，这种公社的生产机体的简单性，为我们

---

① 《马克思恩格斯全集》第3卷，第34页。
② 《马克思恩格斯选集》第1卷，第767页。

提供了一把理解亚洲社会不发生变化的钥匙"①。

"历史"是与"变化""发展"联系在一起的。正因为如此,马克思认为,"我们仅仅知道一门唯一的科学,即历史科学。历史可以从两方面来考察,可以把它划分为自然史和人类史"②,即历史可以区分为自然历史过程与社会历史过程。这两种历史过程在现存世界中是不可分离的,"只要有人存在,自然史和人类史就彼此相互制约"③。但是,为了分析方便,我们暂且把二者分离开来。

马克思当时所理解的"自然历史过程",是指自然界联系形式多样化的过程。依据马克思所处时代的科学条件,马克思是在达尔文生物进化论的含义上理解这一过程的,可以把马克思的这一理解表述为"生物进化过程"。马克思指出:"达尔文注意到自然工艺史,即注意到在动植物的生活中作为生产资料的动植物器官是怎样形成的。"④因此,马克思所说的"自然历史过程"不是泛指一种"自然必然性",而是指动植物"器官"的"形成史""生成史"。只不过这种"形成史""生成史"是动植物在其生存活动中,在与周围环境相互作用的过程中自组织地生成的。这种生成的过程是动植物盲目地、无意识地进行的,表现为动植物"器官"不断多样化的发生过程,其本质是动植物自身的发展史。

问题在于,在这种盲目的、无意识的过程中,一条发展的道路、形式多样化的过程却显现出来。可以说,马克思所说的"自然历史过程"与现行马克思主义哲学教科书所理解的"自然历史过程"具有较大的差异。在马克思看来,自然历史过程是客观的、不以人的意志为转移的,它具有内在的规律性,但是,这种规律性是在动植物的自组织活动中存在,并通过动植物本身"器官"的多样化体现出来的。换言之,自然规律性、必然性是指动植物自组织活动中多样化的必然趋势。

当然,我注意到,马克思对"自然历史过程"的理解已深入到地质学中。马克思明确指出:"正像地质的形成一样,在这些历史的形成中,有一系列原生的、次生的、再次生的等等类型。"⑤但是,马克思对"自然历史过程"的理解没

---

① [德]马克思:《资本论》(根据作者修订的法文版第一卷翻译),第361页。
②《马克思恩格斯全集》第3卷,第20页。
③《马克思恩格斯全集》第3卷,第20页。
④ [德]马克思:《资本论》(根据作者修订的法文版第一卷翻译),第374页。
⑤《马克思恩格斯全集》第19卷,第432页。

有,也不可能深入到自然界的机械、物理、化学过程中。马克思那个时代的科学还没有发展到这一步。当时,以热力学第二定律为基础的自然界发展的"熵增加"原理,只是证明了自然界的物理过程自发地走向"无序"。恩格斯批判了把"熵增加"原理推广到整个宇宙中去的"热寂说",但是,物理、化学过程如何实现其"历史发展"的,这一问题在马克思、恩格斯的时代并没有被证明,至多只是哲学上的逻辑推导。

直到20世纪70年代,普里戈津的"非平衡态热力学"以及哈肯的"协同学"才完成了对物理运动和化学运动的"历史过程"的证明。普里戈津在研究耗散结构演化时指出:"分岔在一定意义上把'历史'引进物理学中来了……这样我们就在物理学和化学中引入了历史因素,而这一点似乎向来是专属于研究生物、社会和文化现象的各门科学的。"①只是到了这个时候,我们才对"自然历史过程"的含义有了全面理解:"自然历史过程"无非是指自然界的发展是自然界运动的自组织过程,表现为自然界本身形式越来越多样化、复杂化的生成过程。

自然的"历史过程"是自然本身在盲目的、无意识的运动中形成的,不存在一个预成的发展过程,但它表现为不可逆的有箭头的运动过程。这一过程大致是这样的:自然界最早产生的是低级的平衡结构,它自发地趋向"无序"和"熵增加"。由于特定的涨落条件,形成远离平衡状态,于是,平衡结构否定自身形成自组织的耗散结构。从此以后,自然的"历史过程"表现为耗散结构自组织进行的由简单到复杂的多样化过程,尤其在动植物系统中表现为"器官"不断复杂化、高级化的过程。自然界的整个运动过程符合马克思所说的"历史"概念,即联系不断采取新的形式。

三、社会经济规律在何种意义上是自然规律

把社会形态发展看作自然历史过程这一思维跳跃,是以把社会经济规律看作自然规律的观点为前提的。马克思确实在许多地方谈到社会经济规律是自然规律,例如,在《资本论》中,马克思一再提到"资本主义生产的自然规律",

①［比］I. 普里戈津:《时间、结构和涨落》,郝柏林等译,载《1977年诺贝尔奖演讲集》,上海科学技术出版社1980年版,第42页。

并认为"一个社会即使探索到了支配它的运动的自然规律，——本书的最终目的就是揭示现代社会运动的经济规律"①。列宁指出："马克思谈到社会的经济运动规律，并把这个规律叫作 Naturgesetz——自然规律。"②然而，问题的关键在于，马克思是在何种意义上认为社会经济规律是自然规律的。

社会经济规律是人的经济活动，即物质生产活动的规律，它是最主要的历史规律，最深刻地体现出人的活动的社会性、历史性。社会经济规律本质上不同于自然运动规律：一是社会经济规律内含着双重关系，即人与自然之间的物质交换关系和人与人之间的活动互换关系；二是社会经济规律是以人的内在尺度来占有人与自然物质交换的过程；三是社会经济规律本质上是一个实践问题，它是在人们物质生产活动中形成的经济活动规律，随着实践格局的变化而变化，其能否实现也取决于人们的实践活动。自然规律却存在并形成于人的实践活动之外，是自然界本身的机械、物理、化学、生物规律，它以自在的、盲目的形式存在着，当人们没有认识它们时，自然规律就以与人对立的形式出现；当人们发现、认识和把握它们时，便可以利用它们来征服自然本身。自然规律与社会规律是两种性质不同的规律。

由此产生一个难以回避的问题，那就是，马克思在什么意义上把社会经济规律看作自然规律？在我看来，马克思是从二重意义上来谈这一问题的：一是资本主义社会经济规律的特殊性；二是整个社会经济规律基础的特殊性。

按照马克思的观点，资本主义的经济活动是一种典型的社会活动。"在土地所有制处于支配地位的一切社会形式中，自然联系还占优势。在资本处于支配地位的社会形式中，社会、历史所创造的因素占优势。"③资本主义是社会因素占优势的社会形式，同时，又是对抗性的社会形式。"资产阶级的生产关系是社会生产过程的最后一个对抗形式，这里所说的对抗，不是指个人的对抗，而是指从个人的社会生活条件中生长出来的对抗。"④在马克思看来，正是这种对抗性，使资本主义社会经济规律采取以与人对立的自然规律的特殊形式出现。

具体地说，当生产者丧失了对自己的社会关系和自主活动的支配权时，

① ［德］马克思：《资本论》（根据作者修订的法文版第一卷翻译），第4页。
② 《列宁全集》第1卷，第105页。
③ 《马克思恩格斯全集》第46卷上，第45页。
④ 《马克思恩格斯选集》第2卷，第33页。

"生产资料和产品的社会性反过来反对生产者本身,周期性地突破生产方式和交换方式,并且只是作为盲目起作用的自然规律强制性地和破坏性地为自己开辟道路"①。"我们应当怎样理解这个只有通过周期性的革命才能为自己开辟道路的规律呢? 这是一个以当事人的盲目活动为基础的自然规律。"②可见,社会经济规律以与人对立的自然规律的形式出现,本质上是资本主义社会的"社会性"的体现,是资本主义社会中的"对抗性"的体现。换言之,人与人对抗的社会形式,必然使社会经济规律以自然规律的形式出现。

按照马克思的观点,社会经济规律有它永恒的基础,这就是人与自然的物质变换过程。"劳动作为使用价值的创造者,作为有用劳动,是不以一切社会形式为转移的人类生存条件,是人和自然之间的物质变换即人类生活得以实现的永恒的自然必然性。"③只有在这个"一般"的意义上,即从创造使用价值的意义上,社会经济规律才是一种体现人与自然之间物质变换的自然规律。但是,人与自然的物质变换既然是一切社会活动中的基础,那么,在特定的社会中,这种物质变换也就必然具有特定的社会形式。因此,社会经济规律不会以纯粹的自然规律形式出现,而是始终以人与自然的物质变换这一"自然必然性"为基础而展开的社会活动过程。

在《资本论》第三卷中,马克思更加透彻地表达了这个思想。按照马克思的观点,人与自然的物质变换始终是一个自然必然性的王国,是"一切社会形态""一切可能的生产方式"的基础,即使在未来的共产主义社会,人们也只能"合理地调节他们和自然之间的物质变换","在最无愧于和最适合于他们的人类本性的条件下来进行这种物质变换"。"自由王国只有建立在必然王国的基础上,才能繁荣起来。"④显然,马克思是在社会经济规律的基础,在抽象掉"一切社会形态""一切可能的生产方式"的前提下,承认社会经济规律的"自然性"。但是,只要一进入具体的社会形态,马克思就立即用社会的眼光来看待经济规律。

在致库格曼的信中,马克思批判了朗格把历史规律自然化的方式,认为"朗格先生有一个伟大的发现: 全部历史可以纳入一个唯一的伟大的自然规

---

① 《马克思恩格斯选集》第 3 卷,第 629 页。
② 《马克思恩格斯全集》第 23 卷,第 92 页。
③ 《马克思恩格斯全集》第 23 卷,第 56 页。
④ 《马克思恩格斯全集》第 25 卷,第 926、927 页。

律。这个自然规律就是《struggle for life》，即'生存斗争'这一句话(达尔文的说法这样应用就变成了一句空话)，而这句话的内容就是马尔萨斯的人口律，或者更确切些说，人口过剩律。这样一来，就可以不去分析'生存斗争'如何在各种不同的社会形态中历史地表现出来，而只要把每一个具体的斗争都变成'生存斗争'这句话，并且把这句话变成马尔萨斯关于'人口的狂想'就行了"①。这里，马克思关心的是"不同的社会形态中历史地表现出来"的规律。更重要的是，马克思认为，社会经济规律不是预成的，而是在人们的物质生产活动中生成的，是在历史中生成的；在人们面前绝没有一个现存的、一成不变的经济规律可供认识，经济规律同样具有历史性。

对历史规律的认识和把握也是历史的，正如马克思所说，"对社会生活形式的思索，从而对它的科学分析，遵循着一条同实际运动完全相反的道路。这种思索是从事后开始的，是从已经完全确定的材料、发展的结果开始的"②。因此，企图事先预见一条具体的社会发展道路，认为有一个具体的社会经济规律预先存在着，这不是马克思对社会经济规律的看法。就社会经济规律制约人类历史行程而言，社会发展的确有一个大概趋势；就全部社会生活在本质是实践的而言，社会经济规律的实现的确是一个历史的过程，是人们的物质实践活动在时间中展开的过程。社会经济规律不同于自然规律，它是"人们自己的社会行动的规律"③。把社会经济规律等同于自然规律，其结果只能把社会经济规律抽象化、逻辑化、预成化，其实质是回归黑格尔的"绝对计划"。

四、社会经济形态的发展在何种意义上与自然历史过程相似

如果说人与自然的物质变换是社会经济规律与自然规律具有"相似"性的中介，那么社会经济形态的发展与自然历史过程的"相似"性，就是以社会工艺学为中介的。换言之，这里是这样一种关系：社会经济规律—人与自然的物质变换—自然规律；社会经济形态—社会工艺学—自然历史过程。在这里，社会工艺学和"人与自然的物质变换"之间又有直接关系。然而，现行的历史唯物主义教科书是不讲"物质变换""社会工艺学"等概念的，甚至把社会经济形态

①《马克思恩格斯全集》第32卷，人民出版社1974年版，第671—672页。
②［德］马克思：《资本论》(根据作者修订的法文版第一卷翻译)，第55页。
③《马克思恩格斯选集》第3卷，第634页。

直接等同于社会形态。这是把社会经济形态的发展与自然历史过程"相似"上升到"社会形态是一个自然历史过程"的认识根源。

应当指出,把社会经济形态、社会工艺学从社会发展中"抽象"出来,是马克思对社会认识的巨大深化。

在《德意志意识形态》中,马克思提出了"社会形态"这一概念①,并把分工看作生产力与所有制之间的中介关系,"分工和私有制是两个同义语,讲的是同一件事情,一个是就活动而言,另一个是就活动的产品而言"②。但是,由于当时马克思没有把"社会经济形态"从"活动"中剥离出来,由于当时马克思对所有制的关系更感兴趣,因此,马克思当时把所有制作为划分历史阶段的标准,即"部落所有制""古代公社所有制或国家所有制""封建的或等级的所有制""资本主义所有制"。

在《〈政治经济学批判〉序言》中,马克思第一次提出"社会经济形态"这一概念。从此以后,马克思便以社会经济形态作为划分历史阶段的标准,即"大体说来,亚细亚的、古代的、封建的和现代资产阶级的生产方式可以看做是社会经济形态演进的几个时代"③。

在《资本论》中,马克思进一步深化了社会经济形态的概念,不仅考察了生产工具发展史,而且把人的生产工具同动植物的器官进行了比较,认为"自然工艺学"揭示了动植物的生存器官形成的历史,而"社会工艺学"则能够揭示"社会人的生产器官"形成的历史以至社会关系和精神观念的起源。"工艺学揭示出人对自然的活动方式,人的物质生活的生产过程,从而揭示出社会关系以及由此产生的精神观念的起源。"④

因此,马克思所说的社会经济形态的发展与自然历史过程"相似"是指,如同动植物的发展是立足于自身器官的形成和发展过程一样,社会经济形态的发展也是立足于"社会人的生产器官"的形成和发展过程。

社会工艺发展表现为一个有序的社会经济结构的演化过程。这种演化道路可以通过各种不同途径来达到,其中,有"自然发生的""典型的""派生的""转移来的"等形态。这里,必须把如下三个方面区分开来:

---

① 《马克思恩格斯全集》第 3 卷,第 35 页。
② 《马克思恩格斯全集》第 3 卷,第 37 页。
③ 《马克思恩格斯全集》第 13 卷,人民出版社 1962 年版,第 9 页。
④ [德] 马克思:《资本论》(根据作者修订的法文版第一卷翻译),第 374 页。

第一，马克思所说的社会经济形态的几个时代，即亚细亚的、古代的、封建的和现代资产阶级的，并不是所有民族共同的道路。实际上，这一条道路是有特定坐标、特定条件的。

马克思是以英国为典型研究资本主义生产方式，从欧洲资本主义的起源来考察社会经济形态演变这一问题的，换言之，这条道路是以欧洲为坐标系的。马克思绝没有要求所有民族都要走这样一条道路，恰恰相反，他坚决反对这一点。在给俄国《祖国纪事》编辑部的信中，马克思明确指出："一定要把我关于西欧资本主义起源的历史概述彻底变成一般发展道路的历史哲学理论，一切民族，不管他们所处的历史环境如何，都注定要走这条道路……他这样做，会给我过多的荣誉，同时也会给我过多的侮辱。"①在分析社会发展时，马克思常常指出，"这不适用于例如东方""这仅仅是从欧洲的观点来看的"，等等。

我注意到马克思的这一论述，即"工业较发达的国家向工业较不发达的国家所显示的，只是后者未来的景象"②。但是，只要认真仔细地分析这句话的上下文就可以看出，马克思在这里所说的"工业较不发达的国家"指的是"德国和西欧大陆其他国家"。这表明，马克思并没有把"自然历史过程"理解为亚细亚的、古代的、封建的、资本主义的、社会主义的这样一条发展道路，并没有把这样一条发展道路看成预成的、所有民族都必然要走的共同的发展道路。把"自然历史过程"理解为一种超历史的"必然性"，理解为所有民族的发展都必须经过原始的、奴隶的、封建的、资本主义的、社会主义社会这样一条唯一的发展道路，不过是把欧洲的发展道路强加给全人类罢了，不过是把历史必然性抽象化、预成化罢了。

第二，马克思把社会发展看作人类自组织的过程，认为社会发展的具体道路是多样化的。

马克思从不以单线的方式考察历史，除了关心"典型的""原生的"生产关系，还提出这样一个重要观点，即"第二级的和第三级的东西，总之，派生的、转移来的、非原生的生产关系。国际关系在这里的影响"③。显然，这里有一个更宏大的社会发展道路问题。在马克思看来，资本主义产生的途径就是多样的。

① 《马克思恩格斯全集》第 19 卷，第 130 页。
② 《马克思恩格斯全集》第 23 卷，第 8 页。
③ 《马克思恩格斯全集》第 46 卷上，第 47 页。

美国的"资产阶级社会不是在封建制度的基础上发展起来的,而是从自身开始的"①。"在现实的历史上,雇佣劳动是从奴隶制和农奴制的解体中产生的,或者象在东方和斯拉夫各民族中那样是从公有制的崩溃中产生的,而在其最恰当的、划时代的、囊括了劳动的全部社会存在的形式中,雇佣劳动是从行会制度、等级制度、劳役和实物收入、作为农村副业的工业、仍为封建的小农业等等的衰亡中产生的。"②

这就是说,资本主义的产生至少有四条途径,即"从自身开始",从奴隶制和农奴制的"解体"中产生,从原始公有制的"崩溃"中产生,从封建制的"衰亡"中产生。其中,从封建制的"衰亡"中产生只是西欧资本主义产生的途径。这里,不存在一个固定的模式和一种超历史的必然性,也不存在一个所谓的"自然历史过程"。

第三,如果我们把眼光专注于社会工艺过程,即物质生产的具体构成模式,那么在它们之中确实存在一个由低级到高级的有序发展的过程,存在一个不可逆的、不再重复以往历史的过程。

社会工艺标志着人与自然之间以何种具体方式进行物质变换,及其定型过程,它确实不以人的意识、意志为转移。从社会工艺学来确认商品经济阶段就可以看出,这是一个无法逾越的"自然历史过程"。正如马克思所说,"一个社会即使探索到了本身运动的自然规律,——本书的最终目的就是揭示现代社会的经济运动规律,——它还是既不能跳过也不能用法令取消自然的发展阶段"③。当然,我们可以立足现代社会工艺格局,"缩短"这一进程,"减轻分娩的痛苦"。这里,显然存在社会发展中的"派生的""转移来的"关系,存在世界交往和国际关系的影响作用。不管怎样,要从传统的社会工艺过程发展到现代的社会工艺过程,确实同"自然历史过程"有"相似"的一面。

我们不能忽视马克思的社会工艺学思想。如果忽视这一思想,就会把生产力与生产关系的中介环节——"社会人的生产器官"形成过程——抽象化,历史规律也就会被抽象化、预成化,历史也就会被抽象化、片面化,社会人的发展也就由此从历史唯物主义理论中被悄悄地抹掉了。我们应当也必须改变这

① 《马克思恩格斯全集》第 46 卷上,第 4 页。
② 《马克思恩格斯全集》第 46 卷上,第 14 页。
③ 《马克思恩格斯全集》第 23 卷,第 11 页。

种传统的思维方式,应当也必须关注社会工艺学,关注"社会人的生产器官"形成和发展的历史。只有把握住这一历史过程,我们才能真正把握社会经济形态的发展与自然历史过程"相似"的真谛,从而才能真正理解社会生活在本质上是实践的,历史规律本质上是人的实践活动的规律。这一规律当然具有客观性、必然性,但这一客观性、必然性不是预成的、单向的,更不是凌驾于人的实践活动之上的。从根本上说,社会形态是在人的实践活动中生成的,社会形态的发展是在人的实践过程中实现的。

载《哲学研究》1989 年第 2 期
《新华文摘》1989 年第 6 期转载

论历史唯物主义现代形态的建构原则

  历史唯物主义站在现实历史的基础上,从"物质实践"出发解释观念,并认为全部社会生活在本质上是实践的,"意识在任何时候都只能是被意识到了的存在,而人们的存在就是他们的实际生活过程"①。因此,实践的观点是历史唯物主义的首要的和基本的观点,构成了历史唯物主义的理论基础。根据"实践"在历史唯物主义理论体系中的地位和意义,以及现代历史哲学的发展趋势,本文拟对历史唯物主义做一新的考察和审视,提出历史唯物主义现代形态的建构原则。

一、理论出发点:实践

  出发点范畴的不同,是历史唯物主义与其他历史哲学的根本分歧。按照马克思的观点,"全部社会生活在本质上是实践的"②,整个历史无非是人通过人的劳动而诞生的过程,本质上是人的实践活动在时间中的展开。然而,以往的唯心主义与唯物主义都不理解"实践批判活动的意义"。因此,唯心主义"抽象地发展"了人的能动性;旧唯物主义却忽视了人的

---

① 《马克思恩格斯全集》第 3 卷,第 29 页。
② 《马克思恩格斯选集》第 1 卷,第 56 页。

能动性,对现存世界只是从客体的形式上去理解,"而不是把它们当作感性的人的活动,当作实践去理解,不是从主体方面去理解"①。结果,唯心主义在历史理论中独占鳌头。唯心主义与旧唯物主义的根本缺陷惊人一致,促使马克思意识到:必须把"实践"作为新的历史哲学的理论基础和出发点范畴。

历史是主体与客体相互作用的过程。主体创造历史的过程必然要以客体为依据。但是,从发生学意义上说,历史的主体与客体都不是预成的、以自身完满的形态进入人类历史的,相反,历史的主体与客体都是人的实践活动的创造和重建的结果。社会存在只能是实践中的存在,"生产力是人们的实践能力的结果"②。历史是主体连续不断的建构过程,是自然界对人的生成过程,是"人改造自然"与"人改造人"的过程,实践是人的存在方式和基本活动。马克思正是从"感性的人的活动"的角度,以实践为出发点范畴来考察和理解一切历史现象,来审察、评价和改变已往的历史哲学的范畴和规范。

在马克思看来,实践是全部社会生活的本质,是整个历史的基础,是人类一切社会关系"由此产生"的源泉。正是在本质、基础和"由此产生"这三重意义上,实践具有历史本体论的意义。不是别人,正是马克思把整个历史理解为人的全部实践活动,并认为"整个所谓世界历史不外是人通过人的劳动而诞生的过程,是自然界对人来说的生成过程"③。因此,以"实践"为出发点范畴来考察历史主体与客体的关系,反思历史的进程及其规律,便成为马克思历史唯物主义的根本特征。

马克思的实践原则也就是主体原则,马克思始终是把实践和主体联系在一起来考察人类历史的。这在《关于费尔巴哈的提纲》第一条中表述得极为清楚。在这里,马克思把"感性的人的活动""实践""主体"三者等同看待。在《哲学的贫困》中,马克思又指出,人既是历史的"剧中人",又是历史的"剧作者",并认为只有"把人们当成他们本身历史的剧中人物和剧作者",才能回到历史的"真正的出发点"④。人不仅生存和活动于一定的社会关系中,而且不断地变革和创造着自己的社会关系。社会存在是人自己的实践活动的结果和产物,而实践就是主体自身不断重建的活动,是环境的改变与人的自我改变相

① 《马克思恩格斯选集》第1卷,第54页。
② 《马克思恩格斯全集》第27卷,第477页。
③ 《马克思恩格斯全集》第42卷,第131页。
④ 《马克思恩格斯全集》第4卷,第149页。

统一的活动。因此,出现在历史中、从事着实践活动的人,不仅是一个被决定的存在,而且甚至首先是一个能动的、具有创造性的存在。人的被决定性只是作为某种历史条件的制约因素出现在人的创造活动之中。

历史唯物主义确认历史规律的客观性,并认为历史规律构成了人们历史活动的可能性前提,决定了历史发展的大概趋势,从而制约着人类历史的行程。正是在这个意义上,马克思认为,社会的历史和自然的历史具有"相似"性①。然而,相似不等于相同。历史规律实际上是人们的社会活动规律,它不可能脱离人的实践活动而成为独立的实体,更不是消融人的能动性、创造性和主体性的"盐酸池"。人是历史的主体,人的实践活动是历史的本体。因此,历史唯物主义又确认历史规律本质上是人类实践活动或社会活动的规律。

正因为如此,马克思认为,历史唯物主义的前提是"处在现实的、可以通过经验观察到的、在一定条件下进行的发展过程中的人。只要描绘出这个能动的生活过程,历史就不再像那些本身还是抽象的经验论者所认为的那样,是一些僵死的事实的汇集,也不再像唯心主义者所认为的那样,是想象的主体的想象活动"②。就这样,马克思为唯物主义历史观竖起了凯旋门,为唯心主义历史观写下了墓志铭。

当然,历史唯物主义中的实践问题、主体性问题,还需要进一步发挥和展开。但是,对历史唯物主义来说,实践问题、主体性问题不是一个局部的问题,而是一个全局性的问题。然而,自从苏联马克思主义哲学模式被定于一尊以来,实践原则、主体性原则都被抛弃了,历史发展被看成生产方式自律的变化,人仅仅被看作社会关系以及历史规律的体现者和传导者,历史成了"无主体的过程",仅仅成为一种"自然历史过程"。一种脱离了人的实践活动,脱离了政治、观念的交互作用而自动起作用的"经济必然性"就成了历史的主宰。马克思哲学的划时代的贡献在相当大的程度上被抛弃了。

实际上,人在这个世界上诞生之后,就进入了存在的组合,并以自身的活动赋予存在以新的尺度——历史性。如果仅仅从客体方面来研究人类历史,那只能是一种片面的研究。现代科学技术革命触及人的活动的一切领域,深刻而全面地改变了人的存在的条件。这种改变是双重的:既增强了人对自然

① [德] 马克思:《资本论》(根据作者修订的法文版第一卷翻译),第4页。
② 《马克思恩格斯全集》第3卷,第30页。

的统治力量,又使得这种统治力量有可能摆脱人的控制,反过来威胁到人类的生存。同时,现代社会变革实践再次突出了社会环境对人的制约性和人对社会环境的创造性的问题。

这表明,现代社会的发展越来越突出实践问题、主体性问题。同时,现代社会的发展又为人们对实践问题、主体性问题进行哲学反思提供了普遍的必要性和现实的可能性。因此,历史唯物主义研究要获得实质性的进展,就必须"回归"历史唯物主义的理论出发点——实践,重审马克思哲学的主体性原则,以主体活动为轴心重审历史主体与客体关系,反思历史的进程及其规律。当然,这种"回归"不是简单的恢复,而是高层次的回归,是站在现代实践格局这个时代制高点上的"重构"。这种"重构"既把历史唯物主义的基本观点包含其中,同时,又是对历史唯物主义的实质性的发展,即建构历史唯物主义的现代形态,使之适应现代实践科学和哲学本身的发展以及知识结构的变化。

二、理论生长点:历史认识论

要建构历史唯物主义的现代形态,就必须寻找历史唯物主义在现代的理论生长点,实现研究重心的转换。这是历史唯物主义研究获得实质性发展的突破口。

历史唯物主义的理论生长点包含三重含义:一是马克思有所论述,但又未具体展开、详加探讨的问题,或者说,是以胚胎、萌芽形式包含在历史唯物主义中的问题;二是这一问题又是现代科技革命和社会变革实践所突出的问题,即"热点问题";三是现代实践和科学的发展又为解决这一问题提供了现实的可能性。正是在这三重意义上,我认为,历史认识论是历史唯物主义在现代的理论生长点。

探讨人们创造历史活动的内在结构和运行机制,是历史唯物主义的主要课题。按照马克思的观点,自在自为运动着的是物质实践活动,人在改造、认识自然界的同时,又改造、创造和认识自己本身——他的肉体组织、社会关系和思维结构等。这是同一个过程的两个方面。从根本上说,历史就是人对自然和社会的改造活动在时间中的展开,这就是历史唯物主义关于人类创造历史活动的动态图式。

同时,人们创造历史的活动又是实际改造活动和观念认识活动共同作用的结果。人们认识历史的活动也是其所从事的改造客体、创造历史活动的有机组成部分。如同自然是人们认识活动的客体一样,人们自己的社会存在,人们自己创造的客观历史,也是人们认识活动的客体,并同样转化为人们认识的内容而被观念地加以把握。

正因为如此,历史唯物主义不仅探讨历史本身如何运动,而且探讨人们如何认识历史运动。例如,对于历史的考察与分析,马克思提出了顺向和逆向相统一的原则,即不仅要按照历史在时间上的发展顺序从古至今考察(通过分析和研究历史记载),而且要做从今返古的考察。"人体解剖对于猴体解剖是一把钥匙。反过来说,低等动物身上表露的高等动物的征兆,只有在高等动物本身已被认识之后才能理解。"①在马克思看来,在人类历史上存在着和古生物学上一样的情形,所以,对人类生活形式的思索,往往采取同实际发展相反的道路,这就是,从事后开始,从发展过程完成的结果开始。分析资本主义社会的结构和关系,"能使我们透视一切已经覆灭的社会形式的结构和生产关系"②。正因为如此,历史唯物主义对历史认识活动本身进行了批判反思。

然而,历史唯物主义毕竟是 19 世纪的产物,它创立之时所面临的首要理论问题,就是批判"历史思辨",确立历史观的唯物主义基础,着重研究的是历史本身的过程及其规律,是一种"关于历史过程的观点"③。无论是马克思的《1844 年经济学哲学手稿》《德意志意识形态》和《资本论》对历史唯物主义的阐述,还是恩格斯对历史唯物主义做了"最为详尽的阐述"的《反杜林论》《费尔巴哈论》④和"晚年通信",探讨的主要问题都是历史本身的规律,着重研究的是历史主体与客体之间的实际改造与被改造的关系,重心放在从作为基础的社会存在中探索出思想观念,以及由这些观念所制约的行动。

对于历史主体与客体的另一种基本关系——认识与被认识的关系,即人们认识历史的活动的特殊结构、机制以及规律,马克思、恩格斯都有所论述,但没有详加探讨和具体展开。历史认识"自己构成自己的道路"还是一个尚未深入探讨的灰色王国。在恩格斯看来,这是为了历史认识的内容而忽视了历史认识的形式。因此,历史唯物主义具有浓重的历史本体论色彩,是一种新形态

① 《马克思恩格斯选集》第 2 卷,第 23 页。
② 《马克思恩格斯选集》第 2 卷,第 23 页。
③ 《马克思恩格斯选集》第 3 卷,第 704 页。
④ 《马克思恩格斯选集》第 4 卷,第 698 页。

的历史本体论,而历史认识论只是以胚胎、萌芽的形式包含于其中。

现代实践犹如一个巨大的引力场,吸引着哲学家、历史学家把自己的聚焦点从历史本体论转向历史认识论,而现代科学,尤其是量子力学、心理学、思维科学、考古学、人类学以及哲学本身的发展,又为探讨历史认识论问题提供了普遍的必要性和现实的可能性。对历史认识论的深入探讨,已成为时代的需要以及人类认识发展的趋势。1907 年,德国历史学家齐美尔提出了一个康德式的问题,即历史科学何以可能?对这个问题的回答实际上构成了现代历史哲学的主题。如果说近代历史哲学研究的重点是历史本身的规律,那么,现代历史哲学注意的中心则是历史认识的性质。

按照现代历史哲学的观点,要理解历史事实,首先要理解历史知识的性质,因为人们是通过历史知识去认识"客观"历史的。然而,历史知识并不是客观的,而是历史学家的价值观念的产物,这些价值观念又来源于历史学家所面临的需要和环境。"历史是由活着的人和为了活着的人而重建的死者的生活。所以,它是由能思考的、痛苦的、有活动能力的人找到探索过去的现实利益而产生出来的。"①人们研究或撰写历史总是从现实的兴趣出发,并为当前的目的服务的。"这种过去的事实只要和现在生活的一种兴趣打成一片,它就不是针对一种过去的兴趣而是针对现在的兴趣的。"②因此,"一切历史都是当代史"。

正是历史学的这种特殊性造成了历史认识论的必要性。在克罗齐看来,历史哲学研究的不是历史本身而是"史学史",历史哲学就是"有关历史认识论研究"③。按照柯林武德的观点,哲学的本质是反思,历史哲学就是"反思历史思维",是对"历史思维的前提和含义的一种批判性的探讨"④。因此,历史哲学是从哲学的角度来分析历史认识的性质,或者说,是对历史知识进行哲学的批判,其任务就是确定历史科学努力的界限和特有价值,即发现历史思维在整个人类经验中的位置,它与其他经验形式的关系,它的起源及其有效性。

不难看出,现代历史哲学已经把历史哲学的重心转移到对理性自身能力的批判上来了,即从历史本体论转换到历史认识论。研究重心的这一转换完全符合人类认识规律,因为主体认识客体的活动发展到一定阶段,就会不多不

---

① 田汝康、金重远:《现代西方史学流派文选》,上海人民出版社 1982 年版,第 96 页。
② [意]克罗齐:《历史学的理论和实际》,第 2 页。
③ [意]克罗齐:《历史学的理论和实际》,第 60—61 页。
④ [英]R. G. 柯林武德:《历史的观念》,第 6、10 页。

少地转变为对这种认识活动本身的批判。从这个意义上说,历史哲学的研究重心从历史本体论转向历史认识论,只是意味着西方历史哲学的成熟,而绝不是意味着它的没落。当代著名历史学家路易斯·明克指出,20世纪40—50年代以后,对历史认识的性质、特点和方法进行分析,逐渐成了西方历史哲学的内容。"哲学家和史学家都趋于一致地接受柯林武德的这一论断,即哲学是关于思想的思想,因而历史哲学也就是关于历史思维的见解的第二级的活动。"①

任何一门科学的研究重心,都要经历一个从不确定到确定,确定以后还要进行不断调整的过程。历史唯物主义以至整个历史哲学也是如此。从直接性上看,决定历史哲学的对象和内容的,是人类认识发展的水平,以及在此基础上所形成的知识结构。从当今的认识水平和知识结构来看,19世纪中期产生的历史唯物主义,作为历史哲学,它的内容已经不"纯"了。当今人类认识水平已经对每一门历史科学提出了要求,要弄清它在历史的总体以及关于历史知识的总联系中的地位。因此,关于历史总联系的任何特殊科学或哲学已成为"多余"的了。正因为如此,历史唯物主义应自觉地适应人类认识发展的趋势,及时地转换自己的研究重心,即从历史本体论转换到历史认识论。这正是历史唯物主义在现代的理论生长点。

对于历史认识论的探讨,历史唯物主义同样以"实践"为出发点范畴。马克思高出一等的地方就在于,他把认识活动归为实践活动,从实践是历史认识的"转换尺度""显示尺度",是历史认识活动的永恒"坐标"这个视角来探讨历史认识过程及其规律,并把人们认识历史的活动看作从现实的实践活动出发对客观历史的认识。

人们认识历史是通过实践这一特定的存在做中介的,不存在一个抽象的"反映""摹写"过程,以及从抽象的感性认识到抽象的理性认识的过程。从本质上看,历史认识活动是实践活动的内化与升华,对历史的认识程度和广度取决于实践的"式",以及由实践的"式"所内化和升华的思维的"式"。反映只是认识的一个特点,仅仅从反映论角度来探讨历史认识论问题,显然是不够的。按照列宁的观点,"逻辑的范畴和人的实践"的关系是"人的实践活动必须亿万次地使人的意识去重复不同的逻辑的式"②。

---

① [美]伊格尔斯:《历史研究国际手册》,第22页。
② 《列宁全集》第55卷,第160页。

对于人们认识历史的活动,历史唯物主义不仅要从宏观上揭示,而且要从微观上探讨,即作为总体的人类对历史认识是如何通过个体对历史的认识转化为社会意识而实现的;不仅要执行恩格斯晚年指出的探讨历史认识的"形式"问题,而且要探讨现代历史认识论所面临的最突出的问题——作为认识主体的历史研究者与作为认识客体的客观历史的关系问题,以及与此紧密相连的历史认识是否具有或怎样才能具有真理性的问题。只有这样,历史唯物主义才能与现代西方历史哲学进行"对话"。

现代实践的发展,日益突出了历史认识论的重要性,研究历史认识论问题已经成为现代历史哲学发展的趋势。因此,我们应适应现代实践的要求,使原先以胚胎、萌芽形式包含在历史唯物主义中的历史认识论问题突出出来,并予以系统深入的研究,在新的高度上使二者有机结合,从而使历史唯物主义成为历史本体论与历史认识论相统一的现代历史哲学。

三、理论职能:历史本体论和历史认识论的统一

所谓历史本体论,是指探讨历史过程本身的性质和特点的理论,也就是恩格斯所说的"关于历史过程的观点"。历史认识论,则是指关于历史认识的性质和特点的理论,是研究作为认识主体的人对于以人为主体的历史的认识过程及其规律的理论,如历史认识中的主观性与客观性、相对性与绝对性、阶级性与科学性的关系,历史认识的社会功能,历史认识的是非得失的检验标准等,都属于历史认识论的问题。

如果说从 18 世纪末到 19 世纪中叶是历史本体论的世纪,那么,从 19 世纪末到 20 世纪就是历史认识论的时代。当今,这两种系统在某种程度上出现了"合流"的趋势——人们在"复活"历史本体论的基础上深化历史认识论的研究。之所以出现这种合流的趋势,是因为历史本体论与历史认识论具有内在的联系,只是由于不同时代认识水平的差别和不同的需要,才把研究重心或者放在历史本体论上,或者放在历史认识论上。建构历史唯物主义的现代形态,就是要在深化马克思历史本体论的基础上强化历史认识论的研究,并把历史认识论作为研究重心。在历史唯物主义的现代形态中,历史本体论和历史认识论将有机统一起来,成为一种新的整体。

任何历史认识论总是或隐或显地以某种历史本体论为其立论的依据或前

提。现代西方历史哲学蔑视历史本体论并把后者称为"思辨的历史哲学",然而,它本身信奉的仍然是一种本体论,即思想本体论、历史过程无规律论或者多元论。例如,柯林武德之所以反对把自然科学的方法和概念引入历史学,强调历史认识的"设身处地的领悟方法",即人们认识历史就是在自己的心灵中对历史行动者的思想进行设身处地的"重演",其立论的依据正是一种历史本体论——历史是思想史。按照柯林武德的观点,"一个自然过程是各种事件的过程。一个历史过程则是各种思想的过程"[①]。

可见,历史哲学企图避开历史本体论研究历史认识论实际上是不可能的。既然历史认识论必须要以历史本体论为立论的前提和依据,那么,历史本体论就必然要对历史认识论起导向作用。

同时,历史本体论的真正确立又有赖于对人们认识历史的能力的分析,而历史认识论就是对人们认识历史能力的考察,并直接联系着历史研究领域,而且,历史本体论本身也是人们认识历史的一种结果。康德之所以能在哲学史上造成一场"哥白尼式的革命",就在于他提出了一个振聋发聩的思想:本体论的确立有赖于认识论的研究,对存在本身认识的是非曲直有赖于对理性认识能力的考察。正因为这一点,康德把近代哲学家从形而上学"独断论"的迷梦中"唤醒"起来,从而成为德国古典哲学的创始人。康德的这一观点同样适合于历史领域。齐美尔提出的"历史科学何以可能"的问题,实际上是康德的观点在历史哲学中"反射"和"回声"。

可见,历史本体论如果脱离了历史认识论,不具有历史认识论的性质,其结论必然是独断的、不可靠的。历史本体论的真正确立及其发展有赖于历史认识论的探讨及其发展。

从现代知识结构看,历史本体论主要揭示历史现象的本源与派生的关系。在这里,意识与社会存在都是作为历史唯物主义的最高范畴出现的,而历史认识论正是要揭示意识与社会存在或客观历史如何达到一致的辩证逻辑。因此,从劳动或实践范畴开始,历史唯物主义的全部范畴都应该把解决意识与社会存在的关系或客观历史作为自己的内容,历史唯物主义的全部范畴都应该既是历史本体论的范畴,又是历史认识论的范畴。历史唯物主义的全部范畴既具有来自社会存在、来自客观历史的内容,同时,又要解决意识和社会存在

---

① ［英］R. G. 柯林武德:《历史的观念》,第 245 页。

或客观历史的关系问题，并且它们本身就是认识历史现象之"网"的网上纽结，它们的运动过程也就是人们认识历史的深化过程。

历史唯物主义的现代形态不是对历史规律的客观描述，而是把研究的客体放到与意识的关系中去探讨怎样才能正确把握历史规律的问题。历史唯物主义的现代形态把实践论看成历史认识论的理论基础，使科学的历史本体论与历史认识论真正成为一个理论有机体。质言之，历史唯物主义的现代形态不仅回答"历史是什么"的本体论问题，而且回答"人们如何认识历史"的认识论问题，从而在马克思实践论的基础上，扬弃历史本体论与历史认识论的理论对立，同时实现历史本体论和历史认识论的理论职能。

作为历史本体论和历史认识论的统一，历史唯物主义的现代形态同时又是历史方法论，即适合于一切历史科学，包括研究"历史记载"的方法论。所谓方法，就是在认识和实践中获得一定成果的方式。任何科学方法，都必然包含着对对象本身运动规律的认识，从内容和本质上说，方法就是对客观规律的主观自觉运用。正如苏联著名科学家 T.巴甫洛夫所说，科学方法"是'被移植'和'被移入'到人类意识中的客观规律性，是被用来自觉地有计划地解释和改变世界的工具"[①]。

因此，认识方法总是包含着客观和主观两个方面，并不断使客观的方面向主观的方面转化。作为关于历史研究方式的性质和特点的历史方法论，不过是客观历史规律的主观自觉运用的系统理论，不过是关于如何理解、掌握和运用一切具体的历史研究方法的理论，提供的是如何对待和处理意识与社会存在或客观历史关系的基本原则，并以此引导人们去正确地认识、掌握和运用历史规律。

这就是说，历史方法论的主要观点并不在于它被到处运用，而是在于它试图揭示历史认识向真理运动的规律，而这些正是历史本体论、历史认识论的基本内容。历史方法论的源头归根到底存在于历史本体论之中。在现代西方历史哲学中，存在着两种基本的历史方法论——"悟释式"和"法则式"，二者分歧的源头就在于二者关于历史本身的观点不同[②]。可见，历史方法论与历史认识

---

① 引自［苏］П. B. 柯普宁：《作为认识论和逻辑的辩证法》，赵修义、王天厚等译，华东师范大学出版社 1984 年版，第 54 页。

② 当代著名历史学家伊格尔斯把柯林武德主张的"设身处地的领悟方法"和亨佩尔主张的以"普遍规律假设"进行归纳推理的方法分别称为"悟释式"和"法则式"的方法。当代著名历史学家福格尔和埃尔顿一致认为，二者的分歧首先是对历史本身的看法。

论、历史本体论同样具有内在逻辑联系,三者是不能绝对分开的。

如前所述,历史唯物主义确认社会历史与自然历史具有"相似"性,因此,历史科学与自然科学的方法也有其相通的一面。同时,历史唯物主义又确认社会历史的独特性,即作为社会主体的人类具有其他动物所不具有、也不可能具有的能动性、创造性。

因此,历史科学在方法论上必须具有不同于自然科学的特点:一要具有强烈的历史感,注意考察对象的历史演进过程;二要在考察对象的共同规律的同时,充分注意对象的特殊性和个别性。因此,寻求能够把历史的总体、部分、个别这三个层次的结构,能够把普遍、特殊、个别这三个层次的规律及其相互关系包含在内的科学方法,是历史方法论所面临的主要课题。

总之,历史唯物主义的现代形态是以马克思的实践论为理论基础的历史本体论、历史认识论和历史方法论"一体化"的现代历史哲学,它从三个不同的方面共同解决人类历史活动的基本矛盾。历史本体论、历史认识论和历史方法在"实践"基础上的统一,标志着历史唯物主义在理论性质、理论内容和理论职能上与其他一切历史哲学的根本不同。

载《学术月刊》1989 年第 11 期

《新华文摘》1990 年第 3 期转载

评苏联马克思主义哲学模式

苏联马克思主义哲学模式，即辩证唯物主义和历史唯物主义二分结构体系定型、固化于斯大林的《论辩证唯物主义和历史唯物主义》。作为《联共（布）党史简明教程》第四章第二节，斯大林的《论辩证唯物主义和历史唯物主义》曾被定为一尊，成了马克思主义哲学的唯一模式或正统形式，在半个多世纪的时间里对国际共产主义运动产生了巨大影响。"辩证唯物主义和历史唯物主义"这一哲学模式的确以通俗的形式普及了马克思主义哲学的一些观点。但是，从总体上看，这一哲学模式并没有反映出马克思哲学的本真精神和本质特征，甚至曲解了马克思哲学。站在当代实践、科学和哲学的高度，从更广阔的历史背景，即从马克思主义哲学演变的过程来看"辩证唯物主义和历史唯物主义"，这一哲学模式实际上是马克思、恩格斯哲学思想与俄罗斯传统哲学、传统文化的结合。本文拟就"辩证唯物主义和历史唯物主义"这一苏联马克思主义哲学模式做一新的考察和审视，以深化我们对马克思主义哲学的研究。

一、马克思哲学总体逻辑的颠倒

由于历史的原因，"辩证唯物主义和历史唯物主义"这一哲学模式一直被看作马克思哲学的本身,并在相当长的时间内成为我们的思维定式。实际上,这是一种误导。从本质上看,马克思的哲学是实践唯物主义。马克思本人就把自己的哲学称作"实践的唯物主义",认为实践唯物主义是立足于人的实践,并以无产阶级和人类解放为宗旨,以实现每个人的全面而自由的发展为目标的"新唯物主义"哲学。马克思从来没有把自己的哲学称作"辩证唯物主义"。由德国工人哲学家狄慈根首先提出,后以普列汉诺夫、列宁为中介并加以推广,"辩证唯物主义"开始普及和定型,最后在斯大林的《论辩证唯物主义和历史唯物主义》中以最集中、最独断的形式展现出来,定型为苏联马克思主义哲学模式。

从总体上看,苏联的马克思主义哲学模式,即"辩证唯物主义和历史唯物主义"是对马克思的实践唯物主义的总体逻辑的颠倒。这一逻辑颠倒表现为三个方面。

第一,逻辑方向的颠倒。

马克思创立实践唯物主义,即"新唯物主义"哲学是从社会到自然的思维运行过程。换句话说,马克思是在对社会问题的研究获得全面的创造性的突破之后,反过来再把握自然的。正如马克思本人所说,"新唯物主义的立脚点则是人类社会或社会的人类"[1]。苏联马克思主义哲学模式的立足点则是自然,它是由自然到社会的运动。按照斯大林的观点,辩证唯物主义"所以叫作辩证唯物主义,是因为它对自然界现象的看法、它研究自然界现象的方法、它认识这些现象的方法是辩证的,而它对自然界现象的解释、它对自然界现象的了解、它的理论是唯物主义的"[2]。显然,这里所说的"辩证唯物主义"是一种自然观,而历史唯物主义则不过是把这种自然观"推广去研究社会生活","应用于社会生活现象,应用于研究社会,应用于研究社会历史"[3]。

可见,从"辩证唯物主义"到"历史唯物主义"实质上就是从自然到社会的思维运行过程。这里,斯大林犯了双重错误:一是割裂了理论与方法的关系,不理解辩证法既是方法又是理论,唯物主义既是理论又是方法;二是把一个完整的马克思的哲学体系"一分为二"(其中一个只是另一个的具体应用),不理

① 《马克思恩格斯选集》第 1 卷,第 57 页。
② 联共(布)中央特设委员会:《联共(布)党史简明教程》,中共中央马克思恩格斯列宁斯大林著作编译局译,人民出版社 1975 年版,第 116 页。
③ 联共(布)中央特设委员会:《联共(布)党史简明教程》,第 116 页。

解人们关于自然的认识是从哪里来的,忽视了人们关于自然的认识首先是社会实践的结果,然后才在某种意义上成为认识历史的前提,忽视了每个时代对自然界及其规律的认识无不带有那个时代的痕迹。

这样一来,马克思的哲学从社会到自然的逻辑方向就被斯大林颠倒了。这种颠倒的实质,就是从马克思的实践唯物主义倒退到一般唯物主义。

第二,逻辑坐标的颠倒。

马克思的实践唯物主义是立足于人的主体发展的,它的核心就是"使现存世界革命化",按照人的发展来"安排周围的世界"。按照马克思的观点,实践唯物主义就是把"现存世界"理解为实践活动的唯物主义,即把"对象、现实、感性""当作感性的人的活动,当作实践去理解","从主体方面去理解"的唯物主义①。这里,马克思把"实践"和"主体"联系起来讲是有深意的。实践本是当客体不能满足主体时,主体改变客体使之适应自身需要的活动。在实践中,主体是自觉的能动的方面,实践本身就体现了主体的自觉的能动的方面。马克思的新唯物主义区别于旧唯物主义的原则界限,就在于马克思的新唯物主义不仅强调实践,而且强调主体的方面。这就是说,主体是马克思哲学的逻辑坐标。

然而,苏联马克思主义哲学模式恰恰颠倒了这一逻辑坐标,它完全从客体的角度来考察自然、社会、世界,不理解"现存世界"是在人的实践基础上形成自然与社会"二位一体"的世界。和旧唯物主义一样,苏联马克思主义哲学模式"没有把感性世界理解为构成这一世界的个人的共同的、活生生的、感性的活动"②,忽视的正是马克思强调的主体的"能动方面"。苏联马克思主义哲学模式的要害便是"见物不见人",正像马克思批判旧唯物主义时所指出的那样,"人和自然都服从于同样的规律"③。

第三,逻辑出发点的颠倒。

在马克思看来,实践内在地包含着人与自然、人与社会、人与自我的关系,它是现存世界的缩影;人在本质上也是实践的,是在实践中生存和发展的;人是在实践中理解和把握世界的,思维结构本质上是实践结构的内化和升华;

---

① 《马克思恩格斯选集》第1卷,第54页。
② 《马克思恩格斯全集》第3卷,第50页。
③ 《马克思恩格斯全集》第2卷,第164页。

"世界历史不外是人通过人的劳动而诞生的过程,是自然界对人来说的生成过程"①。因此,马克思哲学的出发点就是人的实践。

苏联马克思主义哲学模式却颠倒了这一逻辑出发点,它不从实践出发,而是把一种脱离了人的活动和社会历史的"抽象的物质"作为其出发点范畴,把思维还原为自然,从"自然发展规律"推导出"社会发展规律",并要求"实际运用"这种抽象的、类似黑格尔"绝对计划"的规律。苏联马克思主义哲学模式不理解马克思的实践观点的深刻内涵和重大意义,不理解思维对自然具有不可还原性,不理解社会对自然具有不可还原性,不理解社会发展规律是在人的活动中生成和实现的、人们自己的社会行动的规律。这是苏联马克思主义哲学模式的又一要害。

对马克思哲学总体逻辑的颠倒构成了苏联马克思主义哲学模式的全貌。这一哲学模式,在形式上表现为从实践唯物主义向"辩证唯物主义和历史唯物主义"的转化,在内涵上则是从实践唯物主义向自然唯物主义的转化。这是一次惊人的理论倒退。

二、向以自然为本体的旧唯物主义的回归

对马克思哲学总体逻辑的颠倒,必然使"辩证唯物主义和历史唯物主义"与实践唯物主义具有本质上的不同。严格说来,"辩证唯物主义和历史唯物主义"本质上是以自然为本体的唯物主义,是向自然唯物主义的回归。

马克思曾一再声明自己的新唯物主义与旧唯物主义的区别,这就是,旧唯物主义只是从客体的或直观的形式来理解世界,而新唯物主义则从实践、主体出发来理解现存世界。这里,旧唯物主义采用的是一种还原论,即把人类思维、人类社会、人类世界简单还原为自然界;新唯物主义确认自然界的"优先地位",但它同时确认"人化自然"、人类思维、人类社会、人类世界对自然具有不可还原性,并认为人类思维、人类社会、人类世界都是在人的实践活动中生成的。这样,新唯物主义就扬弃了旧唯物主义的自然本体论或物质本体论。这是哲学的革命性变革。

但是,苏联马克思主义哲学模式没有真正理解这一革命性变革,仍然坚持

---

① 《马克思恩格斯全集》第42卷,第131页。

自然本体论。研读《论辩证唯物主义和历史唯物主义》可以看出，斯大林没有真正理解人们所面对的自然界不是"纯粹"的自然，而是被人类实践改造过的"人化自然""历史的自然"，是被社会中介过的"人的现实的自然界"。在现存世界中，自然界不仅保持着天然的物质本性，而且被打上了人的活动烙印；不仅具有客观实在性，而且具有社会历史性。把新唯物主义的自然概念同一切旧唯物主义的自然概念区别开来的东西，正是新唯物主义自然概念的社会—历史性质。

实际上，斯大林犯了一个与费尔巴哈同样的错误，即"他没有看到，他周围的感性世界决不是某种开天辟地以来就已存在的、始终如一的东西，而是工业和社会状况的产物，是历史的产物，是世世代代活动的结果"，不理解实践"这种活动、这种连续不断的感性劳动和创造、这种生产，正是整个现存的感性世界的非常深刻的基础"，"没有把感性世界理解为构成这一世界的个人的共同的、活生生的、感性的生活"①。斯大林把自然与社会隔离开来，把自然从历史中抽象出来，孤立地、单独地考察"地理环境"和生产方式，研究它们各自的变化情况，而不是把二者理解为一个统一的运动过程，不是在二者的相互作用中把握问题。于是，"地理环境"似乎成了独立于人们活动过程的发展系列，人们所面对的"自然"不再是"人化自然""历史的自然"的，而仅仅是一种机械的、物理的、化学的、生物的运动，是"开天辟地"以来就已经存在的。

经过这一抽象之后，斯大林便建立了"辩证唯物主义和历史唯物主义"的第一块基石，即以自然为基石的本体论。以此为基础，斯大林在《论辩证唯物主义和历史唯物主义》进行了一系列逻辑推演："既然自然现象的联系和相互制约是自然界发展的规律，那么由此可见，社会生活现象的联系和相互制约也同样不是偶然的事情，而是社会发展的规律"；"既然我们关于自然界发展规律的知识是具有客观真理意义的、可靠的知识，那么由此应该得出结论：社会生活、社会发展也同样可以认识，关于社会发展规律的科学成果是具有客观真理意义的、可靠的成果"②……这样，斯大林就完成了从自然向社会的本体论的逻辑推演。于是，斯大林就从旧唯物主义或"自然科学的唯物主义"的立场做出一个惊人的结论："社会历史科学能够成为例如同生物学一样准确的科学。"③

——————————

① 《马克思恩格斯全集》第3卷，第48、50、50页。
② 联共(布)中央特设委员会：《联共(布)党史简明教程》，第127、127页。
③ 联共(布)中央特设委员会：《联共(布)党史简明教程》，第28页。

可见,苏联马克思主义哲学模式忽视的正是社会发展的特殊性,正是人的主体性,正是实践活动的基础地位或本体地位。社会活动过程与自然演变过程确实都是客观的、有规律的,二者具有"相似"性。然而,相似不等于相同。自然界是自在的运动,而社会是人的有目的的活动,正如列宁所说,"客观过程的两个形式:自然界(机械的和化学的)和人的有目的的活动"①。人既是历史的"剧中人",又是历史的"剧作者"。社会发展规律实际上就是人的活动的规律,是在人的实践活动中生成并展开的规律。对于这样一种规律的把握,必须始终立足于人的实践活动。苏联马克思主义哲学模式违背的恰恰是这一点,它离开人的实践活动而由"自然界发展的规律"逻辑地推出"社会发展规律"。在这种逻辑推演中,失去的正是人的实践活动和人在实践运动中的自我塑造。

研读《论辩证唯物主义和历史唯物主义》可以看出,斯大林在论述"马克思主义哲学唯物主义的基本特征"时,向我们展示的实际上只是一切唯物主义的"共性",或者说,是新唯物主义与旧唯物主义的"共性",即承认自然界的"优先地位",而没有说明新唯物主义的"个性",即确认人与自然之间的"物质变换"构成了人的存在方式、社会生活的本质和现存世界的基础。这表明,苏联马克思主义哲学模式已经混淆了新唯物主义与旧唯物主义的本质区别。马克思的划时代贡献在相当大的程度上被抛弃了。苏联的"辩证唯物主义和历史唯物主义"实际回归到了自然唯物主义。

三、向单线式的机械决定论的倒退

在马克思的哲学中,社会发展并不存在一个单一的模式,相反,具有多样性的特征。马克思除了肯定社会发展中"原生的""典型的"形态,还指出"第二级和第三级的东西,总之,派生的、转移来的、非原生的生产关系。国际关系在这里的影响"②。就原始公社解体后的社会形态而言,马克思认为,同时存在着亚细亚的、古代的、日耳曼的等几种社会形态。就资本主义社会的产生而言,马克思认为,存在着从封建制的"衰亡"中产生,从奴隶制和农奴制的"解体"中产生,从原始公有制的"崩溃"中产生,"从自身开始"这样几条途径。社

---

① 《列宁全集》第 55 卷,第 158 页。
② 《马克思恩格斯全集》第 46 卷上,第 47 页。

会发展的这种多样性途径是社会发展的规律性和人的活动的选择性矛盾统一的必然形式。

苏联马克思主义哲学模式忽视了人的主体性,自然也就否定了社会发展的多样性,因而认为原始公社制的、奴隶占有制的、封建的、资本主义的、社会主义的生产关系,是每个民族的发展都注定要走的一种单线式的道路。社会发展的单线化模式,就是在苏联马克思主义哲学模式中定型的、固化的,活生生的历史被斩头去尾嵌入这一模式之中。这是对马克思哲学的又一曲解。

马克思确实指出过"部落所有制""古代公社所有制或国家所有制""封建的或等级的所有制""资本主义所有制"这样一条社会发展道路。问题在于,马克思指出的这条发展道路是以西欧资本主义为其考察坐标的,实际上是西欧的发展道路。正如马克思所说,"一定要把我关于西欧资本主义起源的历史概述彻底变成一般发展道路的历史哲学理论,一切民族,不管他们所处的历史环境如何,都注定要走这条道路……这样做,会给我过多的荣誉,同时也会给我过多的侮辱"①。

苏联马克思主义哲学模式却把这条西欧的发展道路普遍化、单线化了。这种纯而又纯的单线社会发展模式,本质上是旧唯物主义机械决定论与黑格尔唯心主义"绝对计划"的结合和翻版。不同的是,在苏联马克思主义哲学模式中加进了生产力与生产关系的矛盾运动。然而,这是一种机械凑合:一方面,以生产力与生产关系的矛盾运动来说明社会发展;另一方面,又脱离了人的实践活动来考察生产力与生产关系的运动,脱离了人对自然的作用来考察"地理环境"和生产方式。马克思所关注的由实践活动所引发的人与自然之间的"物质变换"、人与人之间的"活动互换",以及人的主体性不见了,生产方式,以至整个社会的发展成了一种神秘的运动过程,社会发展规律成了一种处于人的活动之外并超乎人的活动之上的东西,成了一种预成的历史计划。和以往的历史观一样,在苏联马克思主义哲学模式中,"历史总是遵照在它之外的某种尺度来编写的"②。

生产方式的运动规律也就是经济规律。就经济规律制约人类历史行程而言,社会发展的确有一个客观趋势;就全部社会生活在本质上是实践的意义上来

①《马克思恩格斯全集》第19卷,第130页。
②《马克思恩格斯全集》第3卷,第44页。

说,经济规律的实现也是一个历史的过程,是人的实践活动的过程。社会发展规律不是预成的,而是在人们的实践中生成的。在人们面前绝没有一个现存的、一成不变的、具体的社会规律可供认识。一切都取决于人的实践。这里,存在着社会发展的多种可能性,存在着社会发展道路的多样性,存在着人的活动的选择性。然而,这一切统统被苏联马克思主义哲学模式抛弃了,马克思的社会发展理论变成了一种极其偏颇狭隘的单线论,这是向机械决定论的倒退。

四、形而上学思维方式的"复活"

苏联马克思主义哲学模式中的辩证法是一种"直观型"和"斗争型"的辩证法,它与马克思的辩证法根本不是处在同一层次和同一水平上的。在一定意义上可以说,苏联马克思主义哲学模式中的"辩证法"是形而上学思维方式在现代条件下的"复活"。

马克思的辩证法是对黑格尔的辩证法的扬弃,这一点确凿无疑。斯大林指出了马克思对黑格尔辩证法的"颠倒"及其意义,这一点并不为错。但是,斯大林却对这种"颠倒"做了"直观"的理解,即黑格尔的辩证法强调"精神",马克思的辩证法强调"物质"或"自然",这就是二者的根本区别。斯大林不理解黑格尔的辩证法是一种概念辩证法,马克思是用人类的历史实践过程取代了黑格尔的思辨的概念运动过程;不理解马克思的辩证思维方式是在知性思维方式高度发展基础上产生的,包含概念、判断、推理以及概念群、概念系列和运用概念的艺术等系统内容。在《论辩证唯物主义和历史唯物主义》中,斯大林在论述"马克思主义的辩证方法的基本特征"时,向我们展示的实际上只是黑格尔辩证法的某些内容和自然唯物主义的机械结合。

实际上,苏联马克思主义哲学模式只是描述了自然界的某些辩证法,然后,依据简单类比,运用"既然……那么……"这样一个公式,无中介地推导出所谓的历史辩证法。在这里,马克思辩证法仅仅成了普遍联系、变化发展、量变质变、对立面的斗争这样几条简单结论的相加,"否定性的辩证法"被抛弃了,辩证法的批判性和革命性被遮蔽了,辩证方法变成一种无中介的直线思维方式。在这里,我们到处可以看见这样一种无中介的直线推演方式,即"既然自然界这样,那么社会也是这样"。这种无中介的直线式推演成了"辩证唯物主义历史唯物主义"体系的建构原则。在这里,马克思辩证法,甚至黑格尔辩证法的精华不见了,我们看到的是一种形而上学的思维方式。

这种形而上学的思维方式的另一个表现,就是片面强调并简单地理解了矛盾的斗争性。一生在激烈的阶级斗争、政治斗争、军事斗争中度过的斯大林,极为强调"斗争",并认为"从低级到高级的发展过程不是通过现象和谐的开展,而是通过对象、现象本身固有矛盾的揭露,通过在这些矛盾基础上活动的对立趋势的'斗争'进行的"[1]。由此,斯大林片面强调矛盾的斗争性,并把发展与斗争简单地等同起来,认为对立面的斗争"就是发展过程的内在内容"[2],从而使辩证法仅仅成为"斗争辩证法"。同时,斯大林又片面强调哲学的"实际应用",把哲学意义上的矛盾斗争性直接等同于政治斗争,通过无中介的直线推演,由"斗争辩证法"直接导出政治结论,斗争成了解决矛盾的唯一手段、途径和出路。辩证法这样一种高超的思维艺术被扭曲了,变成了一种由二择一的形而上学的思维方式。

斯大林完全忽视了理论向实际转化的中介。在苏联,"辩证唯物主义历史唯物主义"和政治运动、科学研究直接结合起来,担当了一种非常特殊的角色,甚至成为干涉科学的手段。正因为如此,爱因斯坦的"相对论"、哥本哈根学派的"量子力学"、鲍林的化学结构"共振论"、摩尔根"遗传基因说"、维纳的控制论,以及天文学、心理学、高级神经活动生理学等先后成为"反动的、主观唯心主义的、资产阶级的科学"。日丹诺夫在批判亚历山大洛夫的《西欧哲学史》时指出,"除了我们,除了马克思主义及其哲学家已经获得胜利了的国家,还有谁能领导反腐朽和卑鄙的资产阶级思想的斗争?除了我们,还有谁能给资产阶级思想以致命打击",并一口咬定有"资产阶级的自然科学"[3]。

由于苏联马克思主义哲学模式片面强调哲学的党性原则,哲学成了政治的"婢女",成了在科学文化领域挥舞的"大棒"。唯物辩证法从人类的深层智慧变成了类似"圣经"式的训诫,从批判性思维变成了仅仅论证现行政策的工具,变成扼杀创造性思维的手段,实际上为思维规定了不可逾越的界限。这是形而上学思维方式在特殊历史条件下的"复辟"。

载《未定稿》1990 年第 1 期,标题原为《"两个主义"哲学模式评析》

---

[1] 联共(布)中央特设委员会:《联共(布)党史简明教程》,第 121 页。
[2] 联共(布)中央特设委员会:《联共(布)党史简明教程》,第 121 页。
[3] [苏]日丹诺夫:《苏联哲学问题》,立三译,太岳新华书店 1949 年版,第 38—39 页。

论马克思、列宁、毛泽东对落后国家
社会主义革命必然性的探讨

马克思主义关于社会主义革命的理论是在西方发达的资本主义条件下形成的,然而,是在东方落后的国家实现的。这种理论与实践的关系仿佛是"错位",形成了一种巨大的反差。有人以东方社会主义实践为依据否定马克思主义理论的科学性,有人以"马克思主义理论"为依据否定东方社会主义革命的历史必然性。多年来,经济较为落后国家社会主义革命是否具有历史必然性的问题成了意识形态斗争的焦点。这是一个直接关系到全部马克思主义学说的真理性和当代社会主义改革方向性的重大问题,需要我们进行深刻的反思和认真的探讨。这里,我拟就马克思主义史上的三位巨人——马克思、列宁、毛泽东——关于落后国家社会主义革命必然性的观点做一新的考察和审视,以深化我们对这一重大问题的研究。

一、马克思对德国、俄国社会主义革命必然性的探讨及其方法论意义

马克思一生的理论活动集中在英、法、德三个国家,从总体上说,马克思关于社会主义革命的理论是在发达的资本主

义条件下创立的。据此，人们通常认为，马克思只是探讨了社会主义革命的一般规律，并没有注意到落后国家的社会主义革命问题。这是一个误解和误判。对全部马克思主义史的反思使我们得知：马克思不仅探讨了发达国家的社会主义革命问题，而且探讨了落后国家社会主义革命的可能性问题。更重要的是，马克思不仅在晚年关注落后国家的社会主义革命问题，而且在创立马克思主义之初就把落后国家的社会主义革命问题纳入到自己的视野之中。

的确，马克思非常重视发达资本主义国家的社会主义革命问题，对这一问题的探讨构成了马克思一生理论活动的主题。《共产党宣言》就是以资本主义经济发展的"典型国家"——英国和资本主义政治发展的"典型国家"——法国为研究对象的;《资本论》是以资本主义生产方式的"典型地点"——英国为研究对象的。马克思之所以极为重视发达资本主义国家的社会主义革命问题，是出于三个原因：

一是一般存在于个别之中，"典型"则更集中、充分、直接地显示了一般，对"典型"资本主义国家社会主义革命问题的探讨更容易把握社会主义革命的一般规律。

二是"工业较发达的国家向工业较不发达的国家所显示的，只是后者未来的景象"①，对"典型"资本主义国家社会主义革命的探讨，将有助于对落后国家社会主义革命规律的揭示，并为后者提供一把钥匙。

三是从历史认识论角度看，对现实社会"典型"的内在结构及其运动规律的把握，是把握整个历史的本质和一般规律的前提。历史虽是"过去"，但它并未消失，而是以缩影的形式平铺在一个社会截面上。透过现实社会的"典型"，我们能够透视一切已经覆灭的社会形式的结构及其关系。正如马克思所说，"对人类生活形式的思索，从而对它的科学分析，总是采取同实际发展相反的道路。这种思索是从事后开始的，就是说，是从发展过程的完成的结果开始的"②。"从发展过程的完成的结果"，即从"典型"开始的"从后思索"法是历史认识的基本方法。

通过对发达资本主义国家社会主义革命问题的探讨，马克思发现了社会主义革命，以至整个人类历史发展的一般规律。但是，马克思并没有因此忽视

---

① 《马克思恩格斯全集》第 23 卷，第 8 页。
② 《马克思恩格斯全集》第 23 卷，第 92 页。

落后国家的社会主义革命问题。纵观马克思的一生理论活动，可以看出，马克思先后研究过两类落后国家的社会主义革命问题：一是在 19 世纪 40 年代关注着西欧的德国；二是在 19 世纪 70 年代注视着东欧的俄国。

19 世纪 40 年代的德国，资本主义在经济、政治领域都有了一定的发展，但与同时代的英国、法国相比，仍是一个落后国家，不仅经济落后，政治也落后，从总体上看，仍处于封建制度的历史阶段。正如马克思所说，"甚至对于我国当代政治现状的否定，也都成了现代各国的历史储藏室中布满灰尘的史实。即使我否定了敷粉的发辫，我还是要同没有敷粉的发辫打交道。即使我否定了 1843 年的德国状况，但是按照法国的年代来说，我也不会是处在 1789 年，更不会是处在现代的焦点了"①。

尽管如此，马克思仍关注着德国的社会主义革命问题。《共产党宣言》明确指出："共产党人把自己的主要注意力集中在德国。"②这是因为，从世界历史的进程看，社会主义革命已经提上议事日程，在这种条件下，仅仅否定德国的封建制度，"结果依然要犯时代上的错误"③；从德国国内状况看，德国的资本主义有了一定程度的发展，具有一定的先进生产力，并"形成一个被彻底的锁链束缚着的阶级"，即无产阶级，当德国处于资产阶级革命前夜的时候，无产阶级已经开始敲打历史的大门；从国际国内相统一的角度看，当时世界的两大基本矛盾，即人民大众与封建主义的矛盾、无产阶级与资产阶级的矛盾在德国交织、重合，德国因此成了时代矛盾的焦点，在欧洲革命的影响下，"德国的资产阶级革命只能是无产阶级革命的直接序幕"④。

19 世纪 70 年代，马克思又以极大的兴趣注视着俄国的社会主义革命问题。之所以如此，是因为此时的俄国处在一个历史的转折点上。

从俄国国内的状况看，农村公社——一种原始土地公有制——普遍存在；同时，经过 1861 年的改革，这种原始土地公有制又"大遭破坏"，公社内部产生了一定的私有制因素，资本主义得到发展。马克思由此认为，此时的俄国是一个既不同于西方，也不同于东方的"半亚细亚"或"半东方"的国家⑤。

---

① 《马克思恩格斯全集》第 1 卷，第 454 页。
② 《马克思恩格斯选集》第 1 卷，第 307 页。
③ 《马克思恩格斯全集》第 1 卷，第 454 页。
④ 《马克思恩格斯选集》第 1 卷，第 307 页。
⑤ 《马克思恩格斯全集》第 9 卷，人民出版社 1961 年版，第 25 页。

从世界历史的进程看,资本主义已经显示出其内在矛盾的不可调和性,社会主义革命时代正迎面而来,俄国未来的发展因此具有两种可能性,即沿着西欧的道路走向资本主义,或跨过资本主义的"卡夫丁峡谷",直接走向社会主义。至于哪一种可能性能够成为现实,马克思认为,关键在于条件,"一切都取决于它所处的历史环境"①,尤其是对于后一种可能性来说,发达资本主义国家社会主义革命的胜利是其实现的前提条件。"假如俄国革命将成为西方无产阶级革命的信号而双方相互补充的话,那么现今的俄国土地公共所有制便能成为共产主义发展的起点。"②随着历史的进一步发展,恩格斯明确指出:"俄国是本世纪的法国。新的社会改造的革命首倡权理所当然地和合情合理地属于俄国。"③这就是说,落后的俄国可能先于发达的西欧首先开创社会主义的历史行程。

19 世纪 70 年代至 20 世纪初的历史双重地证实了马克思预言的正确性:一方面,俄国最终没有绕过资本主义阶段,而是以其特有的形式再现了资本主义发展的一般规律;另一方面,俄国也没有亦步亦趋地沿着西欧的道路走下去,没有经过一个完整的资本主义阶段而先于发达的西欧进入社会主义。

马克思对落后国家社会主义革命问题的研究,并不是像有的人所说的那样,反映了马克思"西方不亮东方亮"的心理状态,更不是马克思的短暂的"主观情绪的直接产物"。相反,这里有着深刻的方法论依据,体现了马克思历史方法论的核心,这就是生产力与交往形式矛盾运动的民族性和世界性相互作用的辩证法。

所谓生产力与交往形式矛盾运动的民族性,是指生产力与交往形式的矛盾在不同的民族或国家内具有不同的性质、结构和运行机制;生产力与交往形式矛盾运动的世界性,是指随着"世界市场"的开拓以及世界历史的形成,生产力与交往形式的矛盾运动越出了民族的狭隘地域,进入了世界"运动场",具有全面相互作用相互影响、相互渗透的性质。

生产力与交往形式矛盾运动的世界性并不是对民族性的否定,而是以民族性为前提和基础;这种世界性并不是民族性的简单叠加,而是一种整合质,具有相对独立性,且能使民族性在某种程度上发生"变形",使之"协调"于世界

---

① 《马克思恩格斯全集》第 19 卷,第 435 页。
② 《马克思恩格斯选集》第 1 卷,第 251 页。
③ 《马克思恩格斯全集》第 21 卷,人民出版社 1965 年版,第 540 页。

性之中。正因为如此,在世界历史的背景中,某些落后国家内部的生产力与交往形式之间的矛盾往往加速走向激化状态,并有可能成为世界矛盾的焦点。

"一切历史冲突都根源于生产力和交往形式之间的矛盾。此外,不一定非要等这种矛盾在其一国发展到极端尖锐的地步,才导致某一国家内发生冲突。由于广泛的国际交往所引起的同工业比较发达的国家的竞争,就足以使工业比较不发达的国家内产生类似的矛盾。"①正是在这种"类似的矛盾"的支配下,在发达国家的"历史启示"下,某些落后国家能够改变自己原有的生产关系交往形式,并通过一定的形式利用发达国家的先进生产力,从而缩短矛盾的解决过程,以"跳跃"式的发展进入世界历史的先进行列。正是在这个意义上,马克思指出:"一个民族本身的整个内部结构也取决于自己的生产以及自己内部和外部的交往的发展程度。"②

马克思正是从生产力与交往形式矛盾运动的民族性和世界性相互作用的辩证法出发,去把握人类历史运动的内在逻辑,从而肯定了某些经济较为落后国家社会主义革命的必然性的。研读马克思的著作可以看出,马克思是把德国社会主义革命问题放在"法国的年代""本世纪的历史""当代现实水平",以及同发达国家的交往"使德国潜在的无产阶级显露出来"③这个宏大的世界历史背景中来考察的;对俄国社会主义革命的探讨,马克思也是从俄国农村公社的二重性、"它所处的历史环境"、它与"现代世界"之间的联结方式,以及"当时历史所能提供给一个民族的最好的机会"这种关系着眼的。

应该指出的是,19 世纪 50—70 年代,"半东方"、东方社会中的无产阶级与资产阶级的矛盾还未充分展开,马克思又毕竟身处西欧,只能进行间接研究。因此,马克思关于落后国家社会主义革命的理论不可避免地带有一定程度的抽象性。在马克思看来,具体结论只有从对每个时代的实际生活过程的研究中才能得出。在某种意义上,以生产力与交往形式矛盾运动的民族性和世界性相互作用的辩证法为出发点,对具体的国家进行深入的具体研究,使关于落后国家社会主义革命的理论具体化、深化和完善化,这是马克思留给后辈马克思主义者的理论"遗嘱"。列宁、毛泽东正是这一理论"遗训"在不同国度的卓越执行者。

---

① 《马克思恩格斯全集》第 3 卷,第 83 页。
② 《马克思恩格斯全集》第 3 卷,第 24 页。
③ 《马克思恩格斯全集》第 3 卷,第 83 页。

二、列宁对俄国社会主义革命必然性的探讨及其普遍意义

为了科学地解决俄国未来发展道路的问题，列宁不仅分析了俄国的国情，而且始终把俄国的国情以及未来发展道路置于"世界历史总进程""世界历史发展的总路线"这个宏大的背景中加以考察。按照列宁的观点，只有了解世界历史的总进程并把握时代的基本特征，"才能在这一基础上去考虑这个国家或那个国家的更具体的特点"，进而"正确地制定自己的策略"①。这一见解是正确的，体现了马克思历史方法论的基本原则，即从生产力与交往形式矛盾运动的民族性和世界性的相互作用中去把握历史运动的内在逻辑。

19 世纪和 20 世纪之交，俄国面临着一个新的时代。

从世界历史的进程看，资本主义已由自由竞争阶段发展到垄断阶段，资本主义生产方式的内在矛盾已经呈现出激化状态，其标志就是经济危机的频繁发生；同时，资本主义在各国的发展已经呈现出不平衡的状态，世界资本主义体系矛盾四起，这是商品生产在"世界市场"背景下发展的必然结果。对时代的深刻分析，使列宁认识到"经济政治发展的不平衡是资本主义的绝对规律"，这个绝对规律的存在必然在整个资本主义链条上形成一个薄弱环节，"由此就应得出结论：社会主义可能首先在少数或者甚至在单独一个资本主义国家内获得胜利"②。

从俄国国内状况看，此时俄国已经走上了资本主义道路，但从整体上看，仍是一个介于文明西欧和落后东方之间的国家③，"最落后的土地占有制"和"最先进的工业资本主义"同时存在，相对于西欧来说，还是一个落后国家；同时，又被卷入世界帝国主义战争体系，受到西欧资本主义生产方式内在矛盾的有力冲击和影响。

这种国际国内条件结合在一起，使俄国出现了在西欧发达国家不可能出现的特征，那就是，无产阶级与资产阶级、无产阶级与封建地主阶级、资产阶级与农民、资产阶级与封建地主阶级等的矛盾交织在一起，使得俄国成为当时世界资本主义体系内在矛盾的集结点和薄弱环节。这就为俄国未来发展提供了

---

① 《列宁全集》第 26 卷，人民出版社 1990 年版，第 143 页。
② 《列宁选集》第 2 卷，第 11 页。
③ 参见《列宁选集》第 4 卷，人民出版社 1995 年版，第 776 页。

一种可能性,即缩短资本主义在俄国的历史进程,从而迈向社会主义的历史阶段。正因为如此,列宁指出:"历史走的是奇怪的道路:一个落后的国家竟有幸走在伟大的世界运动的前列。"①

在我看来,这条"奇怪的道路"的形成正是生产力与交往形式的民族性和世界性相互作用的必然结果,"奇怪的道路"背后隐藏着的正是历史的必然性。而列宁之所以成为列宁,就在于他把握到了这种历史的必然性,抓住了历史提供的"最好的机会"。我断然拒绝米埃拉、马尔库塞等人的观点,即列宁抛弃了马克思主义的历史必然性观点,转移到了唯意志论的立场。

如果列宁仅仅肯定俄国能够超越完整的资本主义阶段,那么,列宁的思想只能具有民族性。问题在于,列宁在对俄国社会主义革命问题的探讨中提出了一系列具有普遍性意义的观点,体现出列宁思想的国际意义。从哲学的角度看,列宁指出的具有普遍意义的观点集中体现在以下两个论点上。

第一,"在先进国家无产阶级的帮助下,落后国家可以不经过资本主义阶段而过渡到苏维埃制度,然后经过一定的发展阶段过渡到共产主义"②。

的确如此。随着"世界市场"以及"世界历史"的形成,越来越多的落后民族或国家卷入或被"拖进"了世界资本主义体系。然而,在这个体系中,西方资本主义却"使未开化和半开化的国家从属于文明的国家,使农民的民族从属于资产阶级的民族,使东方从属于西方"③。这就使落后国家产生了一种奇特的现象:资本主义有了一定的发展,但又不能得到正常的发展,从而产生了许多在发达国家不可能产生的矛盾,如本民族与外来侵略者的矛盾,民族资本主义与外国资本主义的矛盾,无产阶级与资产阶级以及地主阶级的矛盾,等等。这些落后的国家既苦于资本主义的不发展,又苦于资本主义的发展,处在一个历史的转折点上。

历史告诉我们,当国际社会向一个处在转折点上的民族展现出种种社会形态时,先进的社会形态对该民族来说具有更强的吸引力。俄国社会主义革命的胜利,使经济较为落后的国家或民族看到了人类历史的新曙光,它犹如一个巨大的引力场,吸引着在历史的"十字路口"左右徘徊的民族"走俄国人的路"。

---

① 《列宁全集》第 35 卷,人民出版社 1985 年版,第 345 页。
② 《列宁选集》第 4 卷,第 336 页。
③ 《马克思恩格斯选集》第 1 卷,第 276—277 页。

第二，"世界历史发展的一般规律，不仅丝毫不排斥个别发展阶段在发展的形式或顺序上表现出特殊性，反而是以此为前提的"①。

规律就是必然性。作为历史必然性，世界历史的一般规律体现着历史发展的不可避免的趋势，它一定要实现出来。但是，历史规律又只能在一定条件的作用下才能实现出来，而不同的历史环境又有不同的历史条件，这就规定了世界历史一般规律的实现方式具有多样性。我们必须把世界历史的一般规律和它的实现方式加以适当的区别，同时，又要看到它们的联系。否则，我们就会在世界历史一般规律的多种实现方式面前看不到贯穿于其中的必然性了，或者以世界历史的一般规律否定具体民族历史发展的特殊性。

对世界历史的深入研究证实了列宁这一论点的正确性，如日耳曼民族没有经过奴隶制而直接建立了封建制度，斯拉夫民族也走着类似的道路等。这些历史现象的产生，一方面确证了具体民族的历史发展在形式上或顺序上的特殊性；另一方面，又表明这些特殊的现象以其特殊的形式体现了世界历史的一般规律，尤其是生产关系一定要适合生产力状况的规律。正如马克思所说，"封建主义决不是现成地从德国搬去的；它起源于蛮人在进行侵略时的军事组织中，而且这种组织只是在征服之后，由于被征服国家内遇到的生产力的影响才发展为现在的封建主义的"②。

实际上，俄国的特殊发展道路以自身的特殊形式再现了世界历史的一般规律。如前所述，十月革命之前，俄国已经走上了资本主义道路。这表明，俄国历史发展的特殊性并没有使俄国"越出世界发展的共同路线"。问题实质在于，在 20 世纪世界历史的影响下，俄罗斯民族抓住了历史提供给它的"最好机会"，在自己的国家内"缩短"了资本主义的历史进程。

列宁理解历史的辩证法。他深知，俄国十月革命体现了社会主义革命的一般规律，对西方发达国家以及东方落后国家的社会主义革命无疑具有重要的启示，但是，俄国的特殊国情又决定了不能把十月革命的经验绝对化。俄国历史发展的特殊性"固然并不越出世界发展的共同路线，但是使俄国革命显得有别于以前西欧各国的革命，而且在转向东方国家时这些特殊性又会带有某些局部的新东西"③。因此，在更为落后的东方社会能否进行以及如何进行社

① 《列宁选集》第 4 卷，第 776 页。
② 《马克思恩格斯全集》第 3 卷，第 83 页。
③ 《列宁选集》第 4 卷，第 690 页。

会主义革命,是一个极其重大的历史课题。毛泽东成功地解决了这一历史课题。

三、毛泽东对中国社会革命必然性的探讨及其现实意义

在对落后国家社会主义革命问题的探讨中,毛泽东关于落后国家社会主义革命的理论同样应该得到足够的重视。这是因为,马克思的东方社会理论具有一定程度的抽象性,而毛泽东则身处中国的实际生活过程,亲自参加并领导了中国社会主义革命的实践活动,对我们来说,毛泽东的落后国家社会主义革命理论具有更直接的意义。同时,按照马克思的观点,中国是一块"活的化石",体现着"一切东方运动的共同特征"①。这就是说,中国是东方社会的"典型地点",以这种"典型"为蓝本的毛泽东的社会主义革命理论无疑具有浓厚的东方色彩,对东方国家社会主义革命来说,具有更直接的现实意义。

毛泽东在对中国社会主义革命问题探讨的过程中,自觉地运用了马克思的历史方法论,尤其是生产力与交往形式矛盾运动的民族性和世界性相互作用的辩证法。按照毛泽东的观点,首先必须把握中国的生产力状况并认清中国的国情,这是在中国革命时期和在革命胜利以后一个相当长的时期内一切问题的"基本出发点",是认清一切革命问题的"基本根据";同时,由于西方资本主义的入侵,中国已经被强行纳入世界历史的轨道,因此应把中国的问题置于"国际环境",从"整个世界历史的时代""整个世界历史的方向"去加以考察,从而全面把握"中国革命的特点"和"中国革命的规律"。

从生产力状况看,20 世纪上半叶的中国,个体农业经济和手工业经济占90%,这是落后的生产力,"同古代相似",或者说"停留在古代";现代工业占10%,这是先进的生产力,"和古代不同",而且它"较为集中",控制了国家的经济命脉,造就了 300 万现代产业工人。这两种生产力相互影响、相互制约,形成了中国现实的总体生产力。这表明,中国的生产力具有二重性。正是这种二重化的经济运动造成了"两个中国之命运",决定了中国的未来发展具有两种可能性,即发展并确立资本主义生产关系,或建立社会主义生产关系。至于这两种可能性中的哪一种能够成为现实,毛泽东认为,这一方面取决于国内阶级

---

① 《马克思恩格斯全集》第 15 卷,人民出版社 1963 年版,第 545 页。

力量的对比，另一方面取决于中国与世界的关系以及时代走向。

中国是被西方资本主义强行纳入世界资本主义体系的，西方资本主义的入侵在中国造成了一种双重效应：一方面，它造就了"新式工业"，破坏了封建经济的基础，促进了资本主义的发展；另一方面，它又勾结中国封建势力压迫中国资本主义的发展，不允许中国成为一个独立的资本主义国家，从而使中国资本主义的发展处于一种畸形状态。西方资本主义的自身利益决定了这一历史现象的产生。这是其一。

其二，此时的中国面临着一个新的时代并处在一个"新的国际环境"之中。毛泽东指出："胜利的社会主义十月革命，改变了整个世界历史的方向，划分了整个世界历史的时代。"①这是一个资本主义没落、社会主义兴盛的时代。资本主义生产方式的内在矛盾日益激化，社会主义国家、发达资本主义国家内的无产阶级革命以及民族解放运动遥相呼应，形成一个历史整体，猛烈冲击着资本主义体系，形成了"世界社会主义革命的时代"。

中国生产力的二重性、西方资本主义生产方式内在矛盾对中国的冲击、渗透以及世界社会主义革命的新时代，这种国际国内条件结合在一起，使社会主义革命在中国的产生具有了历史必然性。

历史必然性就是社会经济运动对历史行程的一般影响，社会主义革命在中国的历史必然性就是生产力与交往形式矛盾运动的民族性和世界性相互作用的结果。这种历史的必然性决定着中国未来发展的大概趋势，并为中国无产阶级的历史活动提供了可能性前提。这是一方面。

另一方面，这种历史必然性的实现又表现为中国无产阶级的实践过程，如何实现又取决于中国国内阶级力量的对比。毛泽东理解这一点。他的可贵和独特之处就在于，不仅肯定了社会主义革命在中国的历史必然性，而且解决了如何实现这种历史必然性的问题。这一过程体现了毛泽东独特的方法论，即矛盾普遍性与特殊性的共时性结构和历时性结构的辩证法。

按照毛泽东的观点，从静态上看，矛盾的特殊性表现在空间的排列和扩展上呈现出各自特点，展现为一个"矛盾群"，各种矛盾具有不同的地位和作用，矛盾的普遍性就贯通其中。这是共时性结构。从动态上看，矛盾特殊性表现在时间的前后相继中呈现出各自特点，形成一个矛盾序列，同一矛盾在不同时

---

① 《毛泽东选集》第二卷，人民出版社 1991 年版，第 667 页。

期具有不同的地位和作用,矛盾普遍性就在这个过程中显示其作用,展现出无物不摧的宏观否定性。这是历时性结构。

矛盾普遍性与特殊性的共时性结构和历时性结构的辩证法是毛泽东矛盾分析法的深层结构,它要求人们在分析事物时应采取横向对比和纵向对比相结合的方法。在分析中国革命时,首先应把中国与其他国家比较,从中国现时社会的"矛盾群"中找出主要矛盾;其次要有历史感,从"矛盾序列"中把握不同时期的不同的主要矛盾,及时地转变主题,从而解决在中国如何实现社会主义革命这个普遍性的问题。

20世纪上半叶国际国内条件结合在一起,使中国出现了在西方发达国家以及"半东方"国家内不可能产生的"矛盾群",这就是中华民族与西方"资产阶级的民族"、人民大众与封建势力、无产阶级与资产阶级、无产阶级与地主阶级、资产阶级与地主阶级、民族资本主义与外国资本主义以及官僚资本主义的矛盾等。这种种矛盾相互影响、相互制约,交织在一起,形成了一张巨大的社会之网,其中,西方资本主义与中华民族、封建主义与人民大众的矛盾构成主要矛盾。正因为如此,毛泽东认为,在中国要进行社会主义革命,首先要完成一个无产阶级领导的反帝反封建的革命,即新民主主义革命。

新民主主义革命具有二重性:一方面,为资本主义在中国的发展扫清道路,具有资产阶级民主主义革命的色彩;另一方面,又具有凝重的社会主义革命的色彩,这是因为,新民主主义革命的目的不是建立资产阶级专政,而是建立以无产阶级为领导的联合专政,同时,由于新民主主义革命反对"国际资本主义",因而又成为"社会主义世界革命的一部分"。

新民主主义革命的二重性必然使其结果二重化,即"一方面有资本主义因素的发展,又一方面有社会主义因素的发展"①。这种二重化的结果又必然使中国的未来发展面临着两种前途,即资本主义和社会主义。二者都是一种可能性,只不过后者"具有极大的可能性"②。因此,我不同意这样一种观点,即新民主主义革命胜利之后,中国的发展只有一种可能——社会主义。按照毛泽东的观点,全部问题在于,中国无产阶级只有发挥自己的主体性,在有利的国际环境中,并在"一切必要条件具备的时候",适时进行本来意义上的社会主

① 《毛泽东选集》第二卷,第650页。
② 《毛泽东选集》第二卷,第650页。

义革命,才能"避免资本主义的前途,实现社会主义的前途"。

的确如此。新民主主义革命胜利之后,资本主义生产关系与社会主义生产关系同在。然而,二者之间又的确存在着矛盾,不可能互不干扰地平行发展,到了一定阶段、一定程度,二者的矛盾便会激化,成为主要矛盾。此时,中国不转变为社会主义国家,就会转变为资本主义国家。要它不变,就是要使事物停止不动,这是绝对不可能的。历史告诉我们,当一种新的生产力已经形成并且控制了国家经济命脉的时候,生产关系变革的物质前提就基本具备了。社会主义革命的物质前提,从质的规定性上看,无疑需要社会化大生产;从量的规定性看,需要这种社会化大生产掌握国家的经济命脉,但无须等到资本主义生产发展的后果到处都以极端形式表现出来。

20世纪50年代,通过没收官僚资本而建立起来的中国的社会主义经济无疑是一种社会化大生产,而且它已经控制了国民经济命脉,进行本来意义上的社会主义革命的物质前提已经具备。在这种历史条件下,若继续发展资本主义经济就必然会削弱社会主义经济。因此,社会主义革命在此时的中国已经不是主观愿不愿意进行的问题,而是各种客观原因,尤其是经济原因促使它非进行不可。这是历史的必然性。正是在这个意义上,毛泽东认为,社会主义是中国的唯一出路。

四、简短的结论

以上,我分别考察了马克思、列宁、毛泽东关于落后国家社会主义革命必然性的理论,从中我得出以下几点结论。

第一,历史在三个时期把三种类型的民族推上了为社会主义而奋斗的历史舞台,产生了三个历史巨人——马克思、列宁、毛泽东。马克思揭示了社会主义革命的一般规律,同时探讨了落后国家社会主义革命的历史必然性问题;列宁揭示了俄国社会主义革命的历史必然性,并在实践上开创了落后国家实现社会主义革命的先例;毛泽东揭示了中国社会主义革命的特点和规律,指出了更为落后的国家——半殖民地半封建社会走向社会主义的必由之路。

从认识的过程看,马克思从"典型"的个别走向一般,同时,也注意其他个别;列宁和毛泽东则从一般走向个别,同时,在这个过程中又进一步丰富了一般。这是因为,从实践上看,在马克思的时代,落后国家社会主义革命问题还属于局部的、个别的问题,在列宁,尤其是毛泽东的时代,这个问题却成为全局性的、普遍性的问题。当然,在毛泽东、列宁、马克思三者之间又有继承性,而贯穿于他们关于落后国家社会主义革命理论的基本线索,就是生产力与交往形式矛盾运动的民族性和世界性相互作用的辩证法。

第二,在生产力与交往形式矛盾运动的民族性和世界性相互作用下,落后国家能够超越典型的或完整的资本主义阶段,并先于发达国家直接走向社会主义。这表明,落后国家社会主义革命的产生既是历史发展的特殊性,又是历史发展的必然性。但是,我们不能由此认为,越是落后越是能够走向社会主义。我不能同意迈耶尔、费彻尔等人的观点,即马克思主义的社会主义革命理论是以落后性为原则和出发点的。实际上,这里所说的"落后"只是相对落后,相对于发达国家而言,而不是绝对落后。列宁明确指出:"没有一定程度的资本主义,我们是不会成功的。"①

社会发展的道路是多样的,但本质上是一元的。经济必然性,是一条贯穿于全部人类历史发展进程,并唯一能够使我们正确理解这个发展进程,包括社会主义历史进程的红线。当然,历史必然性的实现及其如何实现又取决于人的实践活动,取决于人们实践力量的对比。因此,无产阶级的主体性不是无关紧要的。

第三,落后国家超越资本主义阶段而直接进入社会主义社会并不是对世界历史发展顺序的否定,不能由此认为各国的历史发展如瓶坠地,碎片四溅,没有确定的方向。尽管不是每个国家或民族都严格地、完整地沿着五种社会形态依次演进,但它们的发展方向同世界历史总的顺序是一致的。从人类总体历史的高度看,"五种社会形态"的确是依次更替的,原始社会是人类社会的第一个社会形态,所有民族在"人猿相揖别"之后首先进入的都是原始社会,奴隶社会的产生没有也不可能先于原始社会,封建社会的形成没有也不可能先于奴隶社会,资本主义制度的出现没有也不可能先于封建制度,社会主义社会的产生没有也不可能先于资本主义社会。正是在这个意义上,马克思指出:"无论哪一个社会形态,在它们所能容纳的全部生产力发挥出来以前,是决不会灭亡的;而新的更高的生产关系,在它的物质存在条件在旧社会的胎胞里成

---

① 列宁:《对布哈林〈过渡时期的经济〉一书的评论》,中共中央马克思恩格斯列宁斯大林著作编译局译,人民出版社1958年版,第60页。

熟以前,是决不会出现的。"①

实际上,无论是俄国,还是中国,都没有完全超越资本主义阶段,只是超越了一个完整的或典型的资本主义阶段。俄国是在已经走上了资本主义道路,中国是在资本主义有了一定程度发展的前提下,同时在资本主义开创的世界历史的作用下,进行社会主义革命的。社会发展道路是多样的,但发展的进程是定向的;一个国家或民族的发展可以超越某一社会形态,但不可能同历史规律,同历史总进程逆向运动。

载《天津社会科学》1991 年第 1 期

标题原为《关于落后国家社会主义革命必然性的历史沉思——论马克思、

列宁、毛泽东对落后国家社会主义革命必然性的理解》

《新华文摘》1991 年第 4 期转载

---

① 《马克思恩格斯选集》第 2 卷,第 33 页。

论西方历史哲学中的历史必然性观念及其演变

——兼论马克思历史必然性观念的基本特征

自维柯创立历史哲学以来,历史必然性问题一直是西方历史哲学关注的中心问题,至今仍是当代西方历史哲学争论的焦点问题。全面而科学地解决历史必然性问题是马克思的历史哲学——历史唯物主义对人类思想史的巨大贡献,然而,马克思的历史必然性观念在当代又受到种种的曲解、非难和挑战。本文拟就西方历史哲学中的历史必然性观念及其演变,以及马克思的历史必然性观念做一新的考察和审视,以深化我们对历史必然性的研究。

一、历史必然性观念的确立

在人类思想史上,率先探讨历史必然性的,是意大利思想家维柯。在历史哲学的开山作《关于民族共同性的新科学原理》中,维柯着重考察了民族的"共同性",即历史必然性,并提出了两个重要观点:一是人类的历史是由人类自己创造的;二是历史发展具有必然性,各民族的历史都必然经历神权、英雄和人权三个阶段。

在维柯之前,神学历史观占据统治地位,人们确信"人的历史是神定的一种秩序";维柯的历史哲学把人类历史的中心从神移向人类本身,并从人本主义的角度肯定历史必然性的存在,这是维柯历史哲学的独特之处,也是维柯对人类思想史的贡献。然而,当维柯宣布"人类创造历史"时,他又同时提出"上帝创造自然",这就以一种新的形式制造了自然与历史对立的神话,并开了人本主义与科学主义对立的先河。

法国启蒙哲学进一步探讨了历史必然性。卢梭认为,历史具有内在联系,生产和技术的发展是历史发展的主要动因;历史进程不可逆转,而历史正是在对抗和矛盾中向着自己的对立面不断过渡。这里,卢梭已经用相互作用的观点来研究历史及其必然性了,由此显示了出乎他的时代意料之外的历史主义敏感,"几乎是堂而皇之地把自己辩证起源的印记展示出来"①。

卢梭的辩证方法为法国空想社会主义者所接受。圣西门、傅立叶从两个方面把历史必然性观念大大地向前推进了一步。

一是确认历史发展具有内在的必然性。圣西门把人类历史划分为五个时期,即开化期、奴隶制度、神学—封建制度、"新封建制度"(资本主义制度)和未来"实业制度",并认为这五种社会的产生都是必然的;傅立叶则把人类历史划分为五个时代,即蒙昧时代、宗法时代、野蛮时代、文明时代和未来的"傅立叶"时代,并认为这五种社会的产生都具有必然性,是"经济上命定"的,断言:"社会的各个时期是服从于一般成长的规律的。"②

二是确认社会的内在矛盾运动构成了历史必然性。按照傅立叶的观点,人的内在的情欲和外在的财富之间的矛盾运动构成了历史的必然性,"社会的变革以生活的和经济的行为为转移"③。圣西门则把历史分为现象和本质两个形态,并认为前者受制于后者。在圣西门看来,政权的更迭只是历史的表面现象,是形式,历史的本质是财产的分配和经济的安排。

可以看出,法国空想社会主义的历史哲学已经向着唯物主义理解历史必然性的方向迈出了重要的一步,而且它包含着丰富的辩证法思想,这不能不说是一个历史的进步。当然,从总体上看,法国空想社会主义的历史观是一种科学主义的历史观,它按照自然必然性的特点去理解历史必然性,并没有真正理解历史必然性。圣西门把自己的历史观称为"社会物理学"。傅立叶断言,历

---

① 《马克思恩格斯全集》第 20 卷,第 152 页。
② 《傅立叶选集》第一卷,赵俊欣、吴模信、徐知勉等译,商务印书馆 1979 年版,第 242 页。
③ 《傅立叶选集》第一卷,第 57 页。

史规律"在各个方面都符合由牛顿和莱布尼茨所阐明的物质引力规律"①。

之所以如此,是因为牛顿经典力学的成功,构成了18—19世纪初历史哲学变革的一般理论背景,它造成了一种强烈的科学主义情绪,刺激着圣西门和傅立叶等人力图把历史哲学变为像自然科学一样精确的科学,并按照自然必然性的特征去理解历史必然性。如果说维柯是人本主义历史哲学的奠基者,那么,圣西门、傅立叶则是科学主义历史哲学的开拓者。孔德的实证主义正是从法国空想社会主义的解体中产生的。

"黑格尔第一次——这是他的伟大功绩——把整个自然的、历史的和精神的世界描写为一个过程,即把它描写为处在不断的运动、变化、转变和发展中,并企图揭示这种运动和发展的内在联系。"②同时,由于意识到自然与历史存在着某种形式的区别,黑格尔提出了一种解释历史必然性的独特方式。

首先,历史必然性是"绝对理性"在时间中的展开,体现为"自由意识的进展"。在黑格尔看来,这是一个从东方到西方,从希腊到日耳曼的不可逆的过程;世界历史的四个时期,即东方国家、希腊国家、罗马国家和日耳曼国家,分别在自己的历史中体现着历史必然性的特殊原则。

其次,历史必然性只有通过人的活动才能实现,绝对理性和人的活动"交织成为世界历史的经纬线"③。在黑格尔看来,没有人的活动,世界上任何伟大的事业都不可能成功。但是,黑格尔又同时认为,历史必然性是先于历史而预成的"绝对计划",人只是实现这种超历史"计划"的工具,只不过是一种"活的工具"。

再次,历史必然性有"自己的绝对的最后目的",而达到这个目的的坚定不移的意向就构成了历史的内在联系。因此,历史必然性是在历时性的单线过程中表现其决定作用的,它君临一个民族的机会只有一次,在它的轨迹之外或在已经经历过它的一定原则的民族那里,就没有历史了。

这就是说,历史必然性只有合目的性、历时性或单线性的特征,而不具备重复性和常规性。由于历史必然性不具备重复性、常规性的特征,而且它是在无数个人追求自己特殊目的非精确限定的条件下显示其存在的,因而无法用

---

① 《傅立叶选集》第一卷,第 12 页。
② 《马克思恩格斯选集》第 3 卷,第 736—737 页。
③ 〔德〕黑格尔:《历史哲学》,第 56 页。

自然科学的精确性来把握。在黑格尔看来,只有哲学的思辨才能越过历史表面的喧嚣去领悟历史的本质,把握历史的必然性。

黑格尔把维柯以后的历史必然性观念系统化了,但也神秘化了。可以说,在黑格尔的历史必然性观念中,卓越与贻害是"双生子"。一方面,黑格尔敢于对历史做总的思考,全面而深刻地探讨了历史必然性,"形式尽管是那么抽象和唯心,他的思想发展却总是与世界历史的发展平行着"①。作为"宏伟的""划时代的历史观",黑格尔的历史必然性观念产生了巨大的影响,在18世纪末到19世纪初独占统治地位,"它甚至或多或少地感染了自己的敌手"②。黑格尔开创了历史哲学史上"绝对理性"的时代,从而在客观唯心主义的基础上确立了历史必然性的权威。

另一方面,黑格尔又把历史必然性归结于超历史的"绝对计划""绝对理性",犯了一种从历史的外面把必然性输入历史的错误,黑格尔历史必然性观念的起点和终点都是历史与人的分离,同时,由于黑格尔把人仅仅看作实现"绝对理性""绝对计划"的工具,因而他只是在形式上肯定了人的能动性,实际上彻底剥夺了历史的属人性质。剥去黑格尔历史必然性观念的神秘外衣,从历史的真正主体——现实的人及其活动中去揭示历史必然性,这是历史哲学进一步发展的"绝对命令"。

二、历史必然性观念的革命变革

在历史必然性观念上实现革命变革的是马克思的历史哲学,即历史唯物主义。历史唯物主义认为,历史不同于自然,自然界所发生的一切都是自然因素盲目作用的结果,"在社会历史领域内进行活动的,是具有意识的、经过思虑或凭激情行动的、追求某种目的的人;任何事情的发生都不是没有自觉的意图,没有预期的目的的"③。然而,历史又离不开自然,社会实际上是人与自然的关系和人与人的关系双重关系的统一,"整个所谓世界历史不外是人通过人的劳动而诞生的过程,是自然界对人来说的生成过程"④。离开了人与自然的

---

① 《马克思恩格斯选集》第2卷,第42页。
② 《马克思恩格斯选集》第4卷,第220页。
③ 《马克思恩格斯选集》第4卷,第247页。
④ 《马克思恩格斯全集》第42卷,第131页。

关系,社会只能建立在虚无之上;把人对自然的关系从历史中排除出去,只能走向唯心主义历史观。

按照马克思的观点,把历史与自然区别开来,同时又把它们联系起来的,就是人的物质实践。物质实践,即劳动首先是人以自身的活动来引起、调整和控制人与自然之间物质变换的过程;在这个过程中,人与人之间必须互换其活动,并必然要结成一定的社会关系;同时,劳动结束时得到的物质结果,在这个过程开始时就已经在劳动者的头脑中作为目的以观念的形式存在着,并通过劳动转化为物质存在。这就是说,实践内在地包含着三种转化,即人与自然之间的物质变换、人与人之间的活动互换以及人的观念与物质的转换;内在地包含着三重关系,即人与自然的关系、人与人的关系以及人与观念的关系。正是这些关系的总和构成了社会的基本关系。

可以说,实践以浓缩的形式包含着全部社会关系,它是全部社会关系的发源地和整个人类历史的现实基础,是人类面临的一切矛盾的总根源,因而构成了历史的本质。从根本上说,历史不过是人的实践活动在时间中的展开。所以,马克思指出:"只要描绘出这个能动的生活过程,历史就不再像那些本身还是抽象的经验论者所认为的那样,是一些僵死事实的搜集,也不再像唯心主义者所认为的那样,是想像的主体的想像的活动。"[①]正是以此为前提,马克思确立了科学的历史必然性观念。

按照马克思的观点,历史必然性不但实现于人的活动中,而且形成于人的活动中。马克思首先把历史必然性归结于物质实践活动。如前所述,实践内在地包含着三种转化,即人与自然之间的物质变换、人与人之间的活动互换,以及人的观念与物质的转换。"物质变换"是人的活动和自然运动共同具有的,"活动互换"、物质与观念的转换则仅仅为人的物质实践活动所具有。实践活动包括"物质变换",表明人的活动也必须遵循物质运动的共同规律;其特殊的、并与"物质变换"交织在一起的"活动互换"、物质与观念的转换,又构成并体现出新的、为其他自然物体所不具有的特殊运动规律,这就是体现主体活动的特点,包括物质运动在内的人的实践活动规律。社会生活在本质上是实践的,人的实践活动的规律实际上就是社会发展规律,即历史必然性。历史是人的实践活动在时间中的展开,历史必然性就形成并实现于人的活动之中。

---

① 《马克思恩格斯全集》第3卷,第30页。

这里，我们碰到了"自由是对必然的认识"这一命题。在我看来，这一命题绝不意味着在人们从事某种历史活动之前就有一个现成的历史必然性或规律可供认识；相反，"对人类生活形式的思索，从而对它的科学分析，总是采取同实际发展相反的道路。这种思索是从事后开始的，就是说，是从发展过程的完成的结果开始的"①。

之所以如此，是因为不存在任何一种预成的、纯粹的、永恒不变的历史必然性，任何一种具体的历史必然性都形成于一定的历史活动和社会形态中；当这种特定的历史活动和社会形态结束时，这种特定的历史必然性也就不复存在。这是其一。

其二，以往的历史传统和既定的历史条件为新一代的历史活动提供了前提，并决定了新一代历史活动的大概方向。但是，这些历史条件又在新一代的历史活动中不断被改变。正是在这种改变以往条件的活动过程中，决定着新一代命运的新的历史必然性才形成。

其三，只有当某种历史活动和社会关系达到充分发展时，某种历史必然性才能真正全面地形成；只是在此时，人们才能理解、把握这种历史必然性。正是在这种意义上，马克思认为，在"从后思索"的过程中抽象出来的历史的一般规律，绝不提供可以适用于各个历史时代的药方或公式，相反，这些抽象离开了现实的历史就没有任何价值。

一言以蔽之，人的自由与历史必然性的关系本质上是实践问题，而不仅仅是认识的问题。

按照马克思的观点，历史必然性具有总体性。从根本上说，历史必然性就是经济运动对人类历史行程的根本制约性，生产力和生产关系的矛盾运动决定着历史运行的大概趋势，构成了历史运动的"中轴线"。但是，我们又不能把历史必然性等同于经济必然性。在整个历史中，没有一个重大的历史事件的起源不能用经济必然性来说明；同时，没有一个重大的历史事件不为一定的政治状况和意识形态所引导、所伴同、所追随。历史的演变在任何时候都不是在一种经济的平面上进行的。经济必然性既不可能脱离人们的实践活动成为独立的实体，也不可能脱离政治、文化等社会要素而纯粹地发生作用。经济必然性本身就具有社会性、历史性，以经济必然性为"中轴线"的历史必然性因此具

---

① 《马克思恩格斯全集》第23卷，第92页。

有总体性,是经济、政治、文化等社会要素交互作用的产物。

按照马克思的观点,历史必然性同样具有重复性、常规性,即在一定条件下,某种历史必然性会反复发生作用,成为一种常规现象。以此为前提,马克思创立了"五种社会形态"理论,认为在不同的历史时期、不同的民族那里,可以产生相同的社会形态。在马克思看来,分析经济形式,把握历史必然性及其重复性、常规性,既不能用显微镜,也不能用化学试剂,"二者都必须用抽象力来代替"[1]。同时,由于把社会关系归结于生产关系,把生产关系归结于生产力,马克思不仅发现了历史必然性的重复性、常规性及其秘密,而且能够以"自然科学的精确性"指明"生产的经济条件方面"所发生的物质变革[2]。

这表明,历史唯物主义也在一定程度上包含着自然科学的实证性。正是在这个意义上,马克思、恩格斯把唯物主义历史观称为"真正实证的科学"[3]。"重复性""常规性"和"精确性"是科学之所以成为科学的标志。发现历史规律,即历史必然性的"重复性""常规性",并以"精确性"指明这种"重复性""常规性",使历史唯物主义成为一门科学,一门成熟的科学。这样,历史唯物主义就消除了"物质的自然"和"精神的历史"对立的神话,自然科学和历史科学在这里达到了真正的和解。

承认历史必然性也就是历史决定论,但马克思的历史决定论不是机械决定论,而是辩证的决定论。马克思的历史决定论不仅确认人是历史的主体,承认经济必然性也会在政治、文化等社会要素的反作用下发生某种程度的"变形",而且认为历史必然性要通过偶然性才能实现。"如果'偶然性'不起任何作用的话,那末世界历史就会带有非常神秘的性质。这些偶然性本身自然纳入总的发展过程中,并且为其他偶然性所补偿。"[4]历史必然性只是社会发展中不可避免的趋势,这种趋势只有在一定条件的作用下才能实现;同时,历史必然性本身又不能自由地选择这些条件,它遇到什么条件只能是一种"机遇"或"遭遇",即偶然性。因此,确定的历史必然性只有通过非确定的偶然性才能实现出来。偶然性因此成为历史必然性的实现形式,并使同一必然性的表现形式具有不同特征的烙印。

---

[1]《马克思恩格斯全集》第 23 卷,第 8 页。
[2]《马克思恩格斯选集》第 2 卷,第 33 页。
[3]《马克思恩格斯全集》第 3 卷,第 31 页。
[4]《马克思恩格斯全集》第 33 卷,人民出版社 1973 年版,第 210 页。

当代马克思主义的批评者们一般都把马克思的历史决定论混同于机械决定论，然后大加讨伐。这一方面说明他们不理解马克思的历史决定论同机械决定论的本质区别；另一方面，这又不是误认风车为妖魔的堂吉诃德式的战斗，而是实实在在的两种历史观，即唯心主义历史观与唯物主义历史观的对立。

三、从确认历史必然性到否定历史必然性的逆转

从维柯到黑格尔再到马克思，可以说，是历史必然性观念凯歌行进的时代，越来越多的思想家确认历史必然性的存在。然而，从 19 世纪晚期开始，越来越多的思想家又开始怀疑、否定，甚至抛弃了历史必然性观念。如果说历史必然性观念在近代西方历史哲学中占据统治地位，那么否定历史必然性的观念则是现代西方历史哲学中的主导思潮。造成这种认识、这一逆转的原因主要有三个：

一是对黑格尔历史哲学的反叛。如前所述，黑格尔的历史必然性观念是卓越的，它曾产生了巨大的影响。但是，黑格尔却把一切都理性化了，理性成了一种新的迷信，高高地耸立在祭坛上，让人们顶礼膜拜。为了证实自己的理性主义历史观，黑格尔常常不惜对历史施以粗暴的剪裁和歪曲，并把历史学降到了哲学"婢女"的地位。对历史学来说，黑格尔的历史必然性观念扮演的是一种专断的角色。这种非分的要求和蛮横的做法激起了历史学家的强烈不满和本能反抗，反叛黑格尔的历史哲学因此成为 19 世纪下半叶西方历史学的一个鲜明特征。

二是孔德实证主义的影响。按照孔德的观点，科学只能叙述事实，而不能说明事实。"探索那些所谓始因或目的因，对于我们来说，乃是绝对办不到的，也是毫无意义的。"[1]在孔德看来，所谓必然性不过是经验中或感觉之间某种"不变的先后关系和相似关系"。孔德的实证主义在 19 世纪下半叶获得了一定的成功，被当时的历史学家、哲学家看作对黑格尔历史哲学的"解毒剂"。正是在孔德实证主义的影响下，19 世纪下半叶的西方历史学走上了实证主义的道路，成为"实证主义历史学"。这一时期的"大多数历史学家对确定新的事实

---

[1] 洪谦：《西方现代资产阶级哲学论著选辑》，第 30 页。

非常热衷,而对发现规律却很少有问津"①。

三是对马克思主义的恐惧。马克思唯物主义确认历史必然性,正是依据历史必然性,因而在对现存社会的肯定的理解中,同时包含着对现存社会的否定的理解,即对现存社会必然灭亡的理解。"凡是现实的都是合理的"并不是马克思主义的思维方式。按照马克思主义的观点,资本主义的产生是历史的必然,资本主义的灭亡和社会主义的胜利同样是不可避免的历史趋势,即历史必然性。这一科学的历史必然性观念的确立犹如给资本主义社会下达了死亡通知书。资产阶级思想家们颤栗了,由此,他们从承认历史必然性转向否定历史必然性。

从历史必然性观念的确立到反历史必然性观念的盛行,这一转变在西方历史哲学中大体经历了三个环节。

第一个环节是兰克的历史客观主义。兰克历史客观主义的宗旨就是"秉笔直书"(Wies eigentlich gewesen),即只描述历史是这样而不探究历史为何是这样。兰克是一个转折点。兰克之前以历史理论、以探求历史必然性为重心,兰克之后的历史理论则以描述历史现象为己任。

第二个环节是狄尔泰的历史理解理论。在狄尔泰看来,历史是已经逝去的东西,无法用客观主义的方法和自然科学的精确性来研究和把握,历史科学唯一可行的方法只能是"体验""理解"。在狄尔泰看来,不存在客观历史及其必然性,至少是不能认识客观历史及其必然性。狄尔泰的历史理解理论犹如安放在传统历史理论中的"特洛伊木马",从内部、从根本上摧毁了历史客观主义,并孕育了新的历史哲学——批判的历史哲学。

第三个环节是克罗齐的历史主观主义。克罗齐是通过对历史知识、历史资料的分析来否定历史必然性的。在克罗齐看来,人们是通过历史知识、历史资料来认识历史的,但历史知识、历史资料并不是客观的,而是主观的,是历史学家依据自己的观念编撰或选择的,每一代人总是从自己时代的需要和价值观念出发去研究过去的历史。在这个过程中,历史学家不可避免地把自己的当代意识和需要介入到历史事件中。因此,一切历史都是当代史。既然不存在客观历史,那么探求历史必然性也就成了无意义的废话。克罗齐的这一观点对西方历史哲学以至整个学术界产生了广泛的影响。从此,否定历史必然

---

① [英] R. G. 柯林武德:《历史的观念》,第 5 页。

性的观念成为现代西方哲学的主导思潮,几乎成为一种"流行病"。

四、现代西方历史哲学对历史必然性的否定及其失误

从总体上看,现代西方历史哲学是从历史事件的单一性、历史的选择性、历史认识的相对性这三个方面否定历史必然性的。

第一,以历史事件的单一性否定历史必然性。

按照现代西方历史哲学的观点,只有反复出现的东西才能形成必然性或规律性,在自然界中,相同的事件反复出现,因而存在着必然性;在历史中,一切都是"单纯的一次性东西",历史事件都是个别的、不重复的,因而不存在历史必然性。文德尔班指出:"在自然研究中,思维是从确认特殊关系进而掌握一般关系,在历史中,思维则始终是对特殊事物进行亲切的摹写。""前者追求的是规律,后者追求的是形态。"①李凯尔特断言,历史规律这个概念是用语的矛盾。

历史不同于自然。历史事件的确都是独一无二的,法国大革命、明治维新、戊戌变法、西安事变等都是非重复性的存在,但由此否定历史必然性却是不能接受的。戊戌变法是"一",但改良、改革作为历史现象在古今中外并不罕见,是"多";法国大革命是"一",但资产阶级革命作为历史现象在近现代历史上却重复可见,是"多";在这"多"的背后,存在着只要具备一定的条件就会重复起作用的历史必然性。这表明,要把历史事件、历史现象、历史必然性这三个概念加以区分。

历史必然性是历史的深层结构,隐藏在历史事件的单一性的后面;自然事件的差异性却深藏在其相似性的后面。在观察自然时,应从事件的相似中看到相异;在研究历史时,应从事件的相异中看到相同,从事件的单一性中透视出必然性。这样,才能走向历史的深处。现代西方哲学却恰恰停留在历史的表层结构,并且混淆了历史事件、历史现象、历史必然性的区别。

我们应当明白,历史必然性的重复性不等于历史事件的重复性。任何一个历史事件的产生都是必然性和偶然性共同作用的结果,正是其中的偶然性使历史事件各具特色、不可重复,必然性重复的只是同类历史事件中共同的、

---

① 洪谦:《西方现代资产阶级哲学论著选辑》,第59页。

本质的东西,不是、也不可能是重复其中的偶然因素。因此,历史必然性的重复性正是在一个个不可重复的历史事件中体现出来的。1640 年的英国革命、1789 年的法国大革命、1911 年的中国辛亥革命……这一个个不可重复的历史事件的出现,体现的正是资产阶级革命的历史必然性。

任何事件,包括自然事件都是必然性与偶然性共同作用的结果,因而从严格的意义上说,自然事件也是不可重复的。当年,莱布尼茨给德国皇家宫女们上哲学课时说"没有两片绝对一样的树叶",表明的正是自然事件也是不可重复的。实际上,自然必然性也是在一个个不可重复的自然事件中体现出来的。现代西方哲学的失误就在于,夸大了自然事件与历史事件的差异性,并把历史必然性的重复性等同于历史事件的重复性。当它用历史事件的不可重复性来否定历史必然性时,恰恰说明它没有真正理解必然性与偶然性的关系,更没有理解可重复的历史必然性与不可重复的历史事件之间的内在联系。

第二,以历史选择性否定历史必然性。

现代西方历史哲学否定历史必然性的又一论据就是,人的历史活动具有选择性,不同的民族根据自己的需要选择了不同的社会制度,从而使历史发展具有多线性,因而不存在历史必然性。在萨特看来,任何一件事情都是可能的,关键在于人的自由选择。按照胡克的观点,全部人类历史就是人们不断选择的结果,这种选择表现的并不是客观必然性,而是人的自由,"是他自己本质的一个独特的和不可还原的表现"①。

选择的确是人类创造历史活动的重要一环,尤其是当一个民族处在历史转折点时,历史的进一步发展往往显示出多种可能的途径;在这多种可能性中,哪一种可能性能够成为现实,则取决于这个民族的自觉选择及其内部的阶级力量的对比。但是,由此把历史选择性同历史必然性对立起来,以前者否定后者却是理论失误。这是因为:

历史选择的前提——"可能性空间"的形成具有必然性。历史选择的对象只能存在于既定的"可能性空间"中,一定的"可能性空间"的存在是人们历史选择的前提。问题在于,一定的"可能性空间"的形成是由人们不能自由选择的生产力所决定的,生产力的状况从根本上决定着"可能性空间"的状况,人们在原始社会不可能选择资本主义社会。如果人们能够自由选择,那么,西方为

————————————

① [美]悉尼·胡克:《对卡尔·马克思的理解》,徐崇温译,重庆出版社 1989 年版,第 153 页。

什么曾经选择一个"黑暗的中世纪"？西方社会和东方社会都走过专制主义道路这一事实表明，人们的历史选择是有既定前提的，并受历史必然性制约的。

同时，历史选择不能改变人类历史的总体进程。历史选择可以使一个民族超越某种社会形态，以"跳跃"的发展形式进入人类历史的先进行列，从而使社会发展呈现出多样性。但是，这种选择性、多样性并不能改变人类历史的总体进程及其一元性——经济必然性。从人类总体历史来看，"五种社会形态"的确是依次更替的：原始社会是"人猿相揖别"之后的第一个社会形态，是人类社会的原生形态，奴隶社会的出现没有也不可能先于原始社会，封建社会的形成没有也不可能先于奴隶社会，资本主义制度的产生没有也不可能先于封建制度，社会主义社会的产生没有也不可能先于资本主义社会；相反，前者的产生正是后者内在矛盾运动的必然结果。社会主义制度在东方某些较为落后的国家首先建立，正是由于资本主义社会的内在矛盾通过资本主义开创的世界历史对东方社会冲突、影响和渗透的必然结果。

第三，以历史认识的相对性否定历史必然性。

以历史认识的相对性来否定历史必然性，这是现代西方历史哲学的一个显著特征。这一特征在克罗齐的历史哲学中得到了集中体现。按照克罗齐的观点，只有现实生活的兴趣才能促使人们去研究过去，人们又总是根据当代意识去认识、评价历史的，因此，"当代性"是一切历史的内在特征，一切历史都是当代史。克罗齐由此认为，这种"当代性"使得人们只能知道与现实生活有关的有限的、特定的历史，"那种'下余的'历史是关于'物自体'的永恒幻想，它既不是'物'，也不是'自体'，它只是我们的行动与知识的无限性的想象的具体化而已"①；在打上了"当代性"烙印的有限的、特定的历史中去寻找"普遍史""永远不会成功"，历史"无任何规律可循"，必须抛弃历史必然性观念。

克罗齐的确提出一个重要问题，那就是人们认识历史的特殊性问题。一切历史都是当代史的合理之处就在于，它揭示了历史认识总是从现在出发，由后向前追溯的逆向过程。如前所述，马克思也认为，对人类生活形式的思索，从而对它的科学分析，总是从事后开始，从发展过程的完成的结果开始。但是，克罗齐在这条道路上走得太远了，他把一切都相对化、主观化了，以至否定了客观历史及其必然性。

———————————

① ［意］克罗齐：《历史学的理论和实际》，第38页。

从认识论的角度看,克罗齐之所以犯了这样一个错误,是因为割裂了现实与历史的关系。系统是过程的集合,历史往往平铺在一个社会截面上。这就是说,历史虽属过去,但并没有消失,它或者以一个"萎缩""歪曲"的形式存在于现实社会中,或者以"残片""遗物"的形式存在于现实社会中,或者以"因素""发展"的形式存在于现实社会中。因此,现实社会是客观历史的延续、缩影,提供了认识历史的钥匙。正是在这个意义上,马克思认为,通过对资本主义社会结构的理解,"同时也能使我们透视一切已经覆灭的社会形式的结构和生产关系。资产阶级社会借这些社会形式的残片和因素建立起来,其中一部分是还未克服的遗物,继续在这里存留着,一部分原来只是征兆的东西,发展到具有充分意义,等等"①。

但是,我们又不能抹杀现实社会形式与过去社会形式的历史差别,不应当把它们等同起来。"资产阶级社会本身只是发展的一种对立的形式,所以,那些早期形式的各种关系,在它里面常常只以十分萎缩的或者完全歪曲的形式出现。"②正因为如此,马克思认为,只有在现实的社会"能够进行自我批判"时,才能对过去的社会形式"作客观的理解",否则,只能"作片面的理解"。"基督教只有在它的自我批判在一定程度上,可说是在可能范围内完成时,才有助于对早期神话作客观的理解。同样,资产阶级经济学只有在资产阶级社会的自我批判已经开始时,才能理解封建的、古代的和东方的经济。"③马克思高出克罗齐一筹的地方就在于,他借助一种辩证的思维方式,揭示了现实与历史的内在联系,既说明了从现实出发认识历史的可能性,又指出了达到"客观理解"历史的必要条件——现实社会"进行自我批判"。

同时,克罗齐又割裂了有限与无限的关系。只要具备一定的条件,必然性就可以在无限的事物中发挥作用,重复出现。从这个意义上说,必然性的确是无限的形式。但是,必然性的这种无限性并不需要它现实地在无限多的事件中得到证明。在一定的有限事件中证明了必然性,实际上也就是在无限的同类事件中证明了必然性的存在及其重复有效性。要求从无限的历史事件去验证历史必然性,实际上是一种形而上学的要求。从认识论上看,克罗齐的失误就在于,割裂了有限与无限的内在联系,重归黑格尔早已批判过的"恶无限"观

① 《马克思恩格斯选集》第 2 卷,第 23 页。
② 《马克思恩格斯选集》第 2 卷,第 23 页。
③ 《马克思恩格斯选集》第 2 卷,第 24 页。

念,并在这条道路上走到了逻辑终点。

对历史必然性的否定,使现代西方历史哲学陷入泥潭并在其中碾转,无法自拔。这种理论失误从反面昭示了这样一个真理,即回到马克思,并在当代实践和科学的基础上深化、发展和重构马克思的历史必然性观念,这才是现代西方历史哲学的真正出路。

载《社会科学战线》1992 年第 2 期

《新华文摘》1992 年第 5 期转载

论社会科学方法的发生、范式及其历史性转换

——兼论马克思社会研究方法的基本特征

伴随着近代工业革命,社会科学从哲学形态中分化出来并获得了自身的独立形态,社会科学方法也随着对社会本身理解的多样化而日益发展起来。如果把西方社会科学方法的演化与对社会界说的模式联系在一起考察,除了马克思主义的社会研究方法,可以把西方社会科学方法划分为六种基本范式,即实证主义的方法范式、人文主义解释学的方法范式、社会唯实论的方法范式、社会唯名论的方法范式、结构—功能主义的方法范式和社会生物主义的方法范式,而马克思主义社会研究方法的创立实现了社会科学方法范式的历史性转换。本文拟就社会科学方法的发生、范式及其历史性转换做一考察和分析,以深化我们对社会科学方法以及马克思主义方法论的研究。

一、社会科学方法系统的发生和独立化

人类社会在进入资本主义时代之前并没有独立的社会科学方法,人们对社会的研究或是套用道德哲学,或是套用哲学本体论和自然科学方法。

套用道德哲学来研究社会,主要是古代的社会研究方法。

这种方法的根本特点是用"性善""性恶"等来规范社会,描述理想的社会形态。著名历史学家萨拜因在分析柏拉图的国家理论时指出:"这个理想从这样一个概念开始,即必须从事有条不紊的研究来了解善,然后根据这善的观念,通过阐明一切社会所包含的相互需要这一原则,来作出对社会的构想。"①

套用哲学本体论和自然科学方法来研究社会,主要是近代的社会研究方法。近代唯物主义从其哲学本体论出发,把机械论的自然观推广到人和社会,认为"人是机器",整个社会不过是一座大钟表。自然科学本无意向社会科学献媚,但自然科学的成功往往决定了社会科学的面貌。在近代,牛顿力学的成功对社会科学家来说既有诱力,又有压力,总之具有威力。正是科学的威力促使一大批社会科学家聚集在自然科学的大旗下,力图用"万有引力"来研究社会,构造出"社会物理学""社会引力学"等学说,形成了社会科学史上的"自然科学时代"。

社会理论套用其他领域的方法,表征着这样一个历史事实,即"自然联系"在社会中占据统治地位,社会本身的主体与客体关系,或者说"社会的关系"尚未独立出来,真正的社会科学及其方法还没有形成。只是在人类社会进入资本主义时代后,"社会、历史所创造的因素"占据统治地位,社会与个人处于形式上对立,社会才成为人们研究的对象,社会事实如何抽象、如何描述、如何解释,才成为社会科学家争论不休的问题。只是在这个时候,社会科学方法才成为现实的问题,成为一个必须解决的问题。

从总体上看,社会科学方法包括两方面的内容:一是科学抽象系统,这一系统重在揭示社会现象"是什么",并把社会规律逻辑地表述出来;二是科学解释系统,这一系统重在对"是什么"进行"为什么"的解释,是对社会现象进行"理解"的方法。社会科学方法只有在具备抽象和解释两大方法系统后,才是具有自身独立性和特殊性的科学方法。

社会科学方法的独立化是立足于捕捉社会运动规律及其特殊性的过程,它历经文艺复兴的"人文科学"、维柯的"历史科学"、狄尔泰的"精神科学"、李凯尔特的"文化科学"和马克思的历史唯物主义等形态,终于发现了社会现象的内在规律的特殊性。

---

① [美]乔治·霍兰·萨拜因:《政治学说史》上册,盛葵阳、崔妙因译,商务印书馆 1986 年版,第 83 页。

首先，"自然科学家一般不是他所正研究的现象的参与者，而社会科学家则是"①。换言之，社会研究者本身就在社会现象之网中，他把自己的价值取向、爱好、激情渗透到客体中，而客体也影响着主体。

其次，自然运动是"自在"的，社会活动则是"自为"的，是人们有目的、有意识的行动过程，人们自己创造自己的历史。在这个过程中，人们每前进一步都对自身的认识达到一个新的高度，社会历史因此又是人的自我认识、自我变革的历史。

再次，社会发展具有内在的规律性，同时，社会规律又形成并实现于人的活动中。"在社会历史领域内进行活动的全是具有意识的，经过思虑或凭激情行动的，追求某种目的的人。"②这就使社会运动充满随机性，并往往使同一个行为产生不同的结果。不仅如此，社会事件是一次性产生，具有不可逆性，而且不可能在实验室中重新模拟，再现出来。

社会规律的存在及其特殊性向人们提出这样一个问题，即对社会的研究必须有适合社会的特殊方法。实际上，社会科学方法的发生和独立化就是其自身"殊化"的过程。可以从三个方面认识这一"殊化"过程：

第一，"抽象"方式的确立。

"分析经济形式，既不能用显微镜，也不能用化学试剂。二者都必须用抽象力来代替。"③实际上，对整个社会科学来说，科学抽象法具有普遍的意义。社会科学研究无法应用实验室方法，只有科学抽象法才能深刻地揭示社会的本质和规律。科学抽象法是一个有序发展的理论研究过程，它要求对社会的研究从感性具体出发，经过对"完整的表象""生动的整体"的分析，上升到"抽象的规定"；在抽象的基础上，经过综合，把反映事物各方面本质的"抽象规定"联系起来，形成思想具体，即在思维行程中导致具体的再现，从而使"材料的生命""观念地反映出来"。④

"17 世纪的经济学家总是从生动的整体，从人口、民族、国家、若干国家等等开始；但是他们最后总是从分析中找出一些具有决定意义的抽象的一般的

---

① ［美］肯尼思·D.贝利：《现代社会研究方法》，许真译，上海人民出版社 1986 年版，第44 页。
② 《马克思恩格斯选集》第 4 卷，第 247 页。
③ 《马克思恩格斯全集》第 23 卷，第 8 页。
④ 《马克思恩格斯全集》第 23 卷，第 23 页。

关系,如分工、货币、价值等等。这些个别要素一旦多少确定下来和抽象出来,从劳动、分工、需要、交换价值等这些简单的东西上升到国家、国际交换和世界市场的各种经济学体系就开始出现了"①,即形成了独立的经济科学。在马克思看来,"抽象"是研究社会的唯一分析工具,是正确把握社会并把社会从观念上再现出来的方式。

第二,"理解"方式的提出。理解的方式就是解释学的方式,即把社会历史当作文本,通过解释它的意义来把握它。社会科学与自然科学不同。自然运动没有目的,没有意识和意志,没有理性和激情,自然科学完全可以用纯客观的因果术语来说明自然运动。社会运动的主体是人,在社会中进行活动的全是具有目的、意识和意志,经过思考或凭激情行动的人,因此,理解方法对社会科学绝对必要。"如果说在自然科学中,任何对规律性的认识只有通过可计量的东西才有可能,那么,在精神科学中,每一个抽象原理归根到底都通过与精神生活的联系才能获得自己的论证,而这种论证是在体验和理解中获得的。"②理解的方法自施莱尔马赫开始,之后经过狄尔泰等人的努力,已经成为社会科学的一般方法论。

在马克思的社会研究方法中蕴含着独特的理解方法。"工业的历史和工业的已经产生的对象性的存在,是一本打开了的关于人的本质力量的书,是感性地摆在我们面前的人的心理学。"③既然"对象性的存在"是人的本质力量和心理的外化,那么就应当、而且可以用理解的方式来把握。按照马克思的观点,人们对历史的理解总是从"片面的理解"经过"自我批判"达到"客观的理解"。"基督教只有在它的自我批判在一定程度上,可说是在可能范围内完成时,才有助于对早期神话作客观的理解。同样,资产阶级经济学只有在资产阶级社会的自我批判已经开始时,才能理解封建的、古代的和东方的经济。""历史发展总是建立在这样的基础上的:最后的形式总是把过去的形式看成是向着自己发展的各个阶段,并且因为它很少而且只是在特定的条件下才能够进行自我批判……所以总是对过去的形式作片面的理解。"④马克思在这里指出的"片面的理解"——"自我批判"——"客观的理解",就是人们理解社会历史

---

① 《马克思恩格斯选集》第 2 卷,第 18 页。
② Wilhelm Diltheys, Gesammelte Schriften, Band I, Vandenhoeck & Ruprecht, 1989, s. 333.
③ 《马克思恩格斯全集》第 42 卷,第 127 页。
④ 《马克思恩格斯选集》第 2 卷,第 24、23—24 页。

的一般进程。

第三，"从后思索"方式的形成。许多思想家以不同的命题把这一方式表达出来，如海德格尔的"在总是此在之在"，克罗齐的"一切历史都是当代史"，伽达默尔的"视界融合"，等等。马克思明确指出："对社会生活形式的思索，从而对它的科学分析，遵循着一条同实际运动完全相反的道路。这种思索是从事后开始的，是从已经完全确定的材料、发展的结果开始的。"①在马克思看来，社会中的各种因素和关系，只有在其充分发展后才能被充分认识，犹如人体解剖对于猴体解剖是一把钥匙。所以，研究社会历史只能采取"从后思索"的形式，即从现实，尤其是从社会要素和社会关系的"完全成熟而具有典范形式上的发展点"出发，通过对历史的"透视"和由结果到原因的反归来把握社会运动的内在逻辑。

当然，我注意到，社会科学方法系统有着自身的特殊性，但它绝不排斥运用自然科学方法。既然"社会经济形态的发展同自然的进程和自然的历史是相似的"②，既然社会规律与自然规律存在着共同性，即客观性、重复性和常规性，那么当然可以运用自然科学的方法来研究社会，甚至"可以用自然科学的精确性指明"③社会的物质变革。

二、社会科学方法的基本范式

"范式"（paradigm），原意是语法中词形的变法规则，可以引申为模型、样式、模式范型等。现代著名科学哲学家库恩把范式界说为理论体系、研究规则和方法的"结构"，并认为范式规范着研究者的价值取向和观察世界的角度，决定着问题的提出、材料的选择、抽象的方向、合理性标准的确立及问题的解决，新旧范式的更替是科学发展的主要标志。

把"范式"引入社会科学方法的研究十分必要，这是因为，在社会科学方法中的确存在着各种"不可完全通约"的范式，它们各自按自身的方向发展着，并对同一问题做出不同的回答。现代社会科学的一个显著特征，就是方法的不同范式并存、对立和交叉。实际上，社会科学方法的独立化一开始就是沿着多

① ［德］马克思：《资本论》（根据作者修订的法文版第一卷翻译），第55页。
② ［德］马克思：《资本论》（根据作者修订的法文版第一卷翻译），第4页。
③ 《马克思恩格斯选集》第2卷，第33页。

元化的方向发展的,犹如一棵枝叶茂盛的分叉树。

传统的观点认为,社会科学方法是哲学方法在社会领域中的逻辑"推广""应用"。在我看来,这种由一般到特殊的方法结构曾在社会科学萌芽阶段盛行过,但是,这一方法结构已经被社会科学本身的发展所扬弃了。实际上,社会科学方法系统既不是孤立的存在,也不是哲学方法的逻辑推导,而是有其内在的发源地,这就是社会本体论。社会科学方法总是与对社会本身的界说模式联系在一起的。依据这一事实,我认为,除马克思主义外,可以把西方社会科学方法划分为六种基本范式。

第一,实证主义的方法范式。

实证主义的方法源于培根的经验哲学和牛顿——伽利略的自然科学方法,后经孔德的实证主义形成一种社会研究方法范式。按照孔德的观点,社会现象比自然现象复杂得多,但社会现象本质上同样"服从不变的规律",因而社会科学应运用自然科学的实证方法,即观察法、实验法和比较法去研究社会,从而使社会科学成为像自然科学一样的实证科学。同时,观察法、实验法和比较法又有其局限性,即只能对社会做静止的分析,而不能揭示社会现象的世代承继关系,所以,对社会的研究还应引入历史的方法。历史的方法就是从事物的先后和连续上考察社会现象和状态的方法,其基本特点就是注意事物的发展过程。只有把观察法、实验法、比较法和历史法结合起来,才能发现社会领域中的"不变的规律"。

实证主义一方面从自然科学方法中引申出社会科学方法,另一方面又企图运用历史的方法使社会科学方法获得一种独立性,这无疑具有合理性。问题在于,实证主义所说的历史方法实际上是对物理学和生物学方法的简单袭用,并没有提出真正适合社会科学研究的历史方法。

更重要的是,实证主义所理解的社会规律只是社会现象的外在联系,而不是社会现象间的内在的、本质的关系。从本质上说,实证主义方法是从经验和归纳出发,运用自然科学方法来描述社会现象的外在联系。孔德明确指出:"真正的实证精神主要在于为了预测而观察,根据自然规律不变的普遍信条,研究现状以便推断未来。"[1]同时,孔德认为,实证主义就是用对现象的不变规律的研究来代替所谓原因,用研究"怎样"来代替"为何"。这就是说,实证主义

––––––––––––

① [法]奥古斯特·孔德:《论实证精神》,黄建华译,商务印书馆1996年版,第56页。

方法只求知其然,而不问其所以然。

第二,人文主义解释学的方法范式。

与实证主义不同,人文主义解释学强调的是社会与自然的差异性,认为社会本质上是人的主体精神的外化或客体化,是"精神世界""文化世界",因此,认识社会不可能用反映的方式,更不可能用自然科学方法,唯一可行的是"理解"和"解释"的方法。

从历史上看,狄尔泰把解释学方法拓展为社会科学的一般方法。韦伯则建构了理解社会学,并认为对社会活动的"解释性的理解"是社会科学的根本方法,而设置"理想类型"则是解释学方法的坐标和工具。从总体上看,解释学方法的要点就是:对人文世界的意义必须进行"理解",而理解又是一个历史的流程和"视界融合"过程,即理解者的主观世界与"文本"所提供的世界融合的过程,其中,理解者的"期望"或"设想"是理解的出发点,"只有理解者顺利地带进了他自己的假设,理解才是可能的"①。

如前所述,理解方法对社会科学研究是绝对必要的,解释学方法的创立也的确为社会科学研究开辟了新的天和地。然而,韦伯等人又把理解方法绝对化了,甚至认为社会本身无规律可言,所谓社会规律,是社会科学研究者通过"理想类型"等手段将规律赋予社会的。这就是说,社会科学中关于规律的认识并不是来源于社会本身,而是来自认识主体的精神活动。解释学在研究社会时竟把社会科学方法的前提——社会规律本身一笔勾销了,结果是犯了一场"演丹麦王子而没有哈姆雷特"的错误。

第三,社会唯实论的方法范式。

如果说对社会与自然关系的不同认识形成了实证主义与人文主义两大范式系统,那么,对社会与个人关系的不同认识则形成了社会唯实论与社会唯名论两大范式系统。

社会唯实论源于斯宾诺莎、孟德斯鸠和黑格尔,历经齐美尔的形式社会学、迪尔凯姆的客观社会学形成一种客观主义的社会研究方法范式。社会唯实论强调,社会本身是一个整体结构和有机系统,有着自身的类型、功能和活动方式,并认为社会决定个人,个人是社会所规范的个人。其方法的主要特点在于:一是确认社会是一种内在于个人活动同时又外在于个人活动的实体,社

---

① [德]伽达默尔:《解释学》,洪汉鼎译,载《哲学译丛》1986 年第 3 期。

会科学方法"首要的和最基本的规则,是把社会事实视为物"①,而不是当作观念来研究;二是以社会的整体性为背景,以具体的社会内容、要素、关系为对象,从对社会事实的观察出发,对统计材料做各种分析,确立各类现象之间的因果关系,寻求其规律;三是在这一过程中坚持就社会现象本身来说明社会现象,亦即就社会本身来说明社会。

社会唯实论的方法范式强调社会的客观性和整体性、实体性,坚持从社会本身说明社会,这无疑是正确的。对社会唯名论和心理主义来说,社会唯实论的方法犹如一支"解毒剂"。然而,在强调社会的客观性、整体性和实体性时,社会唯实论走到了另一个极端,即忽视甚至否定个人及其活动的能动性,不理解靠思维抽象来把握的社会的本质,不是简单的物,而是人的实践活动。实践才是社会生活的本质和社会关系的实体,如价值就是劳动"这个社会实体的结晶"②。

第四,社会唯名论的方法范式。

与社会唯实论相反,社会唯名论把"社会"看成"虚无的存在"和名称,坚持从个人出发理解社会。从历史上看,社会唯名论导源于霍布斯。按照霍布斯的观点,人的本性是追求个人幸福,从而形成了"人对人是狼"的混乱状态,于是,社会作为一种规范性的力量而产生。但是,相对于人的存在而言,社会只是一种外在的存在,只是一种"名称"。

霍布斯的观点经过斯密、边沁、爱尔维修、卢梭等人的进一步阐述,形成社会唯名论的方法范式并渗透于社会科学各领域。在现代,社会唯名论更多的是以心理主义的方式出现。塔尔德认为,社会行为归根到底是个人行为的相互作用,个人行为则受心理支配,因而社会研究本质上是对心理的研究。华德断言,社会力量就是在人的集体状态中发生作用的心理力量,社会科学的基础既不是物理学,也不是生物学,而是心理学。

从根本上说,现代社会唯名论方法的特点就在于,把社会分析归结为个人分析,把个人分析归结为心理分析,把心理分析又归结为无意识分析,然后再从个人心理出发把"社会"建构起来。无疑,社会唯名论夸大了个人行为及其心理在社会中的作用,夸大了个人分析法、心理学方法在社会科学研究中的作用,并在这条道路上走到了其逻辑终点——重归唯心主义。

---

① [法]埃米尔·迪尔凯姆:《社会学方法的规则》,胡伟译,华夏出版社1999年版,第14页。
② 《马克思恩格斯全集》第23卷,第51页。

第五，结构—功能主义的方法范式。

结构—功能主义并不是一个流派，依据强调的方面不同，可以把它们相对区分为结构主义和功能主义。然而，它们之间存在着较大的共同性，在本质上是同一种方法论。

结构主义方法的出发点就是把社会看成一个关系系统，在分析过程中，坚持整体决定部分，关系决定要素，社会结构决定社会的本质。列维-斯特劳斯认为，社会的基本结构形式体现在神话(集体梦幻)结构和亲属关系结构两个方面，分析这两种结构关系可以揭示出社会的本质。

功能主义则围绕着"功能"来研究社会。按照功能主义的观点，所谓功能就是指事物与整体系统以及环境相互作用的过程，通过功能来分析社会，也就是通过分析社会要素之间的相互作用过程来确定社会要素与社会系统以及环境的关系。默顿提出了"显功能"与"隐功能"的分析法。帕森斯提出四种功能分析法，即适应性功能分析、目标实现性功能分析、整合性功能分析和模式维持性功能分析，并将这种功能分析法称为"AGIL"社会范式①。

皮亚杰则把结构与功能结合起来分析社会，提出了结构—功能主义方法。在皮亚杰看来，真正的结构主义方法包括对社会结构的整体性、转换性和自身调整性三方面的综合考察；同时，"要把社会学结构主义即人类学结构主义，跟生物学结构主义和心理学结构主义互相协调起来；而生物学结构主义和心理学结构主义在任何水平上(从体内稳定状态到各种运算)都不能不有一个功能方面"②。因此，必须把结构分析和功能分析联系起来，从结构的同化功能出发来理解和分析社会结构的发生过程。

结构—功能主义方法范式重视社会的整体性，却忽视了部分，忽视了个人在社会中的作用，不理解社会结构本质上是个人活动的对象化；重视社会的系统性，却又沿着单一的系统思维方向运动，把本来是无结构的、处于原始状态的无意识看作是有结构的，并认为所谓先天心灵结构决定一切。可见，卓越与贻害是结构—功能主义方法范式的"双生子"。

第六，社会生物主义的方法范式。

社会生物主义承认，社会是具有自身特殊性的行为系统，但是，它又强调

---

① "AGIL"社会范式，取"适应性功能"(Adaptation)、"目标实现性功能"(Goal-Attainment)、"整合性功能"(Integration)、"模式维持性功能"(Latency)各自的第一个英文字母组成。
② ［瑞士］皮亚杰：《结构主义》，倪连生、王琳译，商务印书馆1984年版，第76页。

社会从生物界发展而来,生物行为与社会行为有着统一的进化过程,二者之间必然存在着内在的联系。因此,"在解释人类行为中经常出现的一些基本和普遍行为时,不能忽视生物学,尤其是遗传学的作用"①。从本质上说,社会生物主义就是把生物进化论原则应用于社会科学研究,以此来说明社会生活的基本形式。

从斯宾塞到威尔逊,社会生物主义方法范式的根本特点在于,把社会行为还原为生物学遗传密码,并进一步还原到化学、物理以及信息过程。"社会化学""社会物理学""社会信息论"等本质上是与社会生物主义相同的方法。社会生物主义方法范式对 20 世纪的社会科学产生了重大影响,贝尔因此把社会生物主义列为 20 世纪社会科学的四大成果之一。

在研究社会生活时当然不能否定人的生物性,"任何人类历史的第一个前提无疑是有生命的个人的存在。因此第一个需要确定的具体事实就是这些个人的肉体组织,以及受肉体组织制约的他们与自然界的关系"②。但是,社会生物主义夸大了人的生物性的作用,不理解劳动是人的生命活动的基本形式,劳动一经形成就成为强大的力量,支配着人类生物进化的方向,并构成人类社会的现实基础。社会生物主义的方法本质上是一种还原论的方法,然而,人的社会行为对人的生物本性具有不可还原性。

以上六种社会科学方法范式都有一定的合理性,但又都不是完备的,都具有较大的局限性,存在着内在的不可解决的矛盾。在社会科学方法史上实现了历史性转换、至今仍保持着生命力、闪耀着真理光芒的方法范式,仍然是马克思主义的社会研究方法。

三、社会科学方法范式的历史性转换

社会科学方法范式的历史性转换的契机,就是马克思创立了"实践反思"的方法,即以实践为理论基础和思维坐标来反观、理解社会。

按照马克思的观点,实践首先是人以自身的活动来引起、调整和控制人与自然之间物质变换的过程;在这个过程中,人与人之间必须互换其活动,并必

---

① [美] 丹尼尔·贝尔:《当代西方社会科学》,范岱年等译,社会科学文献出版社 1988 年版,第 88 页。
② 《马克思恩格斯全集》第 3 卷,第 23 页。

然结成一定的社会关系;同时,实践结束时得到的结果,在这个过程开始时就已经在实践者头脑中作为目的以观念的形式存在着,这个目的是实践者"所知道的,是作为规律决定着他的活动的方式和方法的"①。这就是说,实践内在地包含三重关系,即人与自然的关系、人与人的关系以及人与意识的关系,这些关系的总和又构成了社会的基本关系。可以说,实践以浓缩的形式包含着全部社会关系,它是社会关系的发源地和社会历史的现实基础,因而构成了社会的本质。正因为如此,马克思主义从实践出发来反观、理解社会,并把社会"当作实践去理解"②。

从实践出发去理解社会的根本点在于,从物质实践的内在结构,即生产方式出发理解和剖析社会结构。"经验的观察在任何情况下都应当根据经验来揭示社会结构和政治结构同生产的联系,而不应当带有任何神秘的和思辨的色彩。"③在马克思看来,社会结构的"总体化"就是通过生产方式对社会内部诸结构的规范来实现的,生产方式始终是社会的深层结构,它决定着政治结构、观念结构和社会结构,从而形成了以生产方式为基础的社会整体结构;在特定的社会整体结构中,其内部诸结构映现着某种共性,诸结构在功能上相互补充、相互促进,呈现出同构性。

社会结构的整体性及其内部诸结构的同构性是由占统治地位的生产方式所决定的。马克思指出:"在一切社会形式中都有一种一定的生产决定其他一切生产的地位和影响,因而它的关系也决定其他一切关系的地位和影响。这是一种普照的光,它掩盖了一切其他色彩,改变着它们的特点。这是一种特殊的以太,它决定着它里面显露出来的一切存在的比重。"④这就是说,占统治地位的生产方式从根本上决定着社会内部诸结构的特定比例、布局和功能,并使它们之间产生一种契合性、同构性和总体性。

在马克思看来,世袭制、等级制的政治结构和宿命论、血统论等构成的观念结构之间之所以具有"同构"性,是因为二者同源于个体小生产方式。"成为希腊人的幻想的基础、从而成为希腊[艺术]的基础的那种对自然的观点和对社会关系的观点,能够同走锭精纺机、铁道、机车和电报并存吗?""阿基里斯能

---

① 《马克思恩格斯全集》第23卷,第202页。
② 《马克思恩格斯选集》第1卷,第54页。
③ 《马克思恩格斯全集》第3卷,第29页。
④ 《马克思恩格斯选集》第2卷,第24页。

够同火药和铅弹并存吗？或者，《伊利亚特》能够同活字盘甚至印刷机并存吗？随着印刷机的出现，歌谣、传说和诗神缪斯岂不是必然要绝迹，因而史诗的必要条件岂不是要消失吗？"①这就是说，古希腊的自然观、社会观和自动纺织机、机车等不能"同构"，歌谣、传说等和活字盘、印刷机不能"同构"。

之所以如此，是因为古希腊的自然观、社会观的基础是古代生产方式，而自动纺织机、蒸汽机车体现的是近代生产方式；歌谣、传说是用口语传播，这种信息传播方式受到传播者声音所及范围的限制，而活字盘、印刷机形成的信息传播方式则超越了这种时空的限制，显现为一个更大的时空结构，一句话，歌谣、传说这种信息传播方式所体现的和活字盘、印刷机所代表的不是同一性质的生产方式。

从物质实践的内在结构——生产方式出发去剖析社会结构，是马克思主义社会研究方法的精髓。抓住这一点，就能真正理解历史和现实中一切社会现象的秘密。

实践是社会生活的本质，同时，又是人的存在方式。马克思把社会"当作实践去理解"，实际上就是"从主体方面去理解"社会②。

按照马克思的观点，人们在实践中生产、创造自己的社会关系，既定的社会关系是人们以往活动的结果，它们预先规定着新一代的生活条件，使其具有特殊的性质；同时，这些社会关系又被新一代的活动不断改变，即使生产力也是在人与自然的相互作用中形成的物质力量，从本质上说，是"人们的实践能力的结果"③。因此，"正象社会本身生产作为人的人一样，人也生产社会"④。

实践作为人的主体性活动，当然体现着人的内在尺度，以及人对社会的批判性和创造性，其中包含着人的自我发展。这就是说，从实践出发去理解社会，也就是从"现实的个人"出发去理解社会。这是因为，"现实的个人"及其活动是社会存在和发展的前提，"社会结构和国家经常是从一定的个人的生活过程中产生的"⑤。在这个意义上，社会历史是"个体发展的历史"，社会关系"不过是他们的物质的和个体的活动所借以实现的必然形式"⑥。社会历史是"发

① 《马克思恩格斯选集》第2卷，第28、29页。
② 《马克思恩格斯选集》第1卷，第54页。
③ 《马克思恩格斯全集》第27卷，第477页。
④ 《马克思恩格斯全集》第42卷，第121页。
⑤ 《马克思恩格斯全集》第3卷，第29页。
⑥ 《马克思恩格斯选集》第4卷，第532页。

展着的、由每一个新的一代承受下来的生产力的历史,从而也是个人本身力量发展的历史"①。因此,我们应当避免把社会当作"抽象的东西"同现实的个人对立起来。

在马克思那里,从个人发展来考察社会发展和从生产方式发展来考察社会发展,具有内在的一致性。这是因为,"生产力和社会关系——这二者是社会的个人发展的不同方面"②。换言之,应当把生产力与生产关系的矛盾看作对个人活动的抽象,二者是在个人的活动中统一起来的。在马克思主义社会研究方法中,历史决定论与人的活动论是高度统一的。正如列宁所说,"决定论思想确认人的行为的必然性,屏弃所谓意志自由的荒唐的神话,但丝毫不消灭人的理性、人的良心以及对人的行动的评价。恰巧相反,只有根据决定论的观点,才能作出严格正确的评价,而不致把什么都推到自由意志上去。同样,历史必然性的思想也丝毫不损害个人在历史上的作用:全部历史正是由那些无疑是活动家的个人的行动构成的"③。

西方社会科学一直在社会与个人的"二律背反"中困惑,或者把社会看作吃人的怪兽"利维坦",或者把人看作与社会无关的"鲁滨孙式"的个人。马克思主义则认为,社会之外或社会之中孤立存在的人,即"鲁滨孙式"的个人只是在思维中才存在的抽象,因而是"抽象的个人";反过来,一个"利维坦"式的社会,即不依赖于个人或凌驾于个人之上,并将自己的意志强加于人的"普遍性""社会机体",同样是空洞的抽象,是"抽象的社会"。在马克思看来,把社会与个人对立起来的方法论根源,就是脱离了从"感性的人的活动"去理解社会与个人的关系。所以,马克思指出,只有把人"当成他们本身历史的剧中人物和剧作者",才能达到社会历史研究"真正的出发点"④。

马克思主义社会研究方法的创立的确是社会科学方法史上的革命性变革。这一革命的根本意义就在于:它把社会及其发展归于人的实践活动,同时,从物质实践的内在矛盾——生产力与生产关系的矛盾出发去理解社会运动,从而发现了社会发展规律。由此,马克思主义"提供了一个完全客观的标准,它把生产关系划分为社会结构,并使人有可能把主观主义者认为不能应用

---

① 《马克思恩格斯全集》第3卷,第81页。
② 《马克思恩格斯全集》第46卷下,人民出版社1980年版,第219页。
③ 《列宁全集》第1卷,第129页。
④ 《马克思恩格斯全集》第4卷,第149页。

到社会学上来的重复性这个一般科学标准,应用到这些关系上来"。"当他们还局限于思想的社会关系(即通过人们的意识而形成的社会关系)时,他们不能发现各国社会现象中的重复性和常规性,他们的科学至多不过是记载这些现象,收集素材。一分析物质的社会关系(即不通过人们的意识而形成的社会关系:人们在交换产品时彼此发生生产关系,甚至都没有意识到这里存在着社会生产关系),立刻就有可能看出重复性和常规性,把各国制度概括为社会形态这个基本概念。只有这种概括才使人有可能从记载(和从理想的观点来评价)社会现象进而以严格的科学态度去分析社会现象。""没有这种观点,也就不会有社会科学。"①这样,马克思主义不仅科学地解答了"社会唯名论"与"社会唯实论"的"二律背反",而且以超前的意识扬弃了现代人文主义与科学主义的理论对立,从本质上、总体上把握住了人类社会及其运动规律。"马克思主义是我们时代不可超越的",我比萨特本人更深刻地理解他的这句名言。

载《中国社会科学》1994 年第 1 期

《新华文摘》1994 年第 5 期转载

---

① 《列宁全集》第 1 卷,第 109、109—110、110 页。

关于马克思主义哲学理论主题和理论特征的再思考

马克思主义哲学的创立是人类思想史上的壮丽日出,它使哲学的主题、职能和思维方式发生了根本的转向,然而,马克思主义哲学又受到来自不同学派、不同方面的误解、曲解、非难和挑战。人类思想史表明,任何一门科学在发展过程中,除了要研究新问题,往往还需要再回过头去重新探讨像自己的主题和职能这样一些对学科的发展具有方向性、根本性的问题,哲学以及马克思主义哲学也是如此。"熟知并非真知。"准确而全面理解马克思主义哲学仍是一个重大的理论课题。本文拟就马克思主义哲学的理论主题和特征做一新的考察和审视,以深化我们对马克思主义哲学的研究。

一、时代课题的哲学解答

哲学体系往往以哲学家个人的名字命名,但它并非仅仅属于哲学家个人。黑格尔说过,哲学是"思想所集中表现的时代"。马克思把这一观点进一步发挥为"哲学是自己时代精神的精华"。的确如此。由哲学家们所创造的哲学体系,不管其形式如何抽象,也不管它们各自具有什么样的"个性",都和哲学家所处的时代密切相关。法国启蒙哲学明快泼辣的个性,德国古典哲学艰涩隐晦的特征,存在主义哲学悲观绝望的情绪,离开它们各自的时代是无法理解的。从根本上说,任何一种哲学体系的出现都和它所处的时代相联系,都是一定时代的产物。

马克思主义哲学就是19世纪中叶社会发展的必然产物。英国工业革命及其后果、法国政治革命及其后果、世界历史的形成及其意义,这三者是资产阶级历史性创造活动的主要成果,这些成果及其引起的规模宏伟、具有现代形式的社会矛盾,是推动马克思创立"新唯物主义"的根本原因,构成了马克思主义哲学得以产生的时代背景。

肇始于18世纪60年代的英国工业革命,到了19世纪40年代已经取得了决定性胜利,生产已经机器化、社会化;1789年开始的法国政治革命,到了1830年推翻复辟王朝时也取得了历史性胜利,资本主义制度在西欧得以确立和巩固。英国工业革命和法国政治革命的胜利,标志着人类历史从封建主义时代进入资本主义时代,从农业文明时代转向工业文明时代,从自然经济时代转向商品经济时代,从"自然联系还占优势"的时代转向"社会、历史所创造的因素占优势"的时代,从"人的依赖关系"时代转向"以物的依赖性为基础的人的独立性"的时代①。

问题在于,资产阶级在取得巨大的历史性胜利的同时,也给自己带来了巨大的社会性问题,这就是,生产社会化与生产资料私有制之间存在着无法解决的矛盾。时代特征和内在矛盾必然在理论上反映出来。

英国古典政治经济学反映着资产阶级在经济领域中的胜利。亚当·斯密等人把社会财富的源泉从客体转向"主体的活动",并对此抽象化,形成了"劳动一般"概念,创立了劳动价值论。"劳动一般"这个概念的形成,标志着人类进入"现代社会",因为只有在现代社会中,劳动才"不再是在一种特殊性上同个人结合在一起的规定了","个人很容易从一种劳动转到另一种劳动,一定种类的劳动对他们说来是偶然的,因而是无差别的"②。

对法国政治革命及其历史进程的总结形成了法国复辟时代历史学。按照梯叶里等人的观点,中世纪以来的欧洲历史实际上是阶级斗争的历史,基于不同利益的阶级斗争构成了历史发展的动力;财产关系构成政治制度的基础。

---

① 《马克思恩格斯全集》第46卷上,第45、104页。
② 《马克思恩格斯全集》第46卷上,第42页。

恩格斯对此给予很高的评价，认为法国复辟时代的历史学"动摇"了"已往的整个历史观"①，"如果说马克思发现了唯物史观，那么梯叶里、米涅、基佐以及1850年以前英国所有的历史编纂学家则表明，人们已经在这方面作过努力，而摩尔根对于同一观点的发现表明，发现这一观点的时机已经成熟了，这一观点必定被发现"②。普列汉诺夫甚至认为，"把历史看作一个规律性过程的这一新观点，已由复辟时代的法国历史学家在论述法国革命的著作中极为彻底地发挥过了"，因而法国复辟时代历史学是对以往的历史观的"全盘革命"③。恩格斯、普列汉诺夫的论述表明，法国复辟时代历史学不仅"动摇"了"以往的历史观"，而且力求发现唯物主义历史观。

英国和法国"批判的空想的社会主义"则反映着资本主义社会的内在矛盾。在对资本主义制度的批判中，圣西门等人发现所有制是"社会大厦的基石"，并认为历史运动有其内在规律，资本主义必然像以往的社会制度一样走向灭亡，让位于所有人都能得到自由和全面发展的新型社会。欧文指出，生产力状况是"要求迅速改造社会的时代即将到来的另一个意义特别重要的标志"，在资本主义社会，"新奇的生产力"本来应是消除贫困的手段反而成为制造贫困的工具。"由此可以断定，现存的社会制度已经过时，迫切要求实行人类事业中的巨大变革。"④圣西门"毕生追求"的，就是"人的天资得到自我发展"；傅立叶把人的情欲的全面发展视为未来社会的目标；欧文则认为，未来的新型社会"将具有一切手段去培养人们的高尚品格，能用适当的方式在人的一生中按照每个人的天赋才能和力量去利用人们的体、智、德、行的特性"⑤。

可以看出，虽然"批判的空想的社会主义"在总体上属于非科学形态，但它同过去的乌托邦主义又有质的区别，它是从新的时代产生并反映着这个时代内在矛盾的新的理论形态。"批判的空想的社会主义"当然没有解决问题，但它毕竟提出了问题，即人类历史向何处去。这一问题构成了19世纪中叶的时代课题。

马克思在解答时代课题、创立新唯物主义的过程中，对英国古典政治经济

① 《马克思恩格斯选集》第3卷，第502页。
② 《马克思恩格斯选集》第4卷，第733页。
③ 《普列汉诺夫哲学著作选集》第二卷，第157、352页。
④ 《欧文选集》第二卷，柯象峰、何光来、秦果显译，商务印书馆1984年版，第51—52页。
⑤ 《欧文选集》第二卷，第25页。

学、法国复辟时代历史学,以及英国和法国批判的空想的社会主义都进行过批判性研究和哲学的反思。不仅德国古典哲学,而且英国的古典政治经济学、法国复辟时代历史学、英国和法国"批判的空想的社会主义"构成了马克思主义哲学的理论来源。精神生产不同于肉体的物质生产。以基因为遗传物质的人种延续是同种相生,而哲学思维则可以通过对不同学科成果的吸收、消化和再创造,形成新的哲学形态。马克思的新唯物主义当然属哲学,但它的理论来源却不限于哲学。正像亲缘繁殖不利于种的发育一样,一种创造性的哲学理论一定会突破从哲学到哲学的局限。马克思主义哲学就是这样一种创造性的哲学。

马克思又极为重视哲学思维。马克思对时代课题的解答始终贯穿着哲学批判。"德国人是一个哲学民族。"[①]在德国,社会变革问题首先要表现为理论活动、哲学运动。"即使从历史的观点来看,理论的解放对德国也有特别实际的意义。德国的革命的过去就是理论性的,这就是宗教改革。正像当时的革命是从僧侣的头脑开始一样,现在的革命则从哲学家的头脑开始。"[②]马克思所走的道路就是一条典型的德国人的道路。

对马克思主义哲学史的深刻反思使我得知,马克思并不是直接从现实出发去解答时代课题,而是通过对哲学的批判改造返归现实,从而解答时代课题的。正如马克思本人所说,"正像古代各族是在幻想中、神话中经历了自己的史前时期一样,我们德意志人是在思想中、哲学中经历自己的未来的历史的。我们是本世纪的哲学同时代人,而不是本世纪的历史同时代人。德国的哲学是德国历史在观念上的继续。因此,当我们不去批判我们现实历史的 oeuvres incomplètes[未完成的著作]而来批判我们观念历史的 oeuvres posthumes[遗著]——哲学的时候,我们的批判恰恰接触到了本世纪所谓的 that is the question[问题所在!]那些问题的中心"[③]。

可以说,马克思每前进一步都是通过哲学的批判取得的,"黑格尔法哲学批判""对黑格尔的辩证法和整个哲学的批判""对批判的批判所做的批判""对法国唯物主义的批判""对费尔巴哈、布·鲍威尔和施蒂纳所代表的现代德国哲学的批判"……这一系列的哲学批判使马克思得到了严格的理论锻炼,使

---

① 《马克思恩格斯全集》第 1 卷,第 591 页。
② 《马克思恩格斯全集》第 1 卷,第 461 页。
③ 《马克思恩格斯全集》第 1 卷,第 458 页。

他对近代哲学、哲学本身以及其他理论形态有了更透彻的理解,对现实的社会矛盾和"问题的中心"有了更深刻的认识,从而创立了新唯物主义。反过来,新唯物主义的创立又使马克思比同时代人站得更高,看得更透,以高瞻远瞩的深沉智慧把握住"问题的中心",科学地解答了时代的课题。马克思主义哲学不是"学院派",更不是以往哲学主题延伸的产物。马克思主义哲学的创立同对时代课题的解答是密切相关、融为一体的。

马克思主义哲学产生之前,民族性是哲学的主要特征。即使孔子、老子、康德、黑格尔的哲学对其他民族发生过影响,但这仍然属于文化交流和文化传播的范围,并未改变哲学的民族性。孔子哲学、老子哲学是中国哲学,康德哲学、黑格尔哲学是德国哲学,如此等等。

与此不同,马克思主义哲学是世界性的学说。尽管德国是马克思主义哲学的故乡,但马克思主义哲学并非专属德国,而是一种"世界的哲学"。马克思曾经预言,必然会出现这样的时代,"那时,哲学对于其他的一定体系来说,不再是一定的体系,而正在变成世界的一般哲学,即变成当代世界的哲学"①。马克思主义哲学正是这样一种世界哲学,它是现实的世界历史在观念上的反映和理论上的表达。

我在这里所说的世界历史,不是通常的历史学意义上的世界史,即整个人类历史,而是特指各民族或国家进入全面相互作用、相互影响、相互制约、相互渗透,使世界"一体化"以来的历史。世界历史在今天已经是一个可经验到的事实了,但它形成于19世纪。马克思以其惊人的洞察力注意到这一历史趋势,他用"历史向世界历史的转变"这一命题表征这一历史趋势,并明确指出,资产阶级"首次开创了世界历史,因为它使每个文明国家以及这些国家中的每一个人的需要的满足都依赖于整个世界,因为它消灭了以往自然形成的各国的孤立状态"②。

世界历史的形成,使以往那种各民族闭关自守、自给自足的状态被各民族各方面的相互交往和相互依赖所代替了,民族的片面性、局限性不断被消除。物质生产和精神生产都是如此,不仅存在着世界市场,而且"形成了一种世界的文学"③,即世界性的精神产品。马克思主义哲学就是这样一种世界性的精

---

① 《马克思恩格斯全集》第1卷,第121页。
② 《马克思恩格斯全集》第3卷,第68页。
③ 《马克思恩格斯选集》第1卷,第276页。

神产品,它是在世界历史这个宏大的时代背景中产生的世界哲学。

正因为马克思主义哲学是世界哲学,它才"远在德国和欧洲境界以外,在世界的一切文明语言中都找到了拥护者"①,在不同的民族那里能够生根发芽,开花结果,成为民族文化的一部分。马克思主义哲学与俄国具体特点相结合,形成了列宁主义哲学,与中国的"具体特点相结合并通过一定的民族形式",产生了毛泽东哲学思想,如此等等。

二、哲学主题的根本转换

毫无疑问,马克思主义哲学是唯物主义哲学。但是,唯物主义哲学的主题并不是一成不变的,相反,是随着时代的发展而变化的。作为新唯物主义,马克思主义哲学绝不是旧唯物主义以至整个传统哲学原有主题的延伸和对这个主题的另一种解答。相反,马克思主义哲学实现了哲学主题的根本转换,并由此建构起一个新的哲学空间。恩格斯甚至这样表述了新唯物主义的特征:"这已经根本不再是哲学,而只是世界观。"②这当然不是说马克思的新唯物主义不是哲学,而是指它不是传统意义上的哲学。

要真正理解恩格斯的这一观点,就要弄清传统哲学的特点和马克思的世界概念。

"传统哲学"是相对于"现代哲学"而言的,是指从古希腊到19世纪中叶这一历史阶段的哲学形态,包括古代哲学和近代哲学。追溯整个世界的本原或基质是传统哲学的目标,并构成了其中不同派别的共同主题。从根本上说,传统哲学就是"形而上学",即关于超验存在之本性的理论,它力图从一种"终极存在"或"初始本原"中去理解和把握事物的本性,以及人的本质和行为依据。亚里士多德之后,这种"终极存在"日益脱离现实的人及其活动,日益脱离现实的社会及其历史,成为一种"抽象的存在""抽象的实体"。

近代唯物主义一开始就具有反形而上学的倾向,在培根那里,唯物主义"包含着全面发展的萌芽"。然而,"唯物主义在以后的发展中变得片面了""变得敌视人了"。③ 那种"抽象的物质""抽象的实体"成了一切变化的主体,

---

① 《马克思恩格斯选集》第4卷,第212页。
② 《马克思恩格斯选集》第3卷,第481页。
③ 《马克思恩格斯全集》第2卷,第163、164页。

构成了"万物的本性和存在的致动因"。在笛卡尔看来,哲学追求的,就是把握这个"第一原因和真正原理",由此演绎出一切事物的本性和原因。近代唯物主义从批判形而上学开始,最终又回归形而上学。

黑格尔把形而上学和德国唯心主义辩证法结合起来,"把实体了解为主体,了解为内部的过程,了解为绝对的人格"①,又建立起一个形而上学王国,从而使形而上学在德国古典哲学中"曾有过胜利的和富有内容的复辟"②。这样,在亚里士多德把"存在的存在"规定为"第一哲学"的主题之后,到了黑格尔这里完成了一次形而上学的大循环。问题在于,黑格尔把一切都还原为"绝对精神","绝对精神"成了一种新的迷信,高高地耸立在祭坛上,要人们顶礼膜拜,人本身则成了"绝对精神"自我实现的工具,只不过是一种"活的工具"。即使拿破仑这样的英雄,在黑格尔眼中,也不过是"骑在马背上的绝对精神"。这表明,黑格尔哲学只是在形式上肯定了人的能动性,由于它把人仅仅看作"工具",因此,在实际上彻底剥夺了人的能动性、创造性、主体性。

这就是说,无论是在近代唯物主义中,还是在近代唯心主义中,不仅"本体"成为一种抽象的本体,存在成为一种抽象的存在,人也成了一种抽象的存在,人和人的主体性失落了。哲学不关注人,人当然也就不会关注哲学。因此,形而上学在这次悲壮的"复辟"之后,不仅"在理论上威信扫地",而且"在实践上已经威信扫地"。马克思断言:"这种形而上学将永远屈服于现在为思辨本身的活动所完善化并和人道主义相吻合的唯物主义。"③完成这一时代任务的不是别人,正是马克思。换言之,把唯物主义和人的主体性"吻合"起来是马克思关注的问题,而反对或拒斥形而上学是马克思主义哲学的基本原则。

在哲学史上,马克思和孔德同时举起了"拒斥形而上学"的旗帜,马克思甚至认为,他所创立的新哲学才是"真正实证的科学"④。马克思的"拒斥形而上学"与孔德的"拒斥形而上学"在时代性上具有一致性,在指向性上却有本质的不同。孔德认为,"拒斥形而上学"之后,哲学应局限于经验、知识以及"可证实"的范围内;马克思提出的是另一条思路,即"拒斥形而上学"之后,哲学应关

① 《马克思恩格斯全集》第 2 卷,第 75 页。
② 《马克思恩格斯全集》第 2 卷,第 159 页。
③ 《马克思恩格斯全集》第 2 卷,第 160、159、159—160 页。
④ 《马克思恩格斯全集》第 3 卷,第 31 页。

注"现存世界"，"把人们的全部注意力集中到自己身上"①。

马克思所说的"现存世界"当然包括自然界，但这个自然界已不是原生态的自然界，而是"人类学的自然界"。按照马克思的观点，自然界具有"优先地位"，但"先于人类历史而存在的自然界"，或在人的活动范围之外的自然界，对人类来说是"无"，或者说"是不存在的自然界"②。这是因为，原生态的自然界的意义只有通过人的开掘、发现，才能获得对人而言的现实性；只有通过人的实践改造之后，才能构成人们生活于其中的现实世界；通过实践，人们不仅改造自然存在，而且自身也进入到自然存在之中，赋予自然存在以新的尺度——社会性、历史性。

显然，马克思所说的现存世界不是作为自然、社会和思维之总和的宇宙，即"整个世界"，而是人类世界。自然史和人类史"这两方面是密切相联的；只要有人存在，自然史和人类史就彼此相互制约"③。在现存世界中，自然与社会相互制约、相互渗透，出现在人们面前的是社会的自然和自然的社会，或者说是"历史的自然"和"自然的历史"。现存世界就是自然与社会"二位一体"的世界。

传统哲学，即形而上学关注宇宙本体，注目于上苍的"绝对精神"或"抽象物质"，却恰恰忘记了对人类世界的关怀；马克思主义哲学则关注人类世界，注目于现实的人及其发展。对马克思主义哲学来说，"全部问题都在于使现存世界革命化"，即以人的发展为坐标来重新"安排周围世界"，"把人的世界和人的关系还给人自己"④。这样，马克思便把哲学的聚焦点从整个世界转向人类世界，从宇宙本体转向现存世界的本体，从而使哲学的主题发生了根本的转换。

哲学主题的这一转换是与哲学对象的变革一同完成的。

从历史上看，不同时代的哲学，以至同一时代的不同哲学派别，都有自己特殊的研究对象。费希特指出："我们想把每种哲学提出来解释经验的那个根据称为这种哲学的对象，因为这个对象似乎只是通过并为着这个哲学而存在的。"⑤这

① 《马克思恩格斯全集》第 2 卷，第 161 页。
② 《马克思恩格斯全集》第 3 卷，第 50 页。
③ 《马克思恩格斯全集》第 3 卷，第 20 页。
④ 《马克思恩格斯全集》第 1 卷，第 443 页。
⑤ 北京大学哲学系外国哲学史教研室编译：《十八世纪末—十九世纪初德国哲学》，商务印书馆 1975 年版，第 187 页。

一观点颇有见地。纵览哲学史可以看出,每一种哲学用以解释世界并构造其理论体系的依据或基本原则,就是这种哲学的对象。费尔巴哈哲学力图以"现实的人"为基本原则来解释世界并构造其理论体系,所以,它"将人连同作为人的基础的自然当作哲学唯一的、普遍的、最高的对象"①。黑格尔哲学以抽象化的人类理性——绝对理性为依据来解释世界并构造其理论体系,实际上就是以人类理性为研究对象。"哲学是探究理性东西的。"②正是按照这种认识,黑格尔建立起一种"科学之科学"的哲学体系。"就哲学被看作是凌驾于其他一切科学之上的特殊科学来说,黑格尔体系是哲学的最后的最完善的形式。全部哲学都随着这个体系没落了。"③

当马克思把目光转向人类世界时,他同时在寻找理解、解释和把握人类世界的依据,并以此作为新唯物主义哲学的研究对象。这个依据终于被发现,那就是人类实践活动。

按照马克思的观点,人类世界,即现存世界中的自然和社会,是在人的实践活动中融为一体的。实践犹如一个转换器,正是通过这个转换器,社会在自然中灌注了自己的目的,使之成为社会的自然;同时,自然又进入社会,转化为社会中的一个恒定的因素,使社会成为自然的社会。现存世界当然不能归结为人的意识,同样也不能还原为原生态的自然。人类实践活动才是现存世界得以存在的根据和基础,在现存世界的运动中具有导向作用,即人通过自己的实践活动"为天地立心",在物质实践活动的基础上重建世界。这就是说,实践才是现存世界真正的本体。这是一个动态的、不断发展、不断生成的本体,现存世界因此成为一个不断形成更大规模、更多层次的开放性体系。

因此,马克思把新唯物主义哲学的对象规定为人类实践活动,把新唯物主义哲学的任务规定为解答实践活动中的人与世界、主体与客体、主观与客观、思维与存在的关系,从而为改变世界提供了科学的方法论。实际上,马克思的新唯物主义哲学就是为改变世界的实践活动而创立的,实践的内容就是它的理论内容。新唯物主义,即马克思主义哲学本身就是对人类实践活动中的矛盾关系的理论反思。所以,马克思认为,马克思主义哲学是"描述人们实践活

---

① 《费尔巴哈哲学著作选集》上卷,第 184 页。
② [德] 黑格尔:《法哲学原理》,范扬、张企泰译,商务印书馆 1961 年版,第 10 页。
③ 《马克思恩格斯选集》第 3 卷,第 362 页。

动和实际发展过程的真正实证的科学"①。这样,马克思便找到了哲学与改变世界的直接结合点。

马克思主义哲学所实现的哲学主题的转换和哲学对象的变革,与现代科学的发展是一致的。"一旦对每一门科学都提出要求,要它们弄清它们自己在事物以及关于事物的知识的总联系中的地位,关于总联系的任何特殊科学就是多余的了。于是,在以往的全部哲学中仍然独立存在的,就只有关于思维及其规律的学说——形式逻辑和辩证法。其他一切都归到关于自然和历史的实证科学中去了。"②到了20世纪,对思维本身的研究也从哲学中分化出去了,成为一门独立的学科。可以说,在当今,自然、社会,乃至思维本身都已经不属于哲学研究的领域,企图在科学之上再建构一种关于整个世界"普遍联系"的世界观的确是"多余"的,其实质只能是形而上学在现代条件下的"复辟"。

马克思主义哲学所实现的哲学主题的转换标志着哲学的转轨,即从传统哲学转向现代哲学。从总体上看,现代哲学关注的就是人的生活世界,用雅斯贝尔斯的话来说就是,哲学所力求的目标在于领悟人的现实境况中的那个实在。即使是分析哲学所实现的"语言学转向",从本质上看,所体现的仍然是对人与世界联结点或中介环节的寻求,显示的则是现代哲学对思想、语言和世界三者关系的总体理解。这种总体理解就是:世界在人的思想之外,但人只能通过语言理解世界和表达对世界的理解,所以,"语言的界限就是世界的界限",我们只能谈论"我的世界"。

分析哲学的这一见解不无道理。"语言是思想的直接现实",是"现实世界的语言"③。人类关于世界的认识成果就积淀并表现在语言中,从语言的意义去研究世界的意义,实际上就是从对人的关系中去理解和把握世界。在我看来,分析哲学实际上是以倒退的形式推进了对人与世界关系的研究。当然,分析哲学毕竟走得太远了,在它那里,语言成了一个独立的王国。马克思仿佛预见到这种"语言学转向"似的,明确指出:"正像哲学家们把思维变成一种独立的力量那样,他们也一定要把语言变成某种独立的特殊的王国。这就是哲学语言的秘密,在哲学语言里,思想通过词的形式具有自己本身的内容。""哲学

---

① 《马克思恩格斯全集》第3卷,第30—31页。
② 《马克思恩格斯选集》第3卷,第364页。
③ 《马克思恩格斯全集》第3卷,第525页。

家们只要把自己的语言还原为它从中抽象出来的普通语言,就可以认清他们的语言是被歪曲了的现实世界的语言,就可以懂得,无论思想或语言都不能独自组成特殊的王国,它们只是现实生活的表现。"①

就内容而不是就表现形式来看,就总体而不是就个别派别而言,整个现代哲学的运行都是以马克思主义哲学所实现的主题转换为根本方向的。不管现代哲学的其他派别是否意识到或承认,马克思的确是现代哲学的开创者和奠基人,马克思主义哲学属于现代哲学范畴,是"现代唯物主义"。

三、马克思主义哲学的理论特征

作为现代唯物主义,马克思主义哲学是在对传统哲学,包括旧唯物主义的批判中发展起来的。因此,要真正理解马克思主义哲学的理论特征,首先要了解旧唯物主义以及唯心主义的主要缺点。

从总体上看,旧唯物主义包括自然唯物主义和人本唯物主义两种形态。

自然唯物主义始自古代哲学,后在霍布斯那里达到了系统化的程度,并一直延伸到法国唯物主义中的机械唯物主义派。它根据"时间在先"的原则,把"整个世界"还原为自然物质,人则成了自然物质的一种表现形态。在自然唯物主义那里,物质成了"一切变化的主体","人和自然都服从于同样的规律"。自然唯物主义确认了世界的物质统一性,却一笔抹杀了人的能动性、创造性、主体性;它研究"整个世界",却唯独不给现实的主体——人一个切实的立脚点。换言之,在自然唯物主义体系中,存在着"人学空场"。正是在这个意义上,马克思认为自然唯物主义是一种"纯粹的唯物主义",而到了霍布斯那里,"唯物主义变得敌视人了"②。

人本唯物主义起源于法国唯物主义中的另一派,即"现实的人道主义"③,在费尔巴哈那里达到了典型的形态。"费尔巴哈比'纯粹的'唯物主义者有巨大的优越性:他也承认人是'感性的对象'"④,即把人看作思维和自然相统一的基础,力图以"现实的人"为基本原则来解释世界。然而,费尔巴哈却不理解

---

① 《马克思恩格斯全集》第3卷,第525页。
② 《马克思恩格斯全集》第2卷,第164页。
③ 《马克思恩格斯全集》第2卷,第167—168页。
④ 《马克思恩格斯全集》第3卷,第50页。

实践是人的存在方式，"没有把人的活动本身理解为对象性的活动"①。因此，费尔巴哈最终得到的仍然是抽象的人，忽视的仍然是人的能动性、创造性、主体性。这表明，同自然唯物主义一样，人本唯物主义也"只是从客体的形式"去理解"对象、现实、感性"。正是在这个意义上，马克思把费尔巴哈的唯物主义"包括"在"从前的一切唯物主义"，即"旧唯物主义"的范畴之中，并认为旧唯物主义的主要缺点就是不了解实践活动及其意义。

与此相反，唯心主义肯定了主体意识的能动性，论证了人在认识活动中是通过自身的性质和状况去把握外部对象的。这种认识成果集中体现在康德的批判哲学和黑格尔的否定性辩证法之中。问题在于，无论是康德的批判哲学，还是黑格尔的否定性辩证法，都否定了能动的意识活动的唯物主义基础，因而只是"抽象地发展了"人的"能动的方面"。造成这种状况的主要原因，就在于"唯心主义是不知道现实的、感性的活动本身的"②。

可见，旧唯物主义和唯心主义共同的主要缺点就是：都不理解人类实践活动及其意义。也正是这一共同的主要缺点，在近代哲学中造成了唯物论与辩证法的分离；在旧唯物主义哲学中又形成了"唯物主义和历史彼此完全脱离"，即形成了唯物主义自然观与唯心主义历史观的对立。

旧唯物主义和唯心主义主要缺点惊人地一致，促使马克思深入而全面地探讨了人类实践活动及其意义，从而把马克思主义哲学规定为"实践的唯物主义"，并明确指出："对实践的唯物主义者，即共产主义者说来，全部问题都在于使现存世界革命化，实际地反对和改变事物的现状。"③在我看来，"实践唯物主义"是一个全局性、根本性的定义，它表明的不仅仅是一种要把理论付诸行动的哲学态度，更重要的是指，实践的观点是马克思主义哲学首要的和基本的观点，实践原则是马克思主义哲学的建构原则。换言之，实践唯物主义构成了马克思主义哲学的第一个理论特征，而且是本质特征。

在旧唯物主义中，人似乎不是处于世界之中，通过自己的活动来"透视"世界，而是君临世界之上，从世界之外的某个地方"俯视"这个世界的。与此不同，"新唯物主义"，即马克思主义哲学是通过人类实践活动来反观、透视、理解

---

① 《马克思恩格斯选集》第1卷，第54页。
② 《马克思恩格斯选集》第1卷，第54页。
③ 《马克思恩格斯全集》第3卷，第48页。

现存世界。按照马克思的观点,实践首先是人以自身的活动来引起、调整和控制人与自然之间物质变换的过程;为了实现人与自然之间的物质变换,人与人之间必须互换其活动,并必然结成一定的社会关系;同时,实践结束时得到的结果,在这个过程开始时就已经在实践者头脑中作为目的以观念的形式存在着,这个目的是实践者"所知道的,是作为规律决定着他的活动的方式和方法的"①,并在实践过程结束时从观念的形式转化客观的存在。

这就是说,实践内在地包含着人与自然的关系、人与社会的关系以及人的观念形式与客观存在的关系,正是这些关系的总和构成了现存世界的基本关系。可以说,实践以缩影的形式映现着现存世界,蕴含着现存世界的全部秘密,是人类所面临的一切现实矛盾的总根源。正因为如此,马克思主义哲学从实践出发去反观、透视和理解现存世界,把"对象、现实、感性""当作实践去理解"②。

从实践出发去理解现存世界的根本点在于,从物质实践出发去把握现存世界,把物质生产活动所引起的人与自然之间的物质变换作为现存世界的基础。在马克思看来,"这种活动、这种连续不断的感性劳动和创造、这种生产,是整个现存感性世界的非常深刻的基础"③。现存世界的整体化就是通过人与自然的物质变换对现存世界的诸关系、诸结构的规范实现的。人与自然之间的物质变换始终是现存世界的深层结构,它从根本上决定着社会结构、政治结构和观念结构。正如马克思所说,"以一定的方式进行生产活动的一定的个人,发生一定的社会关系和政治关系。经验的观察在任何情况下都应当根据经验来揭示社会结构和政治结构同生产的联系"④。"物质生活的生产方式制约着整个社会生活、政治生活和精神生活的过程。"⑤

由此可见,承认自然物质的"优先地位",这只是新唯物主义和旧唯物主义的"共性",它并未构成新唯物主义本身的"个性"。确认人的实践活动所引起的人与自然之间的物质变换构成了现存世界的基础,才是新唯物主义的"新"之所在,或者说,是新唯物主义的"唯物"之所在。

---

① 《马克思恩格斯全集》第 23 卷,第 202 页。
② 《马克思恩格斯选集》第 1 卷,第 54 页。
③ 《马克思恩格斯全集》第 3 卷,第 50 页。
④ 《马克思恩格斯全集》第 3 卷,第 28—29 页。
⑤ 《马克思恩格斯选集》第 2 卷,第 32 页。

实践是人的存在方式和本质活动。马克思主义哲学把现存世界"当作实践去理解",实际上就是"从主体方面去理解"①。在马克思主义哲学中,实践原则与主体性原则具有内在的一致性。这就为理解人的本质以及人与世界的关系提供了一种新的思维方式。

按照马克思的观点,人最初来自自然界,"人的存在是有机生命所经历的前一个过程的结果。只是在这个过程的一定阶段上,人才成为人。但是一旦人已经存在,人,作为人类历史的经常前提,也是人类历史的经常的产物和结果,而人只有作为自己本身的产物和结果才成为前提"②。这就是说,人是通过自己本身的活动自我塑造的结果。动物是以自身对环境的消极适应获得与自然的统一,维持自己的生存的,所以,动物只能成为自然界的一部分;人则是以自身对环境的积极改造获得与自然的统一,维持自己的生存并不断发展自己的,所以,人自成一"类",构成了独特的人类存在。

人类进化不仅仅是生物学意义上的遗传与变异,而且是历史学意义上的延续与创新,而这二者的统一正是在实践活动中完成的。实践因此构成了人的存在方式。人的本质特征就形成于人的这种独特的生存活动中,人的秘密就在实践活动中。"个人怎样表现自己的生活,他们自己也就怎样。因此,他们是什么样的,这同他们的生产是一致的——既和他们生产什么一致,又和他们怎样生产一致。"③要判明人是什么,首先就要理解人的存在方式和活动方式是什么。无疑,这提供了一种从人自身的活动去理解和把握人的本质的思维方式。

在物质实践中,人是以物的方式去活动并同自然发生关系的,得到的却是自然或物以人的方式而存在,从而使人成为主体,自然成为客体。"整个所谓世界历史不外是人通过人的劳动而诞生的过程,是自然界对人来说的生成过程。"④这表明,实践使人与自然的关系成为"为我而存在"的关系⑤。这种"为我而存在的"关系是一种否定性的矛盾关系。具体地说,人类要维持自身的存在,即肯定自身,就要对自然界进行否定性的活动,即改变自然界的原生态,使

---

① 《马克思恩格斯选集》第1卷,第54页。
② 《马克思恩格斯全集》第26卷Ⅲ,人民出版社1974年版,第545页。
③ 《马克思恩格斯全集》第3卷,第24页。
④ 《马克思恩格斯全集》第42卷,第131页。
⑤ 《马克思恩格斯全集》第3卷,第34页。

之成为"人化自然""为我之物";这种对自然界的否定性活动又是在特定的社会关系中进行的,并随着社会的发展而发展,因此,"人化自然""为我之物"同时就是社会的自然、"社会之物"。

与动物不同,人总是在不断制造与自然的对立关系中去获得与自然的统一关系的,对自然客体的否定正是对主体自身的肯定。这种肯定、否定的辩证法使主体和客体处于双向运动中,"人创造环境,同样环境也创造人"①。这种相互"创造"正是在实践中完成的。实践不断地改造、创造着现存世界,同时又不断地改造、创造着人本身。"环境的改变和人的活动或自我改变的一致,只能被看作是并合理地理解为革命的实践。"②作为人的存在方式,实践当然体现着人的内在尺度以及对现存世界的批判性,其中包含着人的自我发展。

可以看出,人与自然之间的这种"为我而存在"的否定性关系是最深刻、最复杂的矛盾关系。正是这种矛盾关系构成了马克思之前众多哲学大师的"滑铁卢",致使唯物主义对人的主体性"望洋兴叹",唯物主义与辩证法遥遥相对。马克思高出一筹的地方就在于,通过对人的实践活动及其意义进行深入而全面的剖析,把唯物主义和人的主体性统一起来了,唯物主义和辩证法因此也结合起来了,形成了辩证唯物主义。这也就是说,辩证唯物主义构成了马克思主义哲学的第二个理论特征。

当马克思以科学的实践观为基础把唯物主义和辩证法有机结合起来时,也就在唯物主义哲学中实现了唯物主义自然观和唯物主义历史观的统一。这是同一个过程的两个方面。

通常认为,唯物主义历史观是一般唯物主义原理在社会历史领域的"推广""运用"。然而,事实并非如此。爱尔维修早就"把他的唯物主义运用到社会生活方面"③,得到的却是唯心主义历史观。费尔巴哈也力图把他的唯物主义运用到社会历史领域中,但由于费尔巴哈"从来没有把感性世界理解为构成这一世界的个人的共同的、活生生的、感性的活动"④,因此,费尔巴哈仍然陷入唯心主义历史观。"当费尔巴哈是一个唯物主义者的时候,历史在他的视野之外;当他去探讨历史的时候,他绝不是一个唯物主义者。在他那里,唯物主义

①《马克思恩格斯全集》第3卷,第43页。
②《马克思恩格斯选集》第1卷,第55页。
③《马克思恩格斯全集》第2卷,第165页。
④《马克思恩格斯全集》第3卷,第50页。

和历史是彼此完全脱离的。"①社会生活的特殊性犹如横跨在自然和社会之间的"活动翻板"。在马克思之前,即使是坚定的唯物主义者,当他们的视线由自然转向社会,开始探讨社会历史时,几乎都被这块活动翻板翻向了唯心主义的深渊。

从认识论的角度看,造成这种状况的根本原因,仍在于以往的哲学家不理解实践活动及其意义,不理解社会生活在本质上是实践的。马克思的高明之处就在于,他从实践出发去理解社会以及社会与自然的关系,从而创立了唯物主义历史观。实践的观点不仅是马克思主义认识论首要的和基本的观点,而且是马克思主义历史观首要的和基本的观点。

按照马克思的观点,人们为了创造历史,必须能够生活;为了能够生活,必须进行物质实践,实现人与自然之间的物质变换;为了实现人与自然之间的物质变换,人与人之间必须互换其活动,并必然结成一定的社会关系。"生活的生产——无论是自己生活的生产(通过劳动)或他人生活的生产(通过生育)——立即表现为双重关系:一方面是自然关系,另一方面是社会关系;社会关系的含义是指许多个人的合作。"②在马克思看来,社会关系"不过是他们的物质的和个体的活动所借以实现的必然形式",即使社会生产力本质上也是"人们的实践能力的结果"③。实践的确是全部社会关系的发源地和全部社会生活的本质。从根本上说,社会就是在人与自然之间的物质变换过程中形成和发展起来的,人与自然之间的物质变换形成了社会存在和发展的"永恒的自然必然性"。

正因为如此,以往的哲学家,包括旧唯物主义哲学家把人对自然的实践关系从历史中排除出去后,只能走向唯心主义历史观。正如马克思所说,"把人对自然界的关系从历史中排除出去"必然造成"自然和历史的对立",因而"这种观点只能在历史上看到元首和国家的丰功伟绩,看到宗教的、一般理论的斗争,而且在每次描述某一历史时代的时候,它都不得不赞同这一时代的幻想"④。马克思从人对自然的实践关系这一"现实历史的基础"出发去解释观念以及一切重大的历史事件,创立了唯物主义历史观。正如马克思所说,"在

---

① 《马克思恩格斯全集》第 3 卷,第 51 页。
② 《马克思恩格斯全集》第 3 卷,第 33 页。
③ 《马克思恩格斯全集》第 27 卷,第 478、477 页。
④ 《马克思恩格斯全集》第 3 卷,第 44 页。

现实生活面前,正是描述人们的实践活动和实际发展过程的真正实证的科学开始的地方",唯物主义历史观"不过是从对人类历史发展的观察中抽象出来的最一般的结果的综合",而"只要有人存在,自然史和人类史就彼此相互制约"①。

就这样,马克思消除了"物质的自然"与"精神的历史"对立的神话,实现了唯物主义自然观和唯物主义历史观的统一,创立了历史唯物主义。历史唯物主义因此构成了马克思主义哲学的第三个理论特征。

由此可见,实践唯物主义、辩证唯物主义、历史唯物主义构成了马克思主义哲学的三个理论特征。其中,辩证唯物主义、历史唯物主义这两个特征都是从实践唯物主义这一本质特征引申出来的,是实践唯物主义这一本质特征必然展开的内在逻辑和理论表现。实践的观点的确是马克思主义哲学首要的和基本的观点。

在哲学史上,马克思第一次把实践提升为哲学的根本原则,转化为哲学思维方式,从而创立一种新唯物主义,即实践、辩证、历史的唯物主义。马克思的新唯物主义属于现代哲学范畴。作为现代唯物主义,马克思主义哲学不仅终结了传统哲学,而且在整体上优于现代西方哲学的其他流派。现代西方哲学的其他流派都是从人类世界的某一侧面、某一环节或某种关系出发,并把人类世界归结于这一侧面、环节、关系,因而它们的联系运动,不断地相互否定才形成一个思维整体;马克思主义哲学则抓住了人类世界的根本——实践,并从这一根本出发向人类世界的各个方面、各个环节、各种关系发散出去,从而本身成为一个思维整体。马克思主义哲学的确是我们这个时代"唯一不可超越的哲学",我比萨特本人更深刻地理解他的这句名言。

载《中国社会科学》1994 年第 1 期

《新华文摘》1994 年第 2 期转载

---

① 《马克思恩格斯全集》第 3 卷,第 30—31、31、20 页。

论实践的世界观意义

实践的认识论和历史观意义,已为众人所知;实践的观点是马克思哲学首要的和基本的观点,这一见解也为众多的学者所认同。然而,实践的世界观意义仍未引起我们的重视。实际上,实践的观点是马克思主义哲学首要的和基本的观点,这一命题本身就蕴含着实践的世界观意义。本文拟就实践的世界观意义作一考察和研究,以深化我们对马克思的实践观点以至整个马克思主义哲学的研究。

一、实践:主观世界和客观世界分化与统一的基础

世界的二重化首先体现为主观世界与客观世界的分化,而实践则是主观世界和客观世界分化与统一的基础。

所谓主观世界,是指人的意识、观念世界,是人的头脑反映和把握物质世界的精神活动以及心理活动的总和,既包括意识活动的过程,又包括意识活动过程所创造的观念,即意识活动的成果。主观世界不仅起于主体的心意以内,而且表现为主体的心意状态。从总体上看,主观世界是知、情、意的统一体。

客观世界是指"物质的、可以感知的世界",是人的意识活动之外的一切物质运动的总和。从内容上看,客观世界包

括两个部分,即自然存在和社会存在。前者不依赖人的活动而独立存在,后者形成于人的实践活动中,但又不以人的意志为转移。二者的共同之处就在于:它们都是具有客观实在性的物质存在,而非意识、观念的存在或集合体。

主观世界与客观世界具有异质性。客观世界存在于人的意识活动之外,具有直接现实性,并按照自己固有的规律运动着。自然存在的物质基础在其自身,社会存在的物质基础是物质生产方式。主观世界则是以人脑为物质(生理)基础,以意识诸要素及其运动为机理。主观世界存在于人脑之内,其广延性、伸张性,即意识空间、思维空间体现在意识、思维活动中。从这个意义上说,主观世界就是主体精神活动所具有的智慧和思维能力大小强弱的幅度、界限,它所能接受、理解和处理信息的思维容量域。

主观世界与客观世界具有异质性,但从内容上看,二者又具有同构性。所谓同构,是指具有彼此对应的基本要素及其结构方式。主观世界与客观世界的同构性是由主观世界本身形成的前提、条件和基础造成的。主观世界并不是离开客观世界而独立自存的实体,也不是一个超然于客观世界而绝对孤立自存的世界,相反,它从属于客观世界。

当然,起于心意之内的"由己性"是主观世界的基本特征之一。正是这种"由己性"使人们可以在心意之内随意组合、建构客体,从而使主观世界既可能表现、肯定客观世界,又可能偏离、超越客观世界。然而,从内容上看,这种表现、肯定或偏离、超越都源于客观世界。主观世界是对客观世界的反映,它在观念的形式中反映着客观世界的内容,在概念中凝结着对客观世界本质的理解。"观念的东西不外是移入人的头脑并在人的头脑中改造过的物质的东西而已。"[1]主观世界实质上是被人的头脑所反映并转换为观念形式的客观世界。在内容上源于客观世界,因此,二者必然具有同构性。

问题在于,主观世界并不是客观世界自动分化的结果,也不是对客观世界"直观"的结果,更不是由各种"先天范畴"构成的思维之网。主观世界以及主观世界和客观世界的关系形成于人的实践活动中。就其发生而言,实践是主观世界最切近的基础。正是在实践活动中,世界发生了分化,物质世界被反映在人的头脑中并转化、内化为主观世界。换言之,实践使世界二重化为主观世界和客观世界。

---

[1] 《马克思恩格斯全集》第23卷,第24页。

实践不仅使世界二重化为主观世界和客观世界,而且从根本上制约着主观世界和客观世界接触的范围,以及主观世界的广度和深度。客观世界的内容转化为主观世界的内容是一个不断扩大和深入的过程。对每一时代特定的主体来说,并不是客观世界的所有内容都能转化为主观世界的内容,只有纳入到人的实践以及认识活动范围内的那部分客观世界才能转换为主观世界的内容,或者说,只有被纳入到人的实践以及认识活动的那部分客观世界为主体所接受和认识,并沉积、内化为意识的容量框架、纵横幅度和界限的时候,才能转换为主观世界。实践是主观世界和客观世界的接触点,从根本上制约着世界的二重化运动。

实践又是主观世界和客观世界的转换器。不仅客观世界只有通过实践以及认识活动才能转换为主观世界,而且主观世界,尤其是其中的理想存在也只有通过实践才能转换为现实的存在,成为客观世界的一部分,并不断地更新着客观世界的内容。正是在这个意义上,列宁指出:"人的意识不仅反映客观世界,并且创造客观世界。"①实践本身就是主观见之于客观的活动,是主观和客观的"交错点","它不仅具有普遍性的品格,而且还具有直接现实性的品格"②。正因为如此,实践成为主观世界和客观世界相互转换的基础和途径。

实践是人的有目的的活动。这种有"目的的活动不是指向自己……而且为了通过消灭外部世界的规定的(方面、特征、现象)来获得具有外部现实形式的实在性"③。换言之,人在实践活动中并非仅仅接受客观世界及其规律,而且要依据自己的目的利用客观规律去改变客观世界的现存状况,使之成为符合人的目的要求的新状态,即成为属人世界。因此,在主观世界和客观世界分化与统一的过程中,又同时形成了自在世界和属人世界,即人类世界的分化与统一。

二、实践: 自在世界和人类世界分化与统一的基础

自在世界和人类世界是两个相对应的概念。自在世界又称天然自然,这一概念包含两重含义: 一是自在世界是人类世界产生之前就已经存在的自然

---

① 《列宁全集》第 55 卷,第 182 页。
② 《列宁全集》第 55 卷,第 183 页。
③ 《列宁全集》第 55 卷,第 183 页。

界,这是人类世界产生之前的先在世界;二是自在世界又是人类活动尚未达到的自然界。自然界在广度和深度上都是无限的,永远存在着人类活动尚未达到的部分,即尚未被人化的部分。人类世界则是指在人类实践基础上形成的人化自然和人类社会的统一体。

自在世界和人类世界都具有客观实在性。人们并不是在自在世界之外创造人类世界,而是在自在世界所提供的材料的基础上建造人化自然、人类社会、人类世界的。人的实践可以改变天然自然的外部形态、内部结构,乃至其规律起作用的方式,但它不可能消除天然自然的客观实在性。相反,天然自然的客观实在性通过实践延伸到人化自然、人类社会、人类世界之中,并构成了人类世界客观实在性的自然基础。

人类世界不同于自在世界。自在世界是独立于人的活动或尚未被纳入到人的活动范畴内的自然界,其运动变化完全是自发的,一切都处在盲目的相互作用之中。人类世界和人的活动不可分离。人化自然是被人的活动所改造过的自然,它体现了人的需要、目的、意志和本质力量;人的社会关系则是人的社会活动的对象化。

当然,人类世界不可能脱离自在世界,它以自在世界为自己存在和发展的前提,但人类世界毕竟不同于自在世界,它并不是自在世界自动延伸的产物。从根本上说,人类世界是人的实践活动的对象化,是人的对象世界。统一的物质世界本无自在世界和人类世界之分,只是出现了人及其活动之后,"自然之网"才出现缺口并一分为二,即在自在世界的基础上叠加了一个与它既对立又统一的人类世界。实践就是自在世界和人类世界分化与统一的基础。

作为改造自然的有目的的活动,物质实践不仅使自在世界,即天然自然发生形态的改变,而且把人的目的性因素注入自然界的因果链条当中,使自然界的因果链条按同样客观的"人类本性"运动。物质实践虽然不能改变自然物的本性和规律,却能把人的内在尺度运用到物质对象上去,按人的方式来规范物质转换活动的方向和过程,改变物质的自在存在形式。正因为如此,在物质实践中,人是以物的方式同自然界发生关系的,得到的却是自然或物以人的方式而存在,天然自然这个"自在之物"日益转化为体现了人的目的并能满足人的需要的"为我之物"。

这一过程就是自然"人化"的过程,其结果是从天然自然中分化出人化自然。"自然的人化"强调的正是"自然界对人说来的生成过程"①。换言之，"自然的人化"强调的不是自然界的变化，而是自然界在人的实践过程中不断获得属人的性质，不断地被改造成为人的生存和发展的条件，成为人的本质力量的确证和展现。所以，马克思认为，人化自然"是人的现实的自然界"，是"人类学的自然界"。

自然的"人化"过程同时就是人类社会形成和发展的过程。人们在从事物质实践、改造自然的同时，又形成、改造和创造着自己的社会联系和社会关系。实践是人以自身的活动来引起、调整和控制人与自然之间的物质变换的过程；在这个过程中，人和人之间又必然要结成一定的关系并互换其活动。实践本身就包含着人与自然的关系和人与人的关系，包含着人与自然之间的物质变换和人与人之间的活动互换。没有人和人之间的社会关系，也就不可能有人和自然之间的现实关系。

"一切生产都是个人在一定社会形式中并借这种社会形式而进行的对自然的占有。"②这就是说，自然的"人化"是在社会之中而不是在社会之外实现的。正是在这个意义上，马克思指出，"自然界的人的本质只有对社会的人来说才是存在的"，"只有在社会中，自然界才是人自己的人的存在的基础"③。

可见，人化自然和人类社会及其内在联系都是在实践活动中形成的，人化自然和人类社会的统一构成了人类世界。人通过自己的实践在自在世界的基础上建造了属人的世界，从而使世界二重化为自在世界和人类世界。

在实践活动中，自在世界和人类世界"这两方面是密切相联的；只要有人存在，自然史和人类史就彼此相互制约"④。具体地说，自在世界构成了人类世界存在和发展的自然前提，人的实践活动把天然自然同化于人自身，转化为自己的本质力量，同时又把这种本质力量对象化于人类世界；人类世界形成之后又反过来制约天然自然，不断地改变自在世界的界限。现代科学成果表明，自然史上的最高"会聚"发生在自然史向人类史的转化，此时较低层次的自然系统成为较高层次的社会系统的组成部分，而社会系统又对自然系统施加着"约束"。

---

① 《马克思恩格斯全集》第 42 卷，第 131 页。
② 《马克思恩格斯全集》第 46 卷上，第 24 页。
③ 《马克思恩格斯全集》第 42 卷，第 122 页。
④ 《马克思恩格斯全集》第 3 卷，第 20 页。

天然自然通过实践活动转化为人化自然,并在人化自然、人类世界中延续了自己的存在;同时,人化自然又不可避免地参与到整个大自然的运动过程中,或者说,仍然要加入到由自然规律支配的自在世界的运动过程中。这里,会出现两种情况:一是自在世界运动以其强大的力量强行铲除人化自然的痕迹,使人的活动成果趋于淡化,甚至消失;二是人化自然改变了自然规律起作用的范围和结果,改变了各种自然过程,特别是生物圈内物质、能量的流通与变换。这就可能产生对人并非有利的负面效应,如生态失衡。正因为如此,恩格斯提出了自然界"对人的报复"以及"人类同自然的和解"问题。马克思也认为应当合理调节人与自然之间的物质变换,"在最无愧于和最适合于他们的人类本性的条件下来进行这种物质变换"①。

总之,人的实践活动是一种不断分化世界,不断使世界二重化,又不断统一世界的活动。对人来说,世界既是本原性的存在,又是对象性的存在。所以,马克思认为,不仅要从客体方面,而且要从主体方面,从"感性的人的活动",即实践方面去理解"对象、现实、感性"。实践分化与统一世界的过程,实际上就是使"自在之物"转化为"为我之物",并"按照人的样子来组织世界"②的过程,是创造出按照自在世界本身的运动不可能产生的事物,即创造世界的过程。实践的确具有世界观的意义。

三、实践:人类世界的本体

本体的原意指"作为存在的存在",实际上指事物得以产生、存在和发展的源泉、基础和根据。人类世界当然不能归结为人的意识,但同样不能还原为天然自然。人类意识、人类社会,以至人类世界对天然自然具有不可还原性。人的实践活动才是人类世界得以存在和发展的根据与基础,在人类世界的运动中具有导向作用,即人通过自己的实践活动"为天地立心",在物质实践活动的基础上重建世界。换言之,实践是人类世界的本体。

人类世界在内容上包含着自然和社会两个方面。但是,人类世界不是自然界和社会的相加,而是在实践基础上形成的人化自然和人类社会"二位一

① 《马克思恩格斯全集》第 25 卷,第 927 页。
② 《马克思恩格斯全集》第 42 卷,第 24 页。

体"的世界。在人类世界中,自然与社会相互制约、相互渗透,呈现在人们面前的是社会的自然和自然的社会,用马克思的话来说,就是"历史的自然"和"自然的历史"。

人类世界中的自然不是脱离人的自然,而是被人们加工过的自然。人不仅改造自然存在,而且通过实践使自身也进入到自然存在当中,并赋予自然存在以新的尺度。一切对自然的加工、改造都是在"一定社会形式中并借助这种社会形式"进行的。作为人化自然,人类世界中的自然是被打上了社会烙印的、被社会中介过的自然。自然对人的关系如何,人对自然的作用采用了什么样的形式、内容和范围等,都受到社会形态的制约。要把人类世界中的自然从实践的社会形式中分离出去是不可能的。在人类世界中,自然不仅保持着天然的物质本性,而且被打上人的烙印;不仅具有客观实在性,而且具有社会历史性。

在人类世界中,如同自然被社会所中介一样,反过来,社会也被自然所中介。人类社会是在人与自然的物质变换中形成和发展起来的,社会历史也无非是"自然界对人的生成过程"。在人类世界中,作为客体的自然,其本身的规律不可能被完全消融到对它进行占有的社会过程中,自然不是外在于社会,而是作为一种内在的因素出现在社会历史过程中。社会的需要只有通过自然过程的中介才能实现。人与自然之间的物质变换构成了社会存在和发展的"永恒的自然必然性"。社会发展既不是纯自然的过程,也不是脱离自然的超自然的过程,而是与自然运动"相似"的过程。把自然以及人对自然的实践关系从社会(历史)中排除出去,也就等于把社会(历史)建立在虚无之上。

社会的自然和自然的社会,或者说"历史的自然"和"自然的历史",都是人们"对象化的活动"的产物。实践是自然的社会中介和社会的自然中介,也是二者互为中介的基础。社会的自然和自然的社会,或者说"历史的自然"和"自然的历史",都是通过人的实践活动来实现或表现的。人类世界只能是实践中的存在。

人类世界是实践中的存在,而实践本身又处在不断的变化发展之中,以实践为基础的人类世界因此成为一个动态的,不断发展,不断生成,不断形成更大规棋、更多层次的开放体系。马克思早就批判过费尔巴哈唯物主义对世界的直观性:"他没有看到,他周围的感性世界决不是某种开天辟地以来就已存在的、始终如一的东西,而是工业和社会状况的产物,是历史的产物,是世世代代活动的结果,其中每一代都在前一代所达到的基础上继续发展前一代的工业和交往方式,并随着需要的改变而改变它的社会制度。""这种活动、这种连续不断的感性劳动和创造、这种生产,是整个现存感性世界的非常深刻的基础。"①

"动物的生产是片面的,而人的生产是全面的……动物只生产自身,而人再生产整个自然界。"②在现代,人类实践活动已经涉及广袤的宇宙、辽阔的海洋,深入到地球深处以及生物的分子结构等等。正如现代著名科学家赫伯特·A.西蒙所说,"我们今天生活着的世界,与其说是自然的世界,还不如说是人造的或人为的世界。在我们周围,几乎每样东西都刻有人的技能的演迹"③。现代实践以及现时代的"人为的世界""人为事物的科学"更加凸现出实践对人类世界的本体意义。换言之,实践对人类世界的本体意义不仅体现在人类世界的形成上,而且体现在人类世界的发展中。

人类世界对人的生成和发展具有直接的现实性,所以,马克思又把人类世界称为"感性世界""现存世界""现实世界"。人类世界的现实性包含着客观性,而人类世界的实践性又进一步确证着人类世界的客观性,并使人类世界及其与自在世界的关系呈现出历史性。客观性、现实性、历史性、实践性构成了人类世界的总体特征,其中,实践性是根本特征。人类世界只能是实践中的存在,实践是构成人类世界的真正的本体。正因为如此,马克思哲学把"感性世界理解为构成这一世界的个人的共同的、活生生的、感性的活动"④。

确认实践是人类世界的本体,并不是否定自然界对人类世界的先在性。同一切唯物主义一样,马克思的新唯物主义也确认自然界的"优先地位"。但是,天然自然只是人类世界的自然前提,而不是人类世界的现实基础;人类世界不是建立在天然自然的基础上,而是建立在物质实践所引起的人与自然之间的物质变换这个基础上,天然自然只有通过实践活动才能转化为人化自然,才能成为人类世界内在要素对人类世界发生作用;实践内在地包含着人与自然的关系和人与社会的关系,这些关系的总和构成了人类世界的基本内容,人类世界所发生的事物和现象都根源于人的实践活动,并且只有通过人的实践

① 《马克思恩格斯全集》第 3 卷,第 48—49、50 页。
② 《马克思恩格斯全集》第 42 卷,第 96—97 页。
③ [美]赫伯特·A. 西蒙:《关于人为事物的科学》,杨砾译,解放军出版社 1985 年版,第 8 页。
④ 《马克思恩格斯全集》第 3 卷,第 50 页。

活动才能得到合理的说明。实践的确构成了人类世界的本体以及人与世界现实关系的中介和基础。马克思的新唯物主义哲学正是通过实践来反观人类世界以及人与世界的关系，建构了一种"新世界观"，从而消除了"物质的自然"与"精神的历史"对立的神话。这是哲学世界观的深刻变革。

载《新视野》1995 年第 4 期

《新华文摘》1995 年第 9 期转载

关于后现代主义的再思考

作为一种对现代化负面效应的批判,后现代主义在西方已从一个"幽灵"转变为一个"家喻户晓的用语",成为当代西方具有重大影响的文化思潮。20 世纪 80 年代后期以来,随着中国现代化运动的不断拓展和深化,后现代主义犹如一股狂泻的浪潮涌入中国,猛烈地冲击着中国思想文化界,并在中国社会迅速弥漫播撒,以至于谈论"后现代"成为新的精英文化与民间意识形态的标志。就学术界而言,大多以为后现代主义是继现代主义之后的一个新的历史时期,有的学者甚至声称"中国也出现了后现代主义"。这是一种误判。"后现代主义文学是不能模仿的,它属于一个特殊的、复杂的传统。"①实际上,整个后现代主义都是"不能模仿的"。"后现代主义并不是我们可以一劳永逸地解决,然后就心安理得地加以运用的东西。这个概念,如果确有这个概念的话,那它也应该出现在我们的讨论之后,而不是在讨论之前。"②杰姆逊的这一论述颇有见地,对我们正确理解后现代主义具有重要的启示。

在我看来,后现代主义在西方首先是作为课题或问题而

---

① 〔荷〕佛克马、伯顿斯:《走向后现代主义》,王宁、顾栋华、黄桂友等译,北京大学出版社 1991 年版,第 2 页。

② Fredric Jameson, *Postmodernism*, *or*, *The Cultural Logic of Late Capitalism*, Durham:Duke University Press, 1991, p. xxii.

存在的,后现代主义思想家们提出了种种不同的认识框架,这些框架都是基于
"谬误推理"的原则而提出的,并表现出一种强烈的问题意识。更重要的是,后
现代主义思想家们对自己的问题意识仍然有一种问题意识。因此,置身于当
代中国文化的背景之中,对后现代主义进行引介和研究,首先应具有充分的问
题意识,即把后现代主义文化思潮作为一个问题来看待,而不是作为既定的理
论成果来接受或否定。只有这样,我们才能比较公允地把握后现代主义的理
论意义,"知道西方世界的重大发展",从而"促使我们去思考"①。

一、后现代主义:众说纷纭的后现代话语

研究后现代主义首先碰到这样一个问题,即是否存在统一的后现代话语,
或者说,一种统一的后现代话语是否可能。由于"主义"一词在汉语中意味着
一套系统的社会文化理论,因此,国内学术界在探讨后现代主义时,总是力图
从某种视角或层面入手,形成界定明确的后现代主义概念。

问题在于,后现代主义不同于存在主义、实用主义、结构主义等思想流派,
它没有思想领袖,没有统一主张,甚至没有同一脉络。因此,界定明确的后现
代主义并不存在。我们宁愿把后现代主义看作一场围绕着某些术语、话题和
观点而展开的争论。在这个意义上,所谓后现代主义也就是众说纷纭的后现
代话语。从总体上看,后现代主义重在"向同一性开战",向一切"宏伟叙事"开
战,它推崇异质成分,拒斥本质主义和基础主义。因此,一种统一的后现代话
语并不存在,换言之,一种趋向统一的话语不能被称为后现代话语。

后现代主义或后现代话语的兴起,源于20世纪50年代以来西方思想家们
对发达资本主义社会及其文化状况的不同体认。20世纪50年代以来,西方社
会及其文化领域出现了许多引人注目的新现象,这些现象传统概念无法涵盖,
现代观念也无法解释。哈桑由此认为,这是一种需要区别于现代主义的现象,
可用"后现代"来命名这种现象。的确如此,德里达、利奥塔、拉康等人都注意
到这种需要区别于现代主义的现象,并对此展开种种不同的探讨。尽管这些
哲学家、历史学家、文艺理论家的探讨尚未形成一种运动、范式或流派,却呼唤
出相应的文化潮流以及知识态度和生活态度。

① [荷]佛克马、伯顿斯:《走向后现代主义》,第2页。

哈桑认为,可以用"后现代主义"来称谓这些文化潮流和人生态度,并指出,"后现代主义是对现代主义在其预示性时刻直接或间接瞥见到的难以想象之物所做出的一种反应"①,其典型特征就是不确定性和内在性。不仅如此,哈桑还发人深思地追问:后现代主义是文学思想中的描述性范畴,还是评价性范畴? 是一种艺术倾向,还是一种社会现象,乃至西方人文主义的一种变化? 显然,在哈桑的理论视野中,后现代主义首先是作为问题或者说课题而存在的。

杰姆逊从西方马克思主义的理论立场出发,坚持认为,所有的文化分析总是包含着一种被掩盖或被压抑的历史分期理论,后现代主义与晚期资本主义密切相关。按照杰姆逊的观点,晚期资本主义属于"后工业社会",在这里,"现代化已大功告成,'自然'已一去不复返地消失。整个世界不同于以往,成为一个完全人文化了的世界,'文化'成为一个实实在在的'第二自然'"②。如果说"现代",即前期资本主义重在征服自然,那么"后现代",即晚期资本主义则重在文化层面,乃至"无意识"层面的扩张。据此,杰姆逊将后现代主义规定为"晚期资本主义的文化逻辑",并认为市场资本主义产生了现实主义,垄断资本主义产生了现代主义,而晚期资本主义产生的则是后现代主义;后现代主义的表征就是深度模式削平,历史意识泯灭,主体性丧失,以及距离感消失,等等。一句话,后现代主义就是对发展到"晚期"的资本主义文化的一种研究。

可以看出,杰姆逊所谓的后现代主义是一个文化的历史分期概念,是一个描述性范畴,而且杰姆逊是把后现代主义作为一个文化主因而非风格来把握的。正如杰姆逊本人所说,"文化主因的概念允许一系列截然不同,但又是从属性的特征的存在和共存"③。换言之,后现代主义作为晚期资本主义文化的主导逻辑,并不完全排除现实主义、现代主义等异质成分的存在。

利奥塔用"后现代"一词表述发达资本主义社会中的知识状态,并将它定义为"针对元叙事的怀疑态度"④。所谓元叙事,是指黑格尔式的思想传统"纯思辨理论叙事"和法国大革命代表的思想传统"自由解放叙事":前者注重同一性、整体性价值的思维模式,后者注重人文独立解放的思维模式,二者联合

① Ihab Hassan, *The Postmodern Turn: Essays in Postmodern Theory and Culture*, Columbus: The Ohio State University Press, 1987, p. 39.

② Fredric Jameson, *Postmodernism, or, The Cultural Logic of Late Capitalism*, p. xxii.

③ 王岳川、尚水:《后现代主义文化与美学》,北京大学出版社 1992 年版,第 76 页。

④ 王岳川、尚水:《后现代主义文化与美学》,第 26 页。

起来,共同为制度化的科学研究辩护,为追求真理和正义辩护。

但是,始料未及,这种辩护的结果与元叙事的初衷构成绝妙的讽刺:人的主体性急剧膨胀,个体的人却被消解了;科学突飞猛进,人文世界却趋向僵化窒息。利奥塔由此认为,后现代主义致力于同一性或统一性的消解,以增强我们对于差异的敏感,促成我们对不可通约事物的宽容能力;后现代知识的原则不是专家的同一推理,而是发明家的谬误推理。显然,利奥塔所谓的后现代是一种非同一性的精神,一套蔑视限制、专事反叛的价值模式,是一个分析性和评价性范畴。

可以看出,在众说纷纭的后现代话语中,"后现代"或"后现代主义"一词具有三个特征:一是作为描述性范畴,用以指称西方社会及其文化领域出现的新现象;二是作为评价性范畴,用以分析和考察这些新现象;三是作为评价的结果,可以从中归纳、概括出一些新的认识视角、思路、方法等。这表明,尽管当代西方思想家们心目中的后现代主义各不相同,但他们都承认晚期资本主义社会出现了一些新的文化现象或呈现出新的知识状态,即使是对后现代主义持果断拒斥态度的哈贝马斯,也不否认当代西方社会所出现的种种新特点。

正是围绕着对这些新现象、新状态和新特点的探讨,后现代话语应运而生。解构主义、新解释学、新实用主义、西方马克思主义、女权主义等思想流派围绕后现代主义展开了种种论争,构成扑朔迷离的后现代文化景观。这些流派的观点互相掺杂抑或互相对立,彼此间的论争也就相互启发,充满旨趣,从而使后现代话语不断积累、不断增殖,最终从狭窄的文学围墙中走出来,成为一种广泛的文化思潮,并向全世界蔓延,成为一个世界性的话题。

我之所以把后现代主义作为一种话语来把握,还有一个重要原因,即后现代主义或者说后现代不是传统认识论意义上的概念,而是一个当代解释学的概念。当代解释学认为,没有什么是最终需要解释的东西,解释是无限的,因为作为被解释物的符号不是消极地等待解释,它本身就是对其他符号的解释;对解释本身的解释由此陷入一种循环,即解释不是由所指之物造成的,而是由于解释者的功能造成的。这样,当代解释学就否认了传统的认识论及其所谓的"深层意义"或"真理"。"后现代主义"这一术语就是作为一种解释预设或者说解释框架提出的,它所面对的是一个文本世界、语言世界、知识世界,它所探讨的不是客观世界的问题,而是迄今为止通过语言建构起来的整个人类知识的合理性问题。

因此,后现代话语中的"后现代社会"并不是指当代发达的资本主义社会,充其量只是指该社会中的知识状态。对于当代发达的资本主义社会,后现代思想家们一般将之称为晚期资本主义、后工业社会、信息社会、消费社会、传媒社会等。一般说来,后现代主义拒绝把自己看作当代发达资本主义社会状况的文化反映,相反,它把自己看作对既有文化传统的梳理和建构。"传统形式的历史,承担起'记忆'往昔丰碑的过程,将它们转变为文献","而在我们这个时代,历史则成了把文献变为丰碑的东西"①。

这就是说,"现代"主要是认识世界,获得知识的过程,是形成文献和话语的过程,而"后现代",即"我们这个时代",则主要是对已有的文献和话语重新进行审视的过程。换言之,后现代主义不过是对西方文化的一次重新审视、重新构想、重新整合和重新改写,是一种话语的"解码"和"再编码"活动。利奥塔就是这样做的。他的《后现代状况》一书探讨的就是迄今为止的"知识"状况。如果说从"自然"到"文化"这样一个建构过程是"现代",那么,从已有的"文化"到"文化的重构"则构成了"后现代"。

我注意到,后现代主义所关注的主要是观念层面、意识层面的东西,所以,后现代话语信奉"语言游戏论",即认为语言符号不是实在意义的替代物,语言意义取决于符号之间的差异,而不是取决于它对外部世界的再现和表征。然而,这只是后现代主义的"自我感觉"。实际上,任何一种文化思潮,不管它具有什么样的"个性",它的形成都和它所处的时代相联系,从根本上说,都是一定时代的产物。法国启蒙思潮明快泼辣的"个性",德国古典哲学艰涩隐晦的特征,离开它们各自的时代是无法理解的。后现代主义也是如此。

在我看来,后现代主义绝不是空穴来风,对它的认识和分析仅仅通过"语言游戏"是无法达成的。作为一种话语,后现代主义无疑是通过各种理论思潮的交锋,以及对人文传统的解读逐步展开的。但是,后现代主义或者说后现代话语的崛起,毕竟是在一定的历史基地上发生的。因此,只有把整个后现代主义文化论争置放在特定的时代背景中,才能得到较为明确的阐释和把握。

从总体上看,后现代主义的兴起有两大根源:一是两次世界大战的爆发;

---

① Michel Foucault, *The Archaeology of Knowledge and the Discourse on Language*, New York: Pantheon Books, 1972, p. 7.

二是科技领域所发生的变革。如果说前者使西方社会对理性观念、人的自我控制、社会进步等信念发生怀疑，那么，后者则使西方社会对由于知识增长而造成的人与世界的分裂、人的萎缩乃至分裂产生迷茫和恐惧。一句话，资本主义进入"晚期"之后处于破碎分裂、"礼崩乐坏"之中。无论对其进行维护也好，批评也罢，资本主义犹如一列急驰的火车，一如既往，按照既定的轨道行驶下去。这表明，在现代化的过程中，资本主义不仅"合法化"了，而且被定于一尊，变成"铁板一块"，"忘记如何进行历史性思考"，即忘记了资本主义自身的历史性，从而成为一种专制性的权威。

于是，在"后现代"问题上，当代西方的思想家们又一次聚集起来，为日渐病入膏肓的资本主义社会"急诊"，并再一次开出药方——"向同一性开战"。正因为如此，杰姆逊指出："最稳妥地把握后现代主义这一概念的办法，就是把它看作在一个已经在忘记如何进行历史性思考的时代里去历史地思考现实的一种努力。"①

二、后现代主义：重释现代性

美国后现代主义者格里芬指出："如果说后现代主义这一词汇在使用时可以从不同方面找到共同之处的话，那就是，它指的是一种广泛的情绪而不是任何共同的教条——即一种认为人类可以而且必须超越现代的情绪。"②这种"超越现代的情绪"就是后现代话语中的后现代性。后现代性是相对于现代性而言的，因此，对后现代性的阐释和对现代性的梳理同步发生，同时运作。从后现代主义的产生和发展的过程看，后现代话语正是通过对现代主义、现代性以及系统哲学的"解构"，展现了后现代主义、后现代性以及启迪哲学的基本脉络。在我看来，这种解构也就是一种重新释义。

所谓解构，是德里达所运用的特有的书写风格，旨在以文字学瓦解语音写作，以修辞抵制逻辑，从而摧毁文本的意义（在场），抹去原有的规范，重写新的文字。尽管德里达的解构哲学自成一家，然而，解构作为一种旨趣，却为整个后现代话语所拥有，我们只有借助于对解构旨趣的把握，才能比较顺畅地进入

① Fredric Jameson, *Postmodernism*, *or*, *The Cultural Logic of Late Capitalism*, p. xxii.
② ［美］大卫·格里芬：《后现代科学——科学魅力的再现》，马季方译，中央编译出版社1995年版，第17页。

后现代话语。

按照德里达的观点,解构当然不是确定性的,但它是肯定性的,甚至首先是肯定性的运动,那种认为解构就是否定的看法,其实是一种形而上学的重新书写;解构不是拆毁或破坏,不是简单地对体系论结构的分解,从根本上说,结构是对存在的一种思考,是对形而上学的一种思考。因此,德里达所说的解构不仅涉及这种或那种建构活动,而且涉及系统体系说的主题,涉及根基问题、根基与构成根基的事物之间关系问题、结构关系问题,以及整个哲学结构的问题。

解构无疑与系统有关,但这并不意味着解构摧毁了系统,而是敞开了排列或集合的可能性。在这个意义上,可以说解构是对系统的一种反应,即对系统的关闭和开放的一种反应。把握了德里达的解构旨趣,我们才能理解,解构不同于批评。如果说批评通常总是由主体指向外物的,那么解构则是主体的一种自我反思,自我清理。因此,对现代性的解构,不是置身于现代性之外对它展开批评,而是置身于现代性的历史行程之中对其进行梳理,从而重新"释义"和"赋义"。

"现代"作为一个历史分期概念而运作始于 17 世纪。法国启蒙主义从历史分期的角度提出"现代"这一概念,以同古典时代相区别。在法国启蒙主义的理论视野中,"现代"这一概念内蕴着进步,而进步则意味着理性、秩序、自由。从历史上看,现代建立起来的关于理性、自由、进步的宏伟叙事与席卷西方的工业革命、科技革命以及翻天覆地的社会革命是同步进行的。尽管不能把现代性或现代化等同于资本主义,但毫无疑问,现代性正是在资本主义时代才得到充分的展现和演绎。因此,表征历史分期的"现代"概念与资本主义历史进程是相促并生的。正是在这个意义上,利奥塔认为,资本主义是现代性的名称之一。

在我看来,后现代话语中的现代性就是指这种关于现代的观念。换言之,后现代话语中的现代性包括文艺作品对意图、设计、等级、大师法则等神圣、鲜明和形式主义特征的偏执,包括哲学家对大写的哲学、绝对真理、基础主义、本质主义等宏伟叙事的热衷,包括政治家对自由主体、历史进步、自由主义法则的迷恋,等等。可以看出,现代性作为一种理念,贯穿于西方社会的一切价值领域、精神领域、意义领域,堪称"主流意识形态"。

后现代主义思想家们在建构"现代"概念谱系的过程中,探讨了现代与后现代、现代性与后现代性、现代主义与后现代主义相反相成、相辅相成的概念分野的实质。通过对他们探讨的考察，可以看出，重释现代性是一个错综复杂的思想历险过程。

哈桑在谈到后现代主义的不确定性、零乱性、无深度性、非原则性等特征时指出，这些特征能否用来区分后现代主义与现代主义值得怀疑，因为后者作为一种强烈的遁词一直保留在西方的文学史中，而后现代主义本身就是一个存在争议的概念和选言逻辑范畴，它受此现象自身的能量与批评家们不断变化的理解双重限定。这里，哈桑或隐或显地透露出这样一种态度，即现代主义是不确定的，后现代主义也是无法确定的。

在哈桑看来，现代主义与后现代主义之间并不存在一道不可逾越的"铁障"或"长城"，因为"历史是可以抹去旧迹另写新字的羊皮纸，而文化则渗透着过去、现在和未来"①。这就是说，后现代主义是从现代主义派生而来的，是与现代主义并蒂共生的统一体。"历史是可以抹去旧迹另写新字的羊皮纸"给我们的启示就在于，"现代"与"后现代"并不具有一种本质的差别，而是"可以擦掉重写"的一种建构，它取决于阐释者的理论视角。

如果说哈桑对于如何界定后现代主义疑虑重重，那么利奥塔则明确地返回到现代主义潮流中去把握后现代主义。按照利奥塔的观点，后现代无疑是现代的一部分，一部作品只有首先是后现代的才能是现代的。这是因为，"后现代"就是把那些在"现代"中无法表现的东西设法加以表现，使之从一种"无形"转变为"有形"。

这样理解之后，后现代主义就不是穷途末路的现代主义，而是现代主义的新生状态，而且这种状态一再出现。据此，利奥塔强调，后现代并不意指一个新的时代，而是对现代性一些特征的"重写"，首先是对现代性将其合法性建立在通过科学和技术解放人类的事业之上的宣言的重写，而且这种重写在现代性本身中已经进行很长时间了。

从根本上说，利奥塔之所以坚持后现代永远被包含在现代之中，就是因为他通过对现代性的历史审察认识到：现代性本身包含一种超越自身，达成一种不同于自身的冲动；现代性不仅以这种方式超越自身，而且要将自我融入一种终极的稳定状态。所以，现代性在本质上不断地孕育着后现代性。

---

① 王岳川、尚水：《后现代主义文化与美学》，第 113 页。

当利奥塔致力于重写"现代性"时,哈贝马斯则希望"重振现代性"。哈贝马斯看到了西方现代文化面临的危机,但他不认为率领整个西方文明进入现代社会的现代性大潮——启蒙、理性、正义、主体性等——会就此枯竭。通过对黑格尔以来的后现代思潮对现代性进攻历程的探讨,哈贝马斯揭示出后现代思潮的核心就是,对主体性、总体性、同一性、本源性、语言深层结构性所进行的全面颠覆,而代之以非中心、非主体、非整体、非本质、非本源,并坚持认为后现代性是不可能的,因为在西方社会,主体性尚未充分发展,现代性的启蒙理想尚未实现,使命尚未完成,生命远未终结。

由此,哈贝马斯的选择是,固守启蒙理想,纠正其设计的错误和实践的偏差,建立新的理性图式——交往理性。显然,哈贝马斯是为了坚持、修正、弘扬启蒙主义理想,即启蒙主义"关于现代的构想"来探讨"现代性"的,这一点与利奥塔不同。

然而,哈贝马斯对现代性的界定在本质上又与利奥塔出于同一个理论视角。在利奥塔的视野中,"现代性"是指一个社会中的知识话语活动可以参照某种宏大叙述,建构起自圆其说的一套游戏规则,从而使这种知识话语具有合理性;在哈贝马斯的视野中,"现代性"就是"不再从模仿其他时代标准的过程中寻找自己前进的方向;它只需要自己创造出所需要的规范。现代性就是保证自己得到完完整整、不多不少的复制"①。这就是说,现代社会就是自己给自己确定原则,而不需要仰仗任何外在的权威叙事来为自己的存在取得合理性或合法化。可见,哈贝马斯的"重振现代性"与利奥塔的"重写现代性"在认识角度上没有本质区别。

在明确了后现代主义旨在解构现代性,而所谓后现代性就是对于现代性的解构,以及哈贝马斯与利奥塔各自所理解的"现代性"之后,利奥塔"重写现代性"的努力与哈贝马斯"重振现代性"的信念之间的对立,就没有根本性的或者说基础性的意义了。实际上,前者是为了追求一种"无政府主义"的知识生活,而不惜放弃现代性关于自由解放的元叙事,后者为了避免"无政府主义"的社会生活,尽管知道启蒙思想存在着许多问题,但仍然不肯放弃;前者为了避免说出另一种元叙事,宁肯不去分辨正确的共识与错误的共识,后者则为了区

---

① Jürgen Habermas, *The Philosophical Discourse of Modernity: Twelve Lectures*, London: MIT Press, 1987, p. 7.

别理论与意识形态,坚持维护一种理性的标准;前者反对把后现代与现代相割裂,是为了反思现代性的前提条件,后者反对把后现代与现代相对立,则是为了强调现代性的生命远未终结;如此等等。

在我看来,利奥塔和哈贝马斯都是从事现代性的解构工作,只不过彼此的出发点、立足点、关注点不同:前者试图改旗易帜,后者则坚执现代性的大旗;前者立足于一种"道德叙事",后者则立足于一种"历史叙事";前者关注知识状况,后者则关注社会生活,因而在现代性的解构过程中所获得的认识不同。更重要的是,利奥塔与哈贝马斯都认为,后现代是置身于现代之中运作的。所以,利奥塔和哈贝马斯之间的论战,以及 20 世纪 70 年代以来欧美学术界的后现代主义论战首要的意义,就在于这是一种话语建构。正是在这种后现代话语的建构中,现代话语同时得以积累和增殖。

罗蒂的"后哲学文化"构想的意义也正在于此。罗蒂把哲学分为系统哲学和启迪哲学,认为伟大的系统哲学家是为了千秋万代而营建,伟大的启迪哲学家则是为他们自身的时代而拆解,尽管启迪哲学家永远也不能使哲学终结,但他们能有助于防止哲学走上僵化之路。所以,系统哲学的特点是抱持中心性、同一性原则,重正常话语,重营构,重哲学的认知性,而启迪哲学的特点是坚持差异性、相对性原则,重反常话语,重解构,重启迪过程①。在罗蒂看来,反常话语永远依托于正常话语,解释学的可能性永远依托于认识论的可能性,而且启迪工作永远使用当前文化提供的材料。

罗蒂的思想明确表现出后现代话语的解构逻辑:后现代主义不是要否定现代性,而是用其内在的某些设想来与它争辩;后现代主义产生于它企图颠覆的完整系统之中,它并不能被视为一种新的样板;后现代主义对现代主义提出了严肃的挑战,但它并没有替代现代主义。这就是说,后现代主义的意义并不在于它与现代主义的对立,而是在于它反映了现代主义的内在悖论。正如德里达所表明的,"作为一种话语,解构总是一种关于寄生物的话语"②。后现代话语是在现代性或现代化的基地上展开的,假若丧失或遗忘了这个基地,后现代主义就真的成为无家可归的"幽灵了",后现代话语则将彻底地沦为没有任

---

① [美] 理查·罗蒂:《哲学和自然之镜》,李幼蒸译,生活·读书·新知三联书店 1987 年版,第 319—324 页。

② [法] 德里达:《一种疯狂守护着思想——德里达访谈录》,何佩群译,上海人民出版社 1997年版,第 183 页。

何指涉性的"喃喃自语"。

在较为充分地理解了后现代话语旨在解构现代性的内涵之后,可以看出,那种把后现代主义区分为"破坏性的后现代主义"和"建设性的后现代主义",或"消极的后现代主义"和"积极的后现代主义"的观点是没有道理的。德里达、福柯往往被看作破坏性的后现代主义代表人物,但实际上,德里达与所谓的建设性的后现代主义代表人物罗蒂并没有原则上的不同。依据利奥塔关于后现代主义旨在"重写"现代性的观点,可以说,德里达和福柯把自己的工作中心放在"重"上,致力于思考"重"何以可能,亦即"重写"的前提条件和可能性问题;罗蒂则把关注的眼光集中在"写"上,较多地思考"写"的具体运作,亦即"重写"的策略和机制等问题。显然,德里达、福柯与罗蒂之间并不存在"破坏性"与"建设性"的区别,只是在将"破坏"推向何种程度再开始回头"建设"这一问题上有着不同意见罢了。

后现代主义是一个充满矛盾的现象,其中运用与滥用同在,建设与颠覆并存。从根本上说,后现代主义不再假定有一个绝对支点可以使真理和秩序合法化,不再相信所谓先验的权威叙事,也不再相信所谓天生的等级制度,而是认为我们所拥有的,只是我们自己所构成的东西,一切事物都是由对话而沟通,一切意义都是由解释而生成,一切认识都是从具体的现实生活出发,并在具体的生活实践中演绎理论。

三、后现代主义的理论意义:一种知识态度和边缘话语

鉴于后现代话语扑朔迷离,错综复杂,鉴于后现代主义思想家们对语言表征危机的体认,对后现代主义的研究,与其说是寻求后现代主义文化思潮的思想宗旨,不如说是为了把握其理论意义。置身于当代中国的文化背景之中,我对后现代主义的全部思考,实质上都牵涉到一个更为现实、更为基础性的问题,即后现代主义与当代中国文化的关系问题。

关于后现代主义的理论意义,首先应注意,后现代是一种知识态度。

现代性基于一种全新的历史分期,确立了对抽象的人的主体性的自信,最终构造出关于理性、秩序、线性进步史观的神话。这种神话曾经为西方社会的现代化进程提供了内在的思想动力,并使现代化进程中所付出的人、社会、环境的种种代价戴上了合理性的面纱,从而使得人们可以对灾难和痛苦欣然接

受。后现代主义对现代性神话提出质疑,无疑有助于人们对现代社会的反思。问题在于,后现代主义在解构现代性神话的同时,是否又建构了后现代神话?后现代倡导反本质主义、反基础主义、反表象主义,是否把本质、基础、表象都连根拔起?后现代主义对相对、多元、差异、不确定性的崇尚,是否注定要滑入虚无主义、相对主义和无政府主义的泥潭?

在这一问题上,霍伊和罗蒂的论述对我们颇有启示。霍伊指出:"福柯和伽达默尔都没有一般地反对真理概念和自由概念,他们感兴趣的只不过是这些有待丰富的概念在实践中是如何具体地被解释的。"[1]罗蒂断言:"指责后现代主义是相对主义也就是硬说后现代主义持一种元叙说。"[2]在我看来,与其说后现代主义倡导反理性,不如说它是在强调绝对理性的霸权和虚妄;与其说后现代主义倡导反人道主义,不如说它在强调人道主义的内在虚弱和暂时性;与其说后现代主义彻底怀疑历史的进步性,不如说它只是想表明关于历史进步的信念往往使人耽于迷信和缺乏警惕。实际上,后现代主义无非是要澄清,没有什么东西能为人类幸福和社会发展提供绝对保证,上帝根本就不存在,人性也是虚构的。所以,从根本上说,后现代主义是一种知识态度,它与具体的选择、建设或破坏指向无关。

我注意到,在质疑和解构现代性神话时,必须避免建构新的"宏伟叙事",即后现代性神话。所谓后现代并不表征一个新的历史分期,只不过提出了一种新的知识态度,而且这种知识态度并非现时代唯一值得尊重和赞赏的知识态度。霍伊的意见值得我们考虑,即同一个人、同一种纪律或设置在某些方面可以是传统的,在某些方面可以是现代的,在某些方面则可以是后现代的。哈桑甚至提出,"我们都同时可以是维多利亚人、现代人和后现代人"[3]。在我看来,后现代主义作为一种知识态度,是对现代主义的划界,它运作于现代主义的"局限处",有其特定的针对性,即旨在消解"绝对基础""纯粹理性""大写的哲学"等超稳定结构。

这种知识态度是对继马克思、尼采以来的拒斥柏拉图主义思想路线的弘扬和细化。为了避免在拒斥柏拉图主义的最终仍然陷入基础主义和本质主义的困境,后现代主义思想家提出种种不同的构想,寻求种种不同的道路。

---

① Darid Couzens Hoy and Thomas Mc Carthy, *Critical Theory*, Oxford: Blackwell, 1994, p.70.
② [美]理查德·罗蒂:《后哲学文化》,黄勇编译,上海译文出版社1992年版,第202页。
③ 王岳川、尚水:《后现代主义文化与美学》,第113页。

实际上,后现代知识态度也是如此。后现代知识态度的意义只有基于现代性的时代背景才能得到澄清,如果置这种时代背景于不顾,孤立地强调所谓后现代的知识态度,就只能使它再度沦为"现代"的知识态度。

后现代主义的理论意义不仅体现为后现代是一种知识态度,而且体现为后现代是一种边缘话语。

所谓边缘话语,是相对于中心话语或主流意识形态而言的。在社会的知识运作机制中,边缘话语始终不断地侵蚀、冲击中心话语的领域,对它构成威胁,但也仅仅是构成威胁而已。我不能同意这样一种观点,即后现代主义的兴起标志着西方世界正处于人类文明的转折点上,长期处于霸主地位的西方文化逐渐暴露出其内在的文明综合征,人类文明的前景有赖于东方文化,尤其是中国传统文化的弘扬。

这种观点看到了某些合理的事实,但又把这种合理的事实溶解于不合理的理解之中。无疑,依据后现代主义的话语逻辑,东方文化属于"他者"话语,是长期以来被遗忘、被搁置的声音,相对于西方文化而言,是"小型叙事"。因此,后现代主义难免对东方"宽宏大量",发出种种溢美之词。但是,作为一种边缘话语,后现代主义反对一切"宏伟叙事",它无意在排斥一种中心意识的同时,确立新的中心意识。

在我看来,后现代主义的启示在于,我们应详细审视中国传统文化,看看其中哪些声音长期以来受到抑制,哪些现象障而不显,哪些叙事受到曲解,从而在某种程度上"重写"中国传统文化,或者说,立足于中国传统文化的"文本",立足于中国文化现代化历史进程的"文本",阐明属于中国文化的"问题"意识,从而推进中国文化观念的革故鼎新,"重整河山"。

我同样不能同意这样一种观点,即尽管在中国尚未形成后现代主义大潮,但它对现存文化已形成挑战。这种观点在学理上存在误解。我们应当明白,即使在西方社会,后现代主义也始终是处于边缘状态,而且是相当自觉地处于边缘状态,它不断向主流文化发起冲击,也或多或少具有挑战性,但它始终秉持的是一种"寄生物逻辑"。依据佛克马的说法,后现代主义文学是不能模仿的,它属于一个特殊的、复杂的传统。实际上,整个后现代主义文化都是如此。如果说后现代主义对当代中国文化可能形成挑战,那也只能是由于后现代主义的启示性影响,中国传统文化中某些被抑制的内在设想可能被重新唤醒,并与当前的主流文化或者说主流意识形态发生争辩。

当然，我注意到，中国目前出现了所谓的"后现代姿态"，一些人在用调侃的态度消解某些不合理、虚伪、可笑的东西的同时，对历史、社会、政治也采取轻佻的、不负责任的态度。作为民间意识形态中的一股潜流，这种"后现代姿态"在诗歌、绘画、小说及生活方式上都有诸多表现。但是，即使承认后现代主义文化思潮助长了中国的"后现代姿态"，我也只能认为，这种现象乃是源于对后现代主义的误解和滥用。这是因为，当今中国的社会生活本身可能出现了某种需求，而后现代主义或多或少地迎合了这种需求。

中国的现代化事业正在迅速推进，作为现代化事业核心的现代性也在充分展开，因此，现代性作为一种主流意识形态或中心文化无疑是必要的。当然，我们也应对其抱持审慎乃至警惕的态度。在我看来，所谓"后现代状态"正是这种态度的消极表现，而且这种消极表现随着中国现代化事业的不断拓展和深化，将会愈益突出。从根本上说，中国的"后现代状态"是对中国现代化的一种反应。因此，我拒绝再用"（西方）挑战——（中国）回应"的模式来理解中国的"后现代姿态"，因为这种模式作为欧洲中心主义的表征，本身就是"现代"观念的重要组成部分。

后现代主义作为一种知识态度值得赞赏，作为一种边缘话语也确有发人深思之处，但这种知识态度和边缘话语预设了或者说逻辑地导向一个生活世界，我姑且称之为后现代世界图景。从总体上看，这种后现代世界图景既消解了科学主义所提供的世界图景，又消解了人本主义所提供的世界图景。由于既把客观实在置之度外，又对主体际性可能达成的客观性不屑一顾，因此，后现代世界图景必然是支离破碎、动荡不定的。

问题还在于，一个支离破碎、动荡不定的世界还能被称为"世界"吗？后现代世界图景的根基究竟何在？后现代主义文本所提供的生活世界由于"削平深度"，实质上是一个失重的、平面化的世界。在后现代世界图景中，我目睹了一种非常奇怪的混合，即精英意识和民间意识形态的混合，以及先锋艺术和大众文化的混合。这种混合在中国也有所表现，一些精英意识倡导放弃理想、不谈主义、淡化价值，而民间意识形态恰恰是信奉这些观点的；而先锋艺术正致力于打破艺术与生活的界限，从对意义的追寻走向文本的不断替代翻新，从有意识的组合走向无意识偶然拼凑的大杂烩，所谓"零度写作"成为时髦，它使艺术不再具有超越性，成为适应性和沉沦性的代名词，从而最终与大众文化融为一体。

后现代主义起初是一种异质的、充满反叛性的声音,致力于新的知识状态的确立,并从边缘话语的立场出发,力图超越现实生活的僵化、盲目信仰及平庸,结果却是在消解生活与艺术、真理与谬误、本源与复制、高尚与低俗之后,堕入了"什么都可以""一切都无所谓"的平庸境地。尽管后现代主义思想家们仍然秉持一种历史的批判态度,但后现代主义的文本以及操作则只能是晦暗不明、无所作为的。在我看来,后现代主义是企图在暗夜里寻求新的亮光,最终却使白昼也混同于暗夜。

后现代话语众声喧哗,后现代主义力图重写现代性,这有助于正处于现代化进程的我们对现代性观念保持一种清醒的头脑,也有助于我们从新的视角出发,重新省察人与自然、人与人之间的关系,重新省察理论与实践、语言与世界、历史与虚构、文学与哲学的关系,从而不断突破形而上学的思维方式,"面对事物本身",获得一种真实、圆润的幸福。可是,后现代主义作为一种知识状态和边缘话语必然依赖于关于后现代的意义世界的预设,而后现代世界图景缺乏根基,无以自足,并在具体的操作中表现出彻底的相对主义和虚无主义。所以,后现代主义作为一种知识状态是值得赞赏的,但作为一种普适性的生活态度则可能使现实世界陷入荒诞和混乱。

从根本上说,后现代主义的意义就在于,它提出了如何认识和把握当代资本主义社会的"当代性"问题,集中展示了当代西方社会的精神困境,但它没有,也不可能指出一条摆脱这种困境的出路。在我看来,后现代主义看出了当代西方社会的"病症",却开错了"药方"。

由此,我很自然地想到马克思主义。马克思主义早在现代性处于地平线时,就对其进行辩驳和批判。马克思主义当然不是后现代主义,但毫无疑问,马克思主义具有后现代意蕴。马克思主义与后现代主义的关系是一个值得探讨的重大的理论问题,不久将会"洛阳纸贵",成为理论家们之间的一个重要话题。马克思主义与后现代主义的关系问题理应得到更为详尽的探讨,然而,由于篇幅的关系,我只好把这一重要任务留给以后的论文了。

载《开放时代》1998 年第 1 期
《新华文摘》1998 年第 5 期转载

关于马克思主义与后现代主义
关系的再思考

在哲学史上，存在着这样一些思想体系，它们产生于某个特定的时代，又并非专属这个时代，它们具有跨时代的特征。马克思主义就属于这些为数极少，并具有恒久魅力的思想体系。马克思生活在工业社会，但他对"后工业社会"的某些重要特征做了"准确"的预见①；马克思主义属于现代唯物主义，但它以敏锐的洞察力捕捉到现代中露出的后现代端倪，并对其加以批判审视。因此，兴盛于 20 世纪后半叶的后现代主义无法忽略、漠视产生于 19 世纪后半叶的马克思主义。马克思主义当然不是后现代主义，不存在所谓的后现代主义的马克思主义，但马克思主义的确具有后现代意蕴。在我看来，探讨马克思主义的当代发展，必须深入研究马克思主义与后现代主义的关系。

一、后现代主义语境中的马克思主义

后现代主义是对现代、现代性以及现代主义的审视和反

---

① ［美］丹尼尔·贝尔：《后工业社会的来临——对社会预测的一项探索》，高铦、王宏周、魏章玲译，商务印书馆 1984 年版，第 66 页。

思。在后现代主义思想家看来，"资本主义是现代性的名称之一"①。因此，在审视和反思现代、现代性以及现代主义的过程中，马克思主义对资本主义的批判很自然地在后现代语境中浮现出来。后现代主义的理论先驱海德格尔，后现代主义的代表人物德里达、福柯、利奥塔、罗蒂、杰姆逊等，都对马克思主义显示出充分的重视。从中，我们可以把握后现代语境中的马克思主义。

反对形而上学是后现代主义思想家的共识。海德格尔注意到马克思拒斥"形而上学"的努力，并认为马克思完成了终结形而上学的工作："纵观整个哲学史，柏拉图的思想以有所变化的形态始终起着决定性作用。形而上学就是柏拉图主义。尼采把他自己的哲学标示为颠倒了的柏拉图主义。随着这一已经由卡尔·马克思完成了的对形而上学的颠倒，哲学达到了最极端的可能性。哲学进入其终结阶段了。"②

德里达指出："如果有一种我永远也不准备放弃的马克思主义的精神，那么它不仅仅是批判的精神和质问的态度……它毋宁说是某种对于解放和获救的肯定，是某种许诺我们可以设法摆脱任何独断观念，甚至摆脱任何形而上学—宗教的预定，摆脱任何救世福音的体验。"③在德里达看来，没有马克思就没有未来，没有对马克思的"记忆和继承"，就没有未来。

福柯认为，支配法国乃至当代批判思想的三个基本来源是尼采、弗洛伊德和马克思，三位大师各自发挥了一种根本性的"解中心"作用，共同开辟了当代解释学的道路。福柯自称"相信马克思的历史分析"，并认为马克思的历史分析并不是"建立在任何18世纪模式的基础上"，相反，马克思在政治经济学的基础上揭示了一个"全新的话语实践"④。

在利奥塔看来，资本主义已经变成一个"形而上学的符号了"，"马克思对此有深刻的理解，尤其在《共产党宣言》之中"⑤。但是，利奥塔同时又认为，马克思主义借助于辩证法成为一种解释无限矛盾运动的话语，换言之，马克思主

---

① ［法］利奥塔：《后现代性与公正游戏——利奥塔访谈、书信录》，谈瀛洲译，上海人民出版社1997年版，第147页。

② ［德］海德格尔：《面向思的事情》，陈小文、孙周兴译，商务印书馆1996年版，第59—60页。

③ ［法］雅克·德里达：《马克思的幽灵：债务国家、哀悼活动和新国际》，何一译，中国人民大学出版社1999年版，第132页。

④ Michel Foucault, *The Order of Things: An Archaeology of the Human Sciences*, New York: Pantheon Books, 1970, p.21.

⑤ ［法］利奥塔：《后现代性与公正游戏——利奥塔访谈、书信录》，第148页。

义借助于辩证法构成了一种"宏伟叙事"，而这正是"后现代状态"所极力拒斥的。

罗蒂对马克思主义的态度具有二重性：一方面认为马克思的哲学属于启迪哲学，即后哲学文化，主张实践的优先性，并始终坚持历史主义意识，其目的在于不断进行人与自然、人与人、人与本文之间的对话；另一方面又认为马克思仍然坚持这样两个信念，即试图深入到现象背后的实在，以及为政治寻找理论基础的信念。显然，罗蒂强调在马克思主义的方法和理论体系之间存在裂痕。

杰姆逊致力于马克思主义的当代阐释，认为马克思主义早已为我们确立了对待后现代主义的"恰当立场"；马克思主义绝不是什么"唯生产的、简约的、过时的整体论话语"，相反，它是一种更为宏大深刻的研究方法，"是我们当今用以恢复自身与存在之间关系的认识方式"。在杰姆逊看来，马克思主义提供了"整体社会的视界"，它"让那些互不相容，似乎缺乏通约性的批评方式各就其位，确认它们局部的正当性，它既消化又保留了它们"，而"其他批评方法的权威性只是来自它们同某个零碎生活的局部原则，或者同迅速增生的复杂上层建筑的某个亚系统的一致性"①。

可以看出，后现代主义思想家对马克思主义的论述，涉及马克思哲学与形而上学的关系，马克思主义与后现代主义的关系。尽管后现代主义思想家对马克思主义的理解各异、取舍不同，但从总体上看，在后现代语境中，马克思哲学的拒斥"形而上学"性、实践的存在论意义这些被"传统"的马克思主义谱系所忽略、所抑制乃至被遗忘的部分，得以彰显。

马克思哲学与形而上学的关系直接关涉到马克思哲学的主题，以及马克思哲学与柏拉图以来的西方传统哲学的关系。对此，西方思想界通常的看法是，马克思哲学本身就是一种形而上学，它沿袭了柏拉图以来的哲学主题，即以追溯整个世界的本质或基质为目标，力图从一种终极存在、初始本原去理解和把握一切事物的本性，以及人的本质和行为依据。后现代主义思想家则强调，马克思哲学真正颠倒了柏拉图主义并完成了对形而上学的终结。这一见解凸现了马克思哲学的拒斥形而上学性，而且与马克思主义的文本相符。

---

① Fredric Jameson, *The Political Unconscious: Narrative as a Socialty Symbolic Act*, Ithaca: Cornell University Press, 1981, p.10.

研读《神圣家族》可以看出，马克思从理论和实践两个方面批判了形而上学，并认为随着科学和实践的发展"把人们的全部注意力集中到自己身上的时候，形而上学的全部财富只剩下想像的本质和神灵的事物了"，因而不仅"在理论上威信扫地"，而且"在实践上已经威信扫地"①。之所以如此，在马克思看来，形而上学这种哲学形态的根本缺陷就在于，它关注的是脱离了人及其活动的宇宙本体或终极存在，不仅本体在其中成为一种抽象的存在，而且人本身也成了一种抽象的存在，人和人的世界都消失了。因此，应否定"迄今为止的哲学"并"消灭哲学"②，即"终结形而上学"，使哲学面向自己时代的现实世界，关注人类世界。马克思断言："这种形而上学将永远屈服于现在为思辨本身的活动所完善化并和人道主义相吻合的唯物主义。"③

这就是说，马克思的"新唯物主义"关注的并不是抽象的物质，更不是以经院哲学的方式抽象地谈论世界的物质统一性，而是从人的物质实践出发，通过对资本主义社会普遍存在的拜物教的批判，揭示出被物的自然属性掩蔽着的人的社会属性，被物与物关系所遮蔽的人与人的关系。换言之，马克思的哲学拒斥形而上学并实现了哲学主题的转换，即从宇宙本体转向人的生存本体，从整个世界转向人类世界，即现存世界，并力图使"现存世界的革命化"。

在"传统"的马克思主义谱系中，实践范畴仅仅被作为认识论的范畴，在认识论之外，即使提到实践范畴，也只是一种应酬式的热情。后现代主义思想家则强调实践的存在论意义，认为马克思对社会生活实践本质的强调，旨在突破西方哲学的知识论谱系，立足于从人的活动来理解社会存在。应该说，这一见解深刻且具有启示性：在马克思的哲学中，实践的确具有存在论或本体论意义。

按照马克思的观点，实践是使自然存在和社会存在相互转化的原创性活动，人在这个世界上诞生之后，就通过实践进入到存在的组合中，并赋予存在以新的尺度，即社会性或历史性，从而使存在具有"为我而存在"的性质；人通过实践活动"为天地立心"，在物质实践活动的基础上重建世界，因此，实践构成了现存世界得以存在的根据和基础。在马克思的哲学中，实践的权威是全方位的，它不仅存在于认识论中，而且搏动于自然观、历史观之中：在自然观

---

① 《马克思恩格斯全集》第 2 卷，第 161—162、162、161 页。
② 《马克思恩格斯全集》第 1 卷，第 459 页。
③ 《马克思恩格斯全集》第 2 卷，第 159—160 页。

中,实践是自在自然和人化自然分化与统一的基础,实践扬弃了人与自然之间的二元对立;在历史观中,实践构成了社会生活的本质和人的存在方式,是"自然的历史"和"历史的自然"相统一的基础,实践消除了"物质的自然和精神的历史"对立的神话。

当然,我们注意到,后现代主义思想家对马克思主义也不乏微词,其批评主要包括两个方面:

一是马克思主义具有强烈的怀疑、批判精神,但它又能够被嵌入共产党人建构的"实体"之中,并被整合为统一的理论体系,成为某种政治的思想基础和行动纲领,因而不可避免地成为"元叙事",难以逃脱保守和封闭的命运。

二是马克思主义倡导实践的首要性,强调人的现实性及生活的多元化,但它关于阶级斗争和人性解放的学说,仍是一种"宏伟叙事",从而导致现实的社会主义运动对于统一整体的偏执和对异质成分的压抑;马克思主义提供了考察资本主义社会结构的认识框架,但它对作为一种认识范式的结构过于迷恋和依赖,因而对犯罪、疾病、孤独和死亡等人类生存的基本困境涉猎甚微;等等。

对于马克思主义,后现代主义思想家往往强调其方法,而非结论;重视其思路,而非体系;赞赏其某些片断,而非整体。因此,在后现代主义语境中,马克思的文本,以至整个马克思主义变得支离破碎,不再具有一以贯之的统一意义。

后现代主义思想家对马克思主义的褒与贬,公正也好,偏颇也罢,对我们来说,其意义主要在于其中呈现出来的一种对马克思主义的新理解,有助于我们重新认识和把握游离于"传统"的马克思主义谱系之外的马克思主义的重要观点,从而把握马克思主义的当代价值。

二、马克思主义视野中的后现代

所谓后现代、后现代性、后现代主义,就是对现代、现代性、现代主义进行重新阐释、重新理解。换言之,后现代并不是指一个新的时代,而是对现代性的改写或重写。更重要的是,这种重写现代性的工作在现代性本身中已经进行很长时间了。

"现代"作为一个历史分期概念始于 17 世纪,现代建立起来的关于理性、自由、进步的宏伟叙事与席卷西方的工业革命、科技革命和社会革命是同步进行的。尽管不能把现代性或现代化等同于资本主义，但毫无疑问，始于工业革命的现代化运动是资产阶级发动的，表征历史分期的现代概念是与资本主义历史进程相促并生的，二者因此具有重合性。所以，马克思主义对资本主义的批判同时也就包含着对现代性或现代化负面效应的批判。换言之，马克思主义是在"重写"现代性。首先把马克思的名字同后现代联系起来的是丹尼尔·贝尔。在《后工业社会的来临——对社会预测的一项探索》中，贝尔认为，马克思生活在现代，但他"准确"地预见到后工业社会的某些重要特征。贝尔的这一见解是深刻的。在我看来，在马克思主义中尽管没有后现代概念，但马克思主义的确具有后现代意蕴。

按照后现代主义的观点，后现代就是对"元叙事"的怀疑和批判态度。所谓元叙事，是指黑格尔式的思想传统"纯思辨理论叙事"和法国启蒙主义的思想传统"自由解放叙事"。前者注重同一性价值的思维模式，后者注重人文独立的思维模式，二者联合起来，共同为占有全部真理和追求永恒正义辩护。然而，始料未及，辩护的结果与元叙事的初衷构成绝妙的讽刺：理性极度膨胀，个体的人却被消解了；科学突飞猛进，人文世界却趋向僵化窒息。

马克思主义在创立之初，就致力于对黑格尔式思想传统和法国启蒙主义思想传统的批判。恩格斯在《社会主义从空想到科学的发展》中所说的一段话，代表着他和马克思对黑格尔式思想传统和法国启蒙主义思想传统的共同看法："在法国为行将到来的革命启发过人们头脑的那些伟大人物，本身都是非常革命的。他们不承认任何外界的权威……一切都必须在理性的法庭面前为自己的存在作辩护或者放弃存在的权利。思维着的知性成了衡量一切的唯一尺度。那时，如黑格尔所说的，是世界用头立地的时代。最初，这句话的意思是：人的头脑以及通过头脑的思维发现的原理，要求成为人类的一切活动和社会结合的基础。""现在我们知道，这个理性的王国不过是资产阶级的理想化的王国……而理性的国家、卢梭的社会契约在实践中表现为，而且也只能表现为资产阶级的民主共和国。"①

马克思主义与后现代主义都是对现代性及现代化负面效应的批判。如果说后现代主义表征了"资本主义持续变革的逻辑"，并凸现出持续变革中的危

① 《马克思恩格斯选集》第 3 卷，第 719—720 页。

机色彩，即"叙事危机、表征危机、合法化危机"，那么马克思主义则在资本主义处于早期阶段时就揭示了"资本主义持续变革的逻辑"，并极富预见性地阐述了资产阶级时代所面临的经济危机、文化危机、社会危机："生产的不断变革，一切社会状况不停的动荡，永远的不安定和变动，这就是资产阶级时代不同于过去一切时代的地方。一切固定的僵化的关系以及与之相适应的素被尊崇的观念和见解都被消除了，一切新形成的关系等不到固定下来就陈旧了。一切等级的和固定的东西都烟消云散了，一切神圣的东西都被亵渎了。"①受马克思的启发，一些后现代主义思想家开始研究上述变革的效应，如贝尔抨击"文化渎神现象"的蔓延，布迪厄分析"文化生产场"的发达机制，吉登斯透视现代的"知识不确定性"及其后果，等等。

危机意识与问题意识、批判意识密切相关。对马克思主义与后现代主义的深入研究可以看出，二者都具有"问题学"的特征。

马克思在谈到时代精神与哲学的关系时，强调"问题就是口号"，并认为问题比答案更有意义："一个时代所提出的问题，和任何在内容上是正当的因而也是合理的问题，有着共同的命运：主要的困难不是答案，而是问题。"②正是从这种问题意识出发，马克思坚持"不想教条式地预料未来，而只是希望在批判旧世界中发现新世界"③。换言之，马克思主义把"现代社会"存在的问题作为关注的焦点，这是马克思主义注重"批判"的本质所在。

后现代主义同样表现出一种强烈的问题意识。实际上，后现代主义首先是作为课题或问题而存在的，它关注的焦点就是现代性本身存在的问题；它并不是要向人们说出真理，而是为了排除通向真理的障碍，以去掉、摆脱笼罩在现代主义身上的假象和迷雾。从马克思主义到法兰克福学派、存在主义、结构主义，再到后现代主义，对现代性的批判经历了从政治、经济批判到文化、意识形态批判，再到语言批判的过程。从学理的角度说，这种转换是批判工作不断细化、深化和精致化的过程，同时，又显示出这种批判具有逻辑和现实意义。

无疑，马克思主义对现代性的正面作用是有充分估计的。然而，马克思主义更为关注的不是现代性的成就，而是现代性的"问题"。从《1844 年经济学哲学手稿》到《资本论》，对现代社会异化状态的关注始终是马克思理论活动的

---

① 《马克思恩格斯选集》第 1 卷，第 275 页。
② 《马克思恩格斯全集》第 40 卷，人民出版社 1982 年版，第 289 页。
③ 《马克思恩格斯全集》第 1 卷，第 416 页。

焦点之一,其特点就在于,不是希求站在资本主义之"内"达到对资本主义社会运行规律的"理解",而是站在资本主义之"外"去透视、揭露资本主义制度的"病灶",并对资本主义进行"无情的批判"。用利奥塔的话来说就是,马克思主义"试图表明资本主义的符号在何处破坏了自身"①。

需要指出的是,后现代主义语境中的后现代与马克思主义视野中的后现代存在着重大的差别。具体地说,后现代主义在致力消解本质与现象、必然与偶然、中心与边缘等先验的二元对立时,实际上抱持着特殊的目标和旨趣,即偏重于非基础性、非确定性和非中心性,以现象消解本质,以偶然取代必然,以边缘分割中心的效应和影响,而且它肯定的只是片断的、无深度的、不确定的生活模式的意义与价值。一言以蔽之,后现代主义看出了资本主义社会的"病症",却开错了"药方"。

马克思主义则不仅揭示出资本主义社会的困境,而且也指出了一条摆脱困境的出路。在我看来,马克思主义理论框架中的后现代话语,可以容纳以下内容:一是以贯穿整个现代化进程中的现代性观念为研究对象,以实践原则为研究的方法,从异化的表象走向经济的深层批判;二是以确定性与不确定性、中心与边缘、东方与西方、历史与话语等二元对置为研究的背景,以"重建个人所有制"和"确立有个性的个人"为目标;三是致力于防止客观主义或相对主义的极端性摇摆,创造性地思考和回答"后资本主义"时代、"后形而上学"时代人类何以生存的根本性问题。

马克思主义理论框架中的后现代,既表征着一种知识态度,一种对现代性神话进行质疑和解构的知识态度,又表征着一种历史境域,一种我们这个时代据以生存,并"重建个人所有制""确立有个性的个人"的历史境域。

三、马克思主义与后现代主义在当代的"相遇"

马克思主义与后现代主义在当代的"相遇",从现实生活的背景来看,是源于这样一个事实,即二者都是对资本主义社会的批判。

批判性是马克思主义的基本精神。马克思主义在其创立之初就宣布要对现存的一切进行无情的批判,而这种批判的锋芒所向就是资本主义社会。无

---

① [法]利奥塔:《后现代性与公正游戏——利奥塔访谈、书信录》,第148页。

论是"政治批判",还是资本批判,无论是"对黑格尔的辩证法和整个哲学的批判",还是"对黑格尔以后的哲学形式的批判",归根到底都是对资本主义社会的批判。用后现代主义话语来说,就是对资本主义社会进行解构。从根本上说,马克思主义就是由马克思所创立、为他的后继者所发展的批判资本主义的理论。抽去这一根本点,马克思主义就不成其为马克思主义。

后现代主义对现代性负面效应的批判,也是立足于对资本主义进行批判的基地上的。从总体上看,后现代主义就是对现代性进行解构,这种解构是同对资本主义的批判联系在一起的。德里达指出:"解构不是,也不应该仅仅是对话语、哲学陈述或概念以及语义学的分析;它必须向制度、向社会的和政治的结构、向最顽固的传统挑战。"①福柯坦言:"我关注的是知识、学术、理论同真实历史的奇特的关系。"②福柯对知识与权力、监狱与权力等关系的探讨,都旨在揭示资本主义的压迫机制。杰姆逊明确地把后现代主义定义为"晚期资本主义的文化逻辑",并认为"真正的'历史恶梦'是劳动这个事实本身,异化劳动这个不可弥补的损失和创造精力的浪费,这个耻辱的事实无法从任何形而上学范畴获得意义"③。

这表明,后现代主义并非是无根的浮萍,并非是某些思想家的"喃喃自语",它有其特定的现实背景和实践根源。后现代主义在对资本主义的文化批判、知识批判和语言批判中内在地蕴含着社会批判,并在客观效果上不可避免地导向对资本主义生存根基的批判。

正是由于马克思哲学与后现代主义都是对资本主义,尤其是其异化状态的批判,因此,马克思主义准确地预见到了后现代的某些特征,而后现代主义思想家在从事批判时也不由自主地转向马克思主义,二者在当代"相遇"了。

当然,马克思主义与后现代主义对资本主义的批判有本质的不同。具体地说,马克思主义着眼于对资本主义宏观状况的批判,而后现代主义着眼于对资本主义微观领域的剖析;马克思主义着眼于对资本主义经济基础和社会制度的批判,其目的在于从根本上推翻资本主义制度,而后现代主义主要是对资本主义主流意识形态的批判,较少涉及这种主流意识形态赖以滋生的经济基

①［德］德里达:《一种疯狂守护着思想——德里达访谈录》,第21页。
②［法］福柯:《权力的眼睛——福柯访谈录》,严锋译,上海人民出版社1997年版,第12页。
③ Fredric Jameson, "Marxism and Historicism", *New Literary History*, Vol. XI, No. 1, Autumn, 1979, p. 42.

础,尤其是所有制关系。正是这种不同,导致马克思主义者指责后现代主义对资本主义的批判实质上无伤资本主义制度的宏旨,而后现代主义思想家则指责马克思主义对资本主义的批判归根到底仍服膺于资本主义的总体逻辑。

把握马克思主义和后现代主义在当代的"相遇",从理论上来说,应注意人与自然的关系理论和东方与西方的关系理论。

在当代,全球问题的出现使人们逐渐认识到,社会的异化不仅表现在人与人、人与社会关系的异化上,也表现在人与自然关系的异化上,而所有这些异化与西方近代以来的"理性的人"的观念有着根本性关联。自笛卡尔的"我思故我在"开始,西方文化就确立了理性的优先权。马克思主义则不再承认人先天具有一种普遍的理性本质。按照马克思主义的观点,实践是人的存在方式和生命活动的本质特征,人的特性是在实践活动中逐步生成的,人的本质在其现实性上是社会关系的总和。因此,人与世界的关系首先是实践的关系,而非认识的关系。

与此相应,马克思主义极为关注人与自然的关系,认为人通过实践使自在自然转化为人化自然,使"自在之物"转化为"为我之物",但是,在这个过程中,又出现了自然界对人的"报复"问题,即"如果说人靠科学和创造性天才征服了自然力,那么自然力也对人进行报复,按人利用自然力的程度使人服从一种真正的专制,而不管社会组织怎样"①。在西方思想史上,马克思主义最早提出"人类同自然界的和解",以及"合理地调节人与自然之间的物质变换"问题,并认为应在人的内在尺度和外在尺度的双重关联中去改造自然界,使自然界真正成为"人类学的自然界"。

后现代主义所谓"人的终结"的论断,也是要求重新思考主体性问题,重新思考人与自然的关系问题,其锋芒所指就是笛卡尔以来的"理性的人"的观念。按照后现代主义的观点,启蒙运动以来,我思主体的精神分离并对立于外在的物质世界,从而导致人类中心主义,这不仅造成了当代西方的文化危机,而且造成了当代全球性的生态危机。因此,后现代主义试图给人一个新的定位。用福柯的话来说就是,后现代主义思想家"承担了在人和他的科学,他的发现和他的世界——一个具体的世界——之间建立一种关系的任务"②。

---

① 《马克思恩格斯选集》第 3 卷,第 225 页。
② 引自王治河:《论后现代主义的三种形态》,载《国外社会科学》1995 年第 6 期。

在人与世界的关系中,后现代主义解构了人的在先性、中心性和超验性,并明确宣告:人是"创造性的存在物",人的自我形象"是创造而不是去发现的形象"。在格里芬看来,"个体并非生来就是一种具有各种属性的自足的实体,他只是借助这些属性同其他的事物发生表面上的相互作用,而这些事物并不影响他的本质。相反,个体与自我的关系,他与广阔的自然环境的关系、与家庭的关系、与文化的关系等等,都是个人身份的构成性的东西"①。这就是说,人本质上是人通过自己的活动自我创造的产物,对人来说,个人与他人、他物的关系不是外在的,而是内在的、本质的、构成性的。

与此相应,后现代主义也极为关注人与自然的关系问题。后现代主义视野中的后工业社会或后现代,"'自然'已一去不复返地消失。整个世界已不同以往,成为一个完全人化了的世界,'文化'变成了实实在在的'第二自然'"②。因此,后现代主义也不是只讲否定、摧毁,实际上,它非常关注人与自然关系的重建,力主消除现代性所设置的人与自然之间的对立。由此出发,后现代主义十分推崇生态主义和绿色运动,并力图"为生态运动所提倡的持久的见解提供哲学和意识形态方面的根据"。

后现代主义所谓"人的终结",实际上是对资本主义社会所造成的异化的人的批判,它要求重新反思人的自我,重建人与自然的关系。在这一问题上,后现代主义同马克思主义"不期而遇"并具有一致性。

马克思主义的故乡是欧洲,但马克思绝不是一个"欧洲中心主义"者。马克思在创立马克思主义之初,其立足点无疑是西方社会,但随着研究的深化和时间的推移,马克思又把视线转向东方社会,并建构了自己独特的东方社会理论。正是在剖析西方社会、研究世界历史,以及探讨东方社会的社会结构和历史命运的过程中,马克思主义解构了西方中心主义。

马克思在研究东方社会的过程中,反对把西方社会的演化模式套在东方社会上,并认为西方意义的封建主义在东方社会并非普遍存在。"柯瓦列夫斯基忘记了农奴制,这种制度并不存在于印度,而且它是一个基本因素"③,这实际上解构了西欧封建主义的普适性。这是其一。

---

① David Ray Griffced, *Spirituality and Society: Postmodern Visions*, New York: State University of New York Press, 1988, p. 14.

② Fredric Jameson, *Postmodernism, or, the Cultural Logic of Late Capitalism*, p. 9.

③《马克思恩格斯全集》第45卷,人民出版社1985年版,第284页。

其二,马克思明确地把资本主义原始积累的历史必然性限于西欧各国,反对把他"关于西欧资本主义起源的历史概述彻底变成一般发展道路的历史哲学理论"①,并提出了资本主义产生的四条道路的问题,即从封建制度的"衰亡"中产生,从奴隶制的"解体"中产生,从原始公有制的"崩溃"中产生,以及美国的"资产阶级社会不是在封建制度的基础上发展起来的,而是从自身开始的"②。这实际上解构了西欧资本主义起源的普适性。

其三,在探讨俄国社会发展道路时,马克思提出了跨越资本主义制度"卡夫丁峡谷"的设想,即俄国农村公社的二重性及其和资本主义的同时代性,使其有可能在特定的历史条件下跨越资本主义的历史阶段,而直接进入社会主义社会,并认为"假如俄国革命将成为西方无产阶级革命的信号而双方互相补充的话,那么现今的俄国土地公有制便能成为共产主义发展的起点"③。这一设想实际上是解构了西欧资本主义制度的普适性,充分体现出马克思主义对西方中心主义的解构。

在批判资产阶级"东方学"、解构西方中心主义的过程中,马克思又揭露了西方经济与政治霸权,认为西方社会掌握着经济、政治输出的主导权,并通过战争以及经济、政治交往"使未开化和半开化的国家从属于文明的国家,使农民的民族从属于资产阶级的民族,使东方从属于西方"④。在马克思看来,殖民地以及整个东方社会的发展要得到真正的发展,只能是既"吸取资本主义制度所取得的一切肯定成果",同时又超越资本主义制度。

马克思对西方中心主义的解构及其东方社会理论在当代产生了经久不衰的影响。在后现代主义背景中产生的后殖民主义同样关注着东方与西方的关系。萨义德的《东方学》开卷便引用马克思的名言"他们无法表述自己,他们必须被别人表达",以此来形容历史上的东方与西方的关系。按照后殖民主义的观点,伴随着西方资本主义对东方社会的经济侵略和政治扩张,在文化层面上也有一个同步进行的、将整个世界的方方面面文字化、符号化的过程,这也是形成西方"文化霸权"或"文化帝国主义"的过程,后殖民主义就是要对此进行"揭秘""解码"。

---

① 《马克思恩格斯全集》第 19 卷,第 130 页。
② 《马克思恩格斯全集》第 46 卷上,第 4 页。
③ 《马克思恩格斯选集》第 1 卷,第 251 页。
④ 《马克思恩格斯选集》第 1 卷,第 277 页。

萨义德从对西方的"东方主义"的批判出发,致力于颠覆西方霸权的合法性,重新界定东方文化与西方文化的关系。杰姆逊认为,第一世界掌握着文化输出的主导权,并通过文化传媒把自己的价值观念和意识形态编码在整个文化机器中,强行灌输给第三世界,这实际上是一种文化侵略。由此,杰姆逊极为关注第三世界文化的命运,并力图在东方文化与西方文化的二元对立中,寻觅后现代氛围中人类文化发展的新契机。

可见,在东方与西方的关系问题上,马克思主义与后现代主义也不期而遇,并的确具有共识。当然,二者关注的重心又不相同:马克思主义关注的是西方经济与政治霸权的消除,后现代主义关注的是西方文化霸权的"解码";马克思主义关注的是殖民地如何通过实际行动走向非殖民化,后现代主义关注的是语言对于"思想非殖民化"的重要性,并"沉溺在话语之中,对那些起作用的社会经济政治体制以及其他社会实践形式漠不关心"①。

马克思主义与后现代主义在当代的"相遇",凸显了马克思主义的后现代意蕴,同时也促使我们进一步思考如何发展马克思主义的问题。"他山之石,可以攻玉。"后现代主义思想家对马克思主义的阐释,使我们发现,马克思主义文本中的确有许多成分长期以来游离于"传统"的马克思主义谱系之外。更重要的是,这些"异质成分"又往往深度契合着当代社会的重大问题,展示出马克思主义在当代的理论生长点。因此,我们要在当代发展马克思主义必须关注这些"异质成分",并对此进行深入而系统的研究,以充分展示马克思主义的当代意义。

载《哲学研究》1998 年第 9 期
标题原为《马克思哲学与后现代主义》

---

① Benita Parry,"Problems in Current Theories of Colonial Discourse",*The Oxford*, No. 9, 1987, p. 43.

关于马克思主义哲学中国化的再思考

中国哲学、希腊哲学和印度哲学是世界文明圈中的三大哲学传统。这三大哲学传统就其最初的发生而言,的确是在相对隔离的环境中独立形成的。然而,它们一旦产生,随着人类文明和交往的发展,又相互作用、相互影响、相互渗透。哲学史和社会科学史表明,马克思主义哲学绝不是离开世界文明大道产生的,相反,它科学地回答了人类先进思想已经提出的重大问题,是文明和哲学成果的结晶。其中,中国传统哲学与马克思主义哲学也有一定的关联。马克思主义哲学中国化与中国哲学现代化有着内在的一致性。我们必须从马克思主义哲学产生和发展的历史视角,进一步认识和把握中国哲学与马克思主义哲学的关系。

一、马克思主义哲学与中国传统哲学的关系

哲学是时代精神的精华。由哲学家们创造的哲学体系,不管其形式如何抽象,也不管它们具有什么样的"个性",都和哲学家所处的时代密切相关。马克思主义哲学就是 19 世纪中叶社会发展的必然结果。英国工业革命及其后果、法国政治革命及其后果、世界历史的形成及其意义,这三者是资产阶级进行历史性创造活动的主要成果,这些成果及其引起的

具有现代形式的社会矛盾,是推动马克思创立辩证唯物主义的根本原因,构成了马克思主义哲学得以产生的时代背景。

肇始于18世纪60年代的英国工业革命,到了19世纪40年代已经取得了决定性胜利,生产已经机器化、社会化;1789年开始的法国政治革命,到1830年推翻复辟王朝时也取得了历史性胜利,资本主义制度得到了确立和巩固。英国工业革命和法国政治革命的胜利,标志着人类历史从封建时代进入资本主义时代,从民族历史的时代转向世界历史的时代。马克思以其惊人的洞察力注意到这一历史趋势,并明确指出,资产阶级“首次开创了世界历史,因为它使每个文明国家以及这些国家中的每一个人的需要的满足都依赖于整个世界,因为它消灭了以往自然形成的各国的孤立状态”①。从根本上说,世界历史的形成是资本主义生产方式发展的必然结果。

世界历史的形成使以往那种各自闭关自守、自给自足的状态,被各民族各方面的相互交往和相互依赖所代替了。物质生产和精神生产都是如此。在世界历史中,各民族之间不仅存在着物质交往,而且进行着精神交往。例如,中国哲学传到西方后,西方近代哲学家纷纷与中国古代哲学家“对话”。《苏格拉底与孔子的对话》《一个基督教哲学家与一个中国哲学家的对话》之类的著作一度盛行。正是在这种种“对话”中,一种世界文化开始形成。歌德认为,主静的东方文化和主动的西方文化共同组成了世界文化的两个方面。莱布尼茨指出,中国哲学与欧洲哲学相互补充,组成了一个世界文化。这就是说,在世界历史中,不仅存在着世界市场,而且“由许多种民族的和地方的文学形成了一种世界的文学”②,即世界性的精神产品。马克思主义哲学就是这种世界性的精神产品。

哲学以理论思维的方式来把握世界。作为世界观的理论形态,哲学既是民族传统文化的核心,又是时代精神的精华。从哲学是民族传统文化的核心来说,哲学具有民族性,不同的民族具有不同的哲学;就哲学是时代精神的精华而言,哲学又有超越民族性的一面,具有时代性或世界性,所以,不同的民族哲学之间能够进行“对话”。但是,在马克思主义哲学产生之前,民族性是哲学的主要特征。即使孔子、老子、康德、黑格尔的哲学对其他民族发生过影响,也

---

① 《马克思恩格斯全集》第3卷,第68页。
② 《马克思恩格斯选集》第1卷,第276页。

仍然属于文化交流和传播的范围,并未改变哲学的民族性。孔子哲学是中国哲学,黑格尔哲学是德国哲学,如此等等。

与此不同,马克思主义哲学是世界性的学说。马克思曾经预言:必然会出现这样的时代,"那时,哲学对于其他的一定体系来说,不再是一定的体系,而正在变成世界的一般哲学,即变成当代世界的哲学"①。马克思主义哲学正是这样一种世界哲学,它是在世界历史这个宏大的时代背景中产生的世界哲学。由于马克思主义哲学揭示了人与世界的总体关系,深刻地把握了人类社会发展的一般规律及其趋势,因而成为"世界的一般哲学",仍然是"当代世界的哲学"。

作为一种世界哲学,马克思主义哲学与中国传统哲学,尤其是朴素辩证唯物主义具有一定的关联性。

中国传统哲学早在12世纪就通过丝绸之路传入欧洲,从18世纪中叶起开始在欧洲产生影响。18世纪中叶以后,欧洲社会处于剧烈动荡和变革之中,而大凡处于变革时代的民族或国家总是需要借助外来文化的刺激,所以,此时不同文化之间的互补现象格外突出。从历史上看,中国传统哲学得到了长达两千年的持续发展,而不是像西方传统哲学那样"中断"在欧洲中世纪。中国传统哲学探讨的问题之宏广邃微,理论内容之博大精深,思潮迭起之波澜壮阔,学派形成之层出不穷,概念范畴之洗练繁多,实为欧洲中世纪哲学所无法比拟,因而它必然为西方近代哲学家所关注。西方近代哲学,尤其是法国启蒙哲学和德国古典哲学的发展,都参照了中国传统哲学。

事实也是如此。1761年,英国哲学家哥尔斯密出版了《世界公民》一书,其副标题就是"中国哲学家从伦敦写给他的东方朋友的信札"。在这部著作中,哥尔斯密用中国哲学家的口吻,发表了对英国和欧洲社会一些重要问题的看法,并高度评价了中国传统哲学中的"中庸之道",认为应"恪守中庸之道"。从哥尔斯密著作可以看出,中国传统哲学此时已经进入西方一般思想家的书房,成为他们随时要用的工具和材料。

法国启蒙运动的大师们几乎无人不在关注和评论中国传统文化、传统哲学。伏尔泰声称,他在中国发现了一个新的精神世界。伏尔泰站在反基督教神学的立场上力图复兴中国传统文化,尤其是儒家学说,并认为中国儒学是

---

① 《马克思恩格斯全集》第1卷,第121页。

"理性宗教"的楷模,而中国人"是所有的人中最有理性的人"。狄德罗在《百科全书》中撰写了"中国哲学"的条文,把自《易经》至明末清初的中国哲学史梳理了一遍,划分了中国哲学发展史的三个阶段,分析了《易经》与莱布尼茨二进制的关系,并认为中国具有悠久的抽象思维传统,中国哲学是借助符号、象数、形象来探讨宇宙的本原以及人与宇宙关系的。狄德罗对中国哲学的研究为西方思想家研究中国哲学和中国文化开辟了新的空间。

在研究中国哲学方面,法国启蒙哲学是如此,德国古典哲学也毫不逊色。

莱布尼茨说中国哲学给他"一大觉醒",他始终关注并孜孜不倦地研究中国哲学,殚精竭虑地将中国哲学的概念和西方哲学的概念相弥合。莱布尼茨比较了中国哲学和欧洲哲学关于"一"与"多"关系的思想,比较了中国哲学的"理"和欧洲哲学的"实体"的关系,比较了《易经》中的思想和欧洲思想史上关于算术进位理论的关系,进而认为,中国在实践哲学方面占优势,欧洲在思辨哲学方面领先,二者迫切需要理解对方,并相互学习,取长补短,从而"集合在一起"。中国哲学和欧洲哲学相互学习,"集合在一起"具有内在的可能性,因为中国人的思维和欧洲人的思维之间存在着共通性。例如,中国古代易学八卦图的数学排列顺序与欧洲近代二元算术在思维建构的方式上完全相同。

黑格尔"借助巨量的参考材料"来研究中国哲学。尽管他站在"欧洲文化中心论"的立场上来看待并贬损中国哲学,但不得不承认历史开始于中国人,世界精神的太阳也是"从东方升起来",中国人注意到抽象的思想和纯粹的范畴。尽管他否定孔子哲学,但对老子哲学中的对立统一、从"无"——否定的规定开始生成发展的观念表现出较大的兴趣,认为老子哲学"以思辨作为它的特性",其"道"具有一种形而上学的意义,"似乎如毕达哥拉斯派一样,从相同的基本观念出发"。换言之,中国哲学和西方哲学具有相同之处。

可以看出,中国传统哲学传入欧洲后对西方近代哲学产生了较大的影响,并在一定程度上被西方近代哲学家融入自己的哲学思想中。问题在于,马克思主义哲学正是在批判继承西方近代哲学,尤其是法国启蒙哲学和德国古典哲学的过程中形成的,而法国启蒙哲学和德国古典哲学又是马克思主义哲学的理论来源。同时,马克思在 19 世纪 50 年代专门研究过中国历史,并写下了《中国革命和欧洲革命》《波斯和中国》《中国和英国的条约》等一系列有关中国的文章。在这个过程中,马克思也直接或间接地研究过中国传统文化、传统哲学,并明确指出:"中国的社会主义跟欧洲的社会主义像中国哲学跟黑格尔哲学一样具有共同之点。"①正是在这个特定的意义上,中国传统哲学,尤其是朴素的辩证唯物主义,与马克思主义哲学具有一定的关联性。

无疑,马克思主义哲学的直接理论来源是费尔巴哈的唯物主义和黑格尔的辩证法。但是,仅仅从直接理论来源来理解某种哲学的发生,只是一种狭义的发生学理解,因为直接理论来源是指对某种哲学起到直接作用的那些思想和学说。对马克思主义哲学这一世界性的哲学来说,需要从整个人类文明发展的过程来理解。同时,作为在宏大的世界历史背景中产生的世界哲学,马克思主义哲学必然要超越欧洲境界,"远在德国和欧洲境界以外,在世界的一切文明语言中都找到了拥护者"②,在不同的民族那里都能够生根发芽,开花结果,成为其民族文化的一部分。

二、马克思主义哲学中国化的必然性及其理论途径

马克思主义哲学揭示了人类社会发展的一般规律,但它没有,也不可能指出每一个民族的具体特点和发展道路。列宁指出:"对于俄国社会党人来说,尤其需要独立地探讨马克思的理论,因为它所提供的只是总的指导原理,而这些原理的应用具体地说,在英国不同于法国,在法国不同于德国,在德国又不同于俄国。"③列宁的这一观点无疑具有普遍意义。历史已经证明,只有把马克思主义基本原理同各国具体实践相结合,才能取得社会主义革命和建设的胜利。

问题在于,要使马克思主义基本原理同各国具体实践相结合,又必须使马克思主义取得具体的民族形式。恩格斯早就指出:"毫无疑问,美国工人阶级的最终纲领,应该而且一定会基本上同整个战斗的欧洲工人阶级现在所采用的纲领一样,同德美社会主义工人党的纲领一样。在这方面,这个党必须在运动中起非常重要的作用。但是要做到这一点,它必须完全脱下它的外国服装,必须成为彻底美国化的党。它不能期待美国人向自己靠拢。"④这就是说,马克思主义的民族化是马克思主义的内在要求。作为无产阶级的世界观和方法

① 《马克思恩格斯全集》第 7 卷,人民出版社 1959 年版,第 265 页。
② 《马克思恩格斯选集》第 4 卷,第 212 页。
③ 《列宁全集》第 4 卷,人民出版社 1984 年版,第 161 页。
④ 《马克思恩格斯选集》第 4 卷,第 394 页。

论,马克思主义哲学只有同各个民族的具体实际相结合,并通过一定的民族形式,转化为其民族文化的一部分,才能真正发挥自己改造世界的功能。

就中国而言,必须把马克思主义同中国革命的具体实践相结合,而要做到这一点,又必须使马克思主义同中国传统文化相结合,"从孔夫子到孙中山,我们应当给以总结,承继这一份珍贵的遗产",从而使马克思主义及其哲学取得"民族形式","使之在其每一表现中带着必须有的中国的特性",具有"中国老百姓所喜闻乐见的中国作风和中国气派"①。这就是说,把马克思主义及其哲学同中国革命的具体实践相结合的过程,同时就是把马克思主义及其哲学同中国传统文化、传统哲学相结合的过程,是马克思主义及其哲学中国化的过程。

"离开中国特点来说马克思主义,只是抽象的空洞的马克思主义","马克思主义必须和我国的具体特点相结合并通过一定的民族形式才能实现"②。正因为如此,毛泽东认为"马克思主义的中国化"是一个迫切需要"全党亟待了解亟须解决的重大问题"③。

马克思主义哲学有两个重要的理论特征,即在科学实践观的基础上实现了唯物主义和辩证法,唯物主义自然观和唯物主义历史观的统一。正是在这个意义上,马克思主义哲学是辩证唯物主义和历史唯物主义。问题在于,与"辩证唯物主义"并列,加上"历史唯物主义",以此来称谓马克思主义哲学,并不是说辩证唯物主义和历史唯物主义是两个"主义",而是意在强调历史唯物主义的独创性,强调马克思的新唯物主义所内含的历史性维度,强调马克思主义哲学的又一理论特征,即马克思主义哲学不仅在自然观上,而且在历史观上都是唯物主义的。

同时,马克思主义哲学又是包含唯物主义历史观在内的辩证唯物主义。正如恩格斯所说,马克思从德国唯心主义哲学中拯救了自觉的辩证法,并把它转为唯物主义自然观和唯物主义历史观,无论是自然观,还是历史观,"现代唯物主义本质上都是辩证的"④。正是在这个意义上,普列汉诺夫认为,"'辩证

---

① 《毛泽东选集》第二卷,第534页。
② 《毛泽东选集》第二卷,第534页。
③ 《毛泽东选集》第二卷,第534页。
④ 《马克思恩格斯选集》第3卷,第364页。

唯物主义'这一术语"是唯一能够正确说明马克思的**主义哲学**的术语"①。列宁则多次强调，"马克思主义哲学是**辩证唯物主义**"，"马克思主义哲学即辩证唯物主义"②。可见，辩证唯物主义和历史唯物主义并不是两个不同的"主义"，而是同一个"主义"，即包括唯物主义历史观在内的辩证唯物主义。在这个意义上，马克思主义哲学就是辩证唯物主义。

从理论上说，马克思主义哲学之所以能够中国化，一个重要原因就在于，马克思主义哲学是辩证唯物主义，而中国哲学中存在着悠久的朴素唯物主义和朴素辩证法传统，更重要的是，这种朴素唯物主义和朴素辩证法达到了统一，形成一种朴素的辩证唯物主义。毛泽东就认为，墨子的哲学思想是"古代辩证唯物论"③。在这个意义上说，中国传统哲学与马克思主义哲学具有某种一致性。

思维与存在的关系问题是哲学的基本问题。马克思主义哲学要回答哲学基本问题，中国传统哲学中的朴素辩证唯物主义也是在回答哲学基本问题的过程中形成和发展起来的。尽管中国传统哲学有其思考的特殊问题，但是，以"究天人之际，通古今之变"为己任的中国传统哲学，也必然要回答思维与存在的关系这一哲学基本问题。

当然，每个民族的思维类型各不相同，不仅思维的载体——语言形式不同，而且思维方式也不尽相同。例如，中国的墨辩逻辑、印度的因明、古希腊的亚里士多德逻辑就体现了不同民族的思维特点。中国传统哲学在探讨哲学基本问题时，无论是表达方式，还是表现形态，都与西方哲学以及马克思主义哲学不同，其中蕴含着中华民族独特的思想传统和理论创造。

实际上，哲学基本问题在其发展过程中表现为问题的永恒性和形式更替性的对立统一。

从西方哲学史来看，哲学基本问题有四种历史形式：一是远古的萌芽形式，即梦与肉体、感觉与"身体的活动"以及"灵魂对外部世界"的关系问题；二是古代的朴素形式，即世界的基质是"原初物质"还是理念的问题；三是中世纪经院哲学形式，即神与世界的关系问题；四是近代的完全形式，即世界的本原

① 《普列汉诺夫哲学著作选集》第一卷，第768页。
② 《列宁全集》第18卷，人民出版社1988年版，第1、11页。
③ 《毛泽东书信选集》，人民出版社1983年版，第140页。

"是精神,还是自然界",以及思维"对世界本身的关系是怎样的"问题。

就中国传统哲学而言,它在不同的历史阶段讨论的是不同的问题,按其历史进程来说,主要是六个问题:先秦至两汉的天人之辩、名实之辩,魏晋至隋唐的有无之辩、形神之辩,宋元至明清的理气之辩、心物之辩。这六个主要问题实际上就是哲学基本问题在中国传统哲学中的特殊表现形式。正是在探讨这些问题的过程中,中国传统哲学也产生了唯物主义和唯心主义两个基本派别,形成了独特的朴素辩证唯物主义。

同古希腊唯物主义一样,中国先秦至两汉的唯物主义也是把世界的本原归结为这样或那样的"原初的物质"。《管子》以水为"万物之本原"。《荀子》认为,"气"是一切"有生""有知""有义"的事物赖以存在的基础或本原,等等。但是,魏晋之后,中国哲学的发展同西方哲学的发展就有很大的不同了。就中国的唯物主义哲学而言,此时,它对世界本原的探讨,已从以前对具体实物形态的探讨,深入到对事物存在的自身原因和根据,即本体的探讨。

裴頠主张"崇有"论,认为万物都是"自生","自生而必体有"。这就是说,"自生"的万物必然以"有"即客观存在为本体。王安石以自然元气为"本""体",以形器之冲气为"末""用",认为"道有体有用,体者,元气之不动,用者,冲气运行于天地之间"(《道德真经集义》卷九第九)。张载提出"太虚无形,气之本体"(《正蒙·太和》),即"太虚""无形"的"气"是"有形"之"气"的"本体"。王夫之则概括出"实有"这个哲学最高、最普遍、最基本的范畴,认为"实有"即客观实在是宇宙万物共同具有的本质、本体。"实有者,天下之公有。"(《尚书引义》)

可以看出,从魏晋到明清这一历史阶段,中国的唯物主义哲学已由认识具体实物的直观阶段发展到深入探讨事物本体的理性阶段,其理论思维水平远远超过同时期的西方唯物主义哲学。在欧洲中世纪,神学占据统治地位,西方哲学由繁荣走向衰落,而中国哲学却达到了一个新的发展阶段,走在当时世界哲学的前列。

不仅如此,中国传统哲学中的唯物主义还同辩证法密切相关。中国传统哲学关于变易发展、对立统一、相反相成、整体联系、变化日新等问题,都有相当精彩的论述,形成了较为发达的辩证思维。英国著名科学史家李约瑟在《中国科学技术史》中指出:"当希腊人和印度人很早就仔细地考虑形式逻辑的时候,中国人则一直倾向于发展辩证逻辑。"①这种朴素辩证法和朴素唯物主义在荀子、张载和王夫之那里达到了统一,形成了中国传统哲学中朴素的辩证唯物主义传统。

中国传统哲学一向重视"和而不同"。西周末年史伯就提出"和"的观点,并区别了"和"与"同",认为"和生实物,同则不继"。这种"和"的观念,后被儒家发展为"中和"的思想。这里,"中"是不偏不倚、无过无不及;"和"则是使不同、差别、对立相结合,使之合乎节度。这无疑包含着辩证法的智慧,并同时表明,同西方辩证法相比,中国传统哲学中的辩证法更为关注中庸和谐、有机整体,充分肯定宇宙是一个和谐有序相关的整体。"在希腊和印度人发展机械原子论的时候,中国人则发展了有机的宇宙的哲学。"②

中国传统哲学中的辩证法还关注生生不已、变化日新,认为变化的本质就是创新,宇宙是一个不断创新进化、生生不已的过程。德国古典哲学家认为"太阳底下没有新东西",中国古代哲学家却认为太阳底下总会出现新东西,"变化日新"。"天地之大德曰生。"一个"生"字最能体现中国传统哲学及其辩证法的特有风格。如果说古希腊哲学家是从"有"(存在)开始他们辩证思维的,那么中国古代哲学家则是从"生"(形成)开始自己辩证思维的。

中国传统哲学中的辩证法与西方辩证法又有相通或相似之处,即它也极为重视对立统一规律。黑格尔在《逻辑学》中指出:"辩证法乃在于从对立面的统一中把握对立面。"在中国哲学史上,《易传》就已经精湛地接触到对立面的统一是事物变化发展根本规律的思想,认为"生生之谓易""刚柔相推而生变化""一阴一阳之谓道"。具体地说,天、地、人的生生之道,其根据都在阴阳两种势力之间发生相互激荡、交感、结合和彼此推移的变易之中。

荀子对先秦哲学做了总结,提出"明于天人之分"和"制天命而用之"的观点,在唯物主义的基础上辩证地阐明了人与自然界的关系。按照荀子的观点,"天地合而万物生,阴阳接而变化起",然而,"天能生物,不能辨物也;地能载人,不能治人也"(《荀子·礼论》)。这就是说,万物的生成和变化是天地合气、阴阳交接矛盾运动的结果,而"辨物"与"治人"这类意识活动和社会活动则只为人类所特有。因此,只有遵循自然规律,才能事在人为;同时,只有通过人

---

① [英]李约瑟:《中国科学技术史》第三卷,《中国科学技术史》翻译小组译,中国科学出版社1978年版,第337页。
② [英]李约瑟:《中国科学技术史》第三卷,第337页。

的作为,才能"知天""能参""理天地",从而"制天命而用之"。

可见,朴素唯物主义和朴素辩证法在荀子这里达到了统一,形成了中国传统哲学中朴素的辩证唯物主义传统。

之后,张载则以气一元论阐发对立统一规律,认为气是一种连续的物质,内部包含着阴阳两个对立面,具有浮沉、升降、动静相感即相互作用的本性。正是由于这种本性,气具有不断产生出天地万物的必然性,并形成了万物运动的规律性。"太和所谓道,中涵浮沉、升降、动静相感之性,是生氤氲、相荡、胜负、屈伸之始。"(《正蒙·太和》)这表明,张载的气一元论是朴素的辩证唯物主义。

与此相应,张载还提出一种辩证的思维方法,认为"两不立则一不可见,一不可见则两之用息。两体者,虚实也,聚散也,清浊也,其究一而已"(《正蒙·太和》)。这就是说,凡观物要察其一中之两,以及两体之一;于一观其两,于两观其一。这种思维方法的本体论根据,就是认为在矛盾的同一性和斗争性中,同一性更为重要,差异和对立乃是包含在统一与和谐之中的,或者说,"两"(对立)是"一"的固有内容,"一"是"两"的本来根据。把差异和矛盾当作统一体的固有内容来把握,同时把统一与和谐当作差异与矛盾的本来根据来把握,这种思维方法无疑是一种辩证的思维方法。

由此可见,客观辩证法与主观辩证法在张载哲学思想中融为一体。张载把中国传统哲学中的朴素唯物主义和朴素辩证法的统一推到了一个新的高度。

王夫之总结并综合了中国传统哲学中的朴素唯物主义和朴素辩证法思想,不仅辩证地分析了理与气,道与器,无与有,动与静,"合二为一"与"一分为二",知与行,"名"(概念)、"辞"(判断)与"推"(推理),言、象、意与道,"微言"与"明道"(分析与综合)等的关系,而且探讨了矛盾的普遍性和特殊性的关系。

按照王夫之的观点,阴阳的对立统一是事物中普遍存在的规律,不论自然还是社会,都"屈伸往来顺其故而不变",即一切运动变化都遵循必然的因果律;同时,事物又"各依其类","各成品汇,乃其品汇之成各有其理"(《正蒙注·太和》),即各类事物各有自己特殊的规律,人们只有认识了这些特殊规律,才能知道如何处理各类事物,这是"当然之则";"一阴一阳之谓道",道不离器,道随着不同的器又有不同的表现,即一般存在于特殊之中。

王夫之的辩证法思想是丰富而深邃的,他完成了朴素唯物主义和辩证法相统一的气一元论体系,把中国传统哲学中朴素的辩证唯物主义发展到了顶峰,因此成为中国传统哲学中朴素辩证唯物主义的集大成者。

可以看出,中国传统哲学中的朴素辩证唯物主义所达到的广度和深度,其理论思维水平的高度,是封建时代世界哲学史上所仅见的,更是欧洲中世纪哲学所不可比拟的。从理论上看,马克思主义哲学之所以能在中国生根发芽,开花结果,同中国哲学中的朴素辩证唯物主义传统密切相关。中国传统哲学中的朴素辩证唯物主义成为中国人接受马克思主义哲学以及马克思主义哲学中国化便利的思想桥梁。

当然,马克思主义哲学的辩证唯物主义与中国传统哲学中的朴素辩证唯物主义是两种不同形态的学说。但是,这并不妨碍二者的结合。精神生产不同于物种遗传,以基因为遗传物质的物种延续是同种相生,而哲学思维却可以通过对不同种类哲学,以至不同学科成果的吸收、消化和再创造,形成新的哲学形态。这是因为,观念系统具有可解析性和可重构性,观念要素之间具有可离性和可相容性,一种哲学所包含的观念要素,有些是不能脱离原系统而存在的,有些则可以经过改造而容纳到别的哲学系统中。正因为如此,不同的民族哲学既各有其独立性,又可以相互吸收、相互融合。

同时,马克思主义哲学所揭示的辩证法与唯物主义的统一是科学形态的,而中国传统哲学中的辩证法与唯物主义的统一则是朴素形态的。前者体现的是现代工业社会的时代精神,后者体现的则是古代农业社会的时代精神。因此,我们既要看到中国传统哲学与马克思主义哲学有统一的一面,又要看到二者有对立的一面,要有自觉的批判意识。哲学发展史表明,唯物辩证地看待世界和思考问题是人类哲学思维所固有的,它是人们认识世界、认识自己的一条正确道路,代表着人类哲学思维的主流。但是,人们对这条道路的认识,却经历了一个从自发到自觉的过程。马克思主义哲学的产生标志着人们达到了对辩证唯物主义的自觉。

因此,要使马克思主义哲学的辩证唯物主义同中国传统哲学中的朴素辩证唯物主义相结合,使马克思主义哲学中国化,就要用马克思主义哲学来分析、批判中国传统哲学及其朴素的辩证唯物主义,对之进行创造性转换;同时,用经过分析、批判过的中国传统哲学及其朴素的辩证唯物主义去阐释马克思主义哲学,使其具有"民族形式",并在这个过程中创造性地发展马克思主义哲学。

三、马克思主义哲学中国化和中国哲学现代化的一致性

中国哲学有其独特的发展道路,有悠久的朴素辩证唯物主义传统。但是,中国哲学并非故步自封,拒斥外来文化或哲学。相反,中国哲学有覃思精察、析入毫芒的"头脑",也有"海纳百川,有容乃大"的胸怀,善于学习、借鉴、吸收、融会外来哲学的理论成果,取他山之玉攻自家之石。在中国哲学史上,有四次比较大的中外文化或哲学交流,它们都对中国哲学的发展起到积极的推动作用。

第一次是东汉初年印度佛教的传入,经过了若干年的发展形成了禅宗这样一种具有中国风格的佛教宗派,佛教由此完成了中国化的历程,并汇入中国哲学的主流。

第二次是明末基督教和西方近代科学的传入,促使中国哲学发生变化,王夫之等人对中国古代哲学做了出色的总结,使中国传统哲学中的朴素辩证唯物主义达到发展顶峰。

第三次是清末西方进化论、实证论以及其他社会科学学说的传入,引起中国哲学的近代变革,出现了康有为、严复、孙中山等学贯中西的哲学家。中西哲学在近代开始合流,并构成了后来马克思主义哲学中国化的历史文化背景。

第四次是五四时期马克思主义哲学的传入,引起中国哲学的现代变革。马克思主义哲学同中国革命实践以及传统哲学相结合,形成了毛泽东哲学思想。毛泽东哲学思想就是中国化的马克思主义哲学,是近代以来中西哲学合流的继续和必然。

马克思主义哲学是现代唯物主义,马克思主义哲学中国化的过程因此就是中国哲学现代化的过程。中国哲学现代化与马克思主义中国化走的是同一条道路,是同一个过程的两个方面。

现代化的根本内容就是由农业社会向工业社会转轨,范围涉及经济、政治、文化等社会生活的基本领域,是一个"包含了人类思想和活动各个领域变革的多方面进程"。从时间上看,现代化运动始于18世纪西欧的工业革命,并在19世纪中叶的西欧达到第一个高峰。然后,逐渐扩及全世界,形成一条绝大多数民族、国家卷入其中的世界历史变革之链。马克思主义哲学正是19世纪中叶社会发展的必然结果。无论是从产生的时间和地点上看,还是就理论

内容而言,马克思主义哲学都属于现代哲学范畴,是现代唯物主义。

从总体上看,西方传统哲学关注的是"实体"或"实体的本性"。由研究感性实体到寻求"永恒的不动实体",并用不同的形式断定有一个"永恒的不动实体"存在,这样一种实体化的思维方式是西方传统哲学理解和把握世界的根本特征。与此不同,马克思主义哲学关注的是人与世界的关系,注目于现实的人及其发展。对马克思主义哲学来说,全部问题都在于使现在世界革命化,"把人的世界和人的关系还给人自己"①。为此,马克思主义哲学深入而全面地阐述了关于人与世界关系的理论,也正是通过对人的实践活动以及人与世界关系问题的科学解答,马克思主义哲学建构了一种"新唯物主义"的世界观,并实现了哲学由传统形态向现代形态的转换。

从总体上看,现代西方哲学关注的是人类的生活世界以及人与世界的关系,即使分析学所实现的"语言学转向",从本质上看,体现的仍是对人与世界联结点的寻求,显示的是现代西方哲学对人的语言、活动与世界关系的总体理解。所谓后现代主义并不是只讲解构、否定、摧毁,实际上它非常关注人与世界关系的重建,力主消除"现代性"所设置的人与世界之间的对立。正因为如此,后现代主义十分推崇"生态主义"和"绿色运动",并力图"为生态运动所倡导的持久的见解提供哲学和意识形态方面的根据"。现代西方哲学包括后现代主义,关注的就是人与世界的关系。

马克思主义哲学所实现的哲学研究重心的转换,即由"实体"转向人及其活动与世界的关系,是同现代科学的发展相适应的。现代科学成果表明,任何一个"实体"都必然是处于关系中的"实体","生态学第一规律告诉我们,每个事物都和其他事物联系着,所以,对自然某组成部分的破坏将涉及包括人类在内的其他自然组成部分"②。正因为如此,现代著名科学家普里戈金指出:"今天,我们的兴趣正从'实体'转移到'关系'。"③普里戈金的这一观点具有普遍意义,它启示哲学应注重人及其活动与世界的总体关系。

实践活动犹如一把双刃剑,一方面创造出前所未有的肯定性的积极效应,

①《马克思恩格斯全集》第 1 卷,第 443 页。
② [英] 杰里米·里夫金、特德·霍华德:《熵:一种新的世界观》,吕明、袁舟译,上海译文出版社 1987 年版,第 191 页。
③ [比] 伊·普里戈金、[法] 伊·斯唐热:《从混沌到有序:人与自然的新对话》,曾庆宏、沈小峰译,上海译文出版社 1987 年版,第 41 页。

另一方面也带来了史无前例的否定性的消极效应,即带来了生态失衡、能源短缺、资源匮乏、环境污染等全球问题。这就是当今人类面临的"发展困境"或"全球危机"。从表面上看,"全球危机"是自然系统内部平衡关系的严重破缺,实际上它是人的实践与世界关系的严重失衡,因为这种危机是由人的实践活动进入自然系统而导致的,实际上是人的实践方式的危机。形象地说,"全球危机"是以"天灾"形式表现出来的"人祸"。

这种"天灾人祸"迫使人们对实践本身进行深刻的反思和理性的批判,并力图把人类文化和自然"重新融合",用"自然中的人"取代"对抗自然的人"。在现代,人及其实践活动与世界的关系问题已是"洛阳纸贵",成为现代科学家、思想家、哲学家,以至政治家们之间的一个重要话题。在重新探讨人与自然、人与世界关系的过程中,众多的科学家、思想家、哲学家不由自主地把目光转向马克思主义哲学。

在西方思想史上,最早提出并探讨"人类同自然界的和解"以及"合理调节人和自然之间物质变换"问题的,当推马克思和恩格斯。马克思并不主张"对自然的崇拜",而是主张征服自然。但是,马克思同时认为,人们并不是在自然之外,而是在自然之中去征服自然的,这种征服意味着使自然成为"人的无机身体",意味着在更高的阶段上回归人与自然的统一,所以,应"在最适合人类本性的条件下进行人与自然之间的物质变换"。恩格斯则警告:不要过分陶醉于对自然界的胜利之中,因为"对于每一次这样的胜利,自然界都报复了我们"。"如果说人靠科学和创造天才征服了自然力,那么自然力也对人进行报复,按他利用自然力的程度使他服从一种真正的专制,而不管社会组织怎样。"①

应该说,这一问题的提出本身就具有深刻的洞察力和超前性,更何况马克思主义哲学为解决这一历史问题指出了必由之路,即按照自然规律和人的内在需要这两种尺度去改造世界,同时"需要对我们现有的生产方式,以及和这种生产方式连在一起的我们今天的整个社会制度实行完全的变革"②。

现代西方哲学的走向和现代世界所面临的重大问题表明,马克思主义哲学本质上是现代的。用萨特的话来说就是,马克思主义哲学是现代文化的主

① 《马克思恩格斯选集》第 2 卷,第 225 页。
② 《马克思恩格斯全集》第 20 卷,第 521 页。

流和一切思想体系的"骨干",是现代"唯一不可超越的哲学"。马克思主义哲学之所以在现代不可超越,从根本上说,就是因为它提出和探讨的问题契合着现代世界所面临的重大问题。

人与自然关系的实际状况是一个变数,它的理论形态也是如此。西方与东方、工业社会与农业社会对人与自然的看法,具有明显的时代特点和民族特色。对陷入"现代化痛苦"和"发展性困境"的现代西方人来说,中国传统思维方式和神秘的"天人合一"观念露出了迷人的微笑。越来越多的西方思想家在转向马克思的同时,又开始关注中国传统哲学,认为中国传统哲学"仿佛近在咫尺,面对我们侃侃而谈"。现代西方分析心理学创始人荣格指出:"东方精神的确在拍打着我们的大门。在我们这里,实现这种思想,寻求天道,已成为一种集体现象。这种现象来势之猛,超过了人们一般的想象。"①

同马克思主义哲学相似,中国传统哲学具有重关系的特色。美国著名科学家尤利坦认为,中国传统哲学和科学千年探索的目标,就是世界的和谐性和相关性。德国著名哲学家雅斯贝尔斯则认为,这种重关系的思维方式是接近弄清始源的一种方法,是一种"辩证的思维方式"。的确,中国传统哲学主张在关系中把握事物。《大学》说:"物有本末,事有始终,知所先后,则近道也。"张载对此加以发挥,认为"物无孤立之理,非同异、屈伸、始终以发明之,则虽物非物也;事有始卒乃成,非同异、有无相感,则不见其成"(《正蒙·动物》)。因此,把握事物的方法就是要辨析其本末、先后等,亦即把握事物之间各种各样的关系。

这种重关系的思维方式的确是辩证的,而且与现代科学的发展趋势相吻合。普里戈金认为,耗散结构理论不同于西方重"实体"的传统观念,而更符合中国重整体、重关系的传统思维方式。许多现代科学家发现,现代科学发展所显露出来的某些重要特征同中国传统哲学有关,并认为在中国传统哲学中可以找到现代科学的历史雏形和萌芽形式,中国传统思维方式对发展现代科学具有哲学启示。

李约瑟在《中国科学技术史》中明确指出:"中国的这些发明和发现往往远远超过同时代的欧洲,特别是在15世纪之前更是如此。"②从历史上看,中国传

① [德]夏瑞春:《德国思想家论中国》,陈爱政等译,江苏人民出版社1995年版,第278页。
② [英]李约瑟:《中国科学技术史》第一卷,《中国科学技术史》翻译小组译,科学出版社1975年版,序言第1—2页。

统哲学,尤其是朴素的辩证唯物主义,同中国古代自然科学结成了一种特殊的关系,形成一种重整体、重关系和重生生不已的特殊的辩证思维方式。同马克思主义的自觉辩证法相比较,中国传统哲学中的辩证法无疑处于自发阶段,但它的精神与马克思主义辩证法具有某种相通之处。

如果说现代科学凸现出中国传统哲学中辩证思维的现代价值,那么现代实践及其后果则映现出中国传统哲学中天人合一观的现代价值。

从总体上看,中国传统哲学在"究天人之际"时,更为关注人与自然的统一,认为"天道"与"人道"不是两个道,而是一个道,认识世界与认识人本身具有一致性。因此,"天人合一"成为中国传统哲学的共识和主导原则。当然,在中国传统哲学中,不同的流派对天人合一这一命题内涵的理解各不相同:有的表现出一种抽象的形而上学思维方式,有的体现出辩证的思维方法;有的表现出唯心主义观点,有的体现出唯物主义倾向。例如,孟子的"天人相通"说把天道与人道直接等同起来,使得"天人合一"抽象化了,董仲舒的"天人感应"说表现出明显的神学唯心主义色彩,而张载、王夫之的"天人一气"说则体现出唯物主义的倾向和辩证法的色彩。

张载、王夫之的"天人合一"说值得我们关注。当然,这种"天人合一"说不可避免地带有历史局限性,但它的确包含着合理因素,强调人与自然的和谐一致,注重价值理性的特点,对于纠正那种把人与自然截然对立起来,片面强调征服自然的观点,对于遏制现代科技理性的过度膨胀,具有启示作用。中国传统哲学的"天人合一"说把认识世界与认识人本身紧紧地联系在一起,这种思维方式同现代西方哲学,包括后现代主义,具有相通之处。现代西方哲学已经认识到西方传统哲学重大的局限性之一就是"主客二分法"。这种思维方式以主体与客体相分裂为基本特征,即哲学家把自己当作主体,把世界当作客体,以静观的、抽象的眼光看待世界,脱离了人与世界的总体联系。海德格尔在清理西方传统哲学时,注意到了中国传统哲学的长处,因而对中国传统哲学的"非概念性语言和思维"表示"钦佩"。

海德格尔没有看错,中国传统哲学确实没有像西方传统哲学那样把认识世界同认识人本身割裂开来。海德格尔的"此在和世界"关系的学说,以及后现代主义强调的人与自然交融的观点,同中国传统哲学的天人合一观的确具有某种相通之处。从海德格尔到德里达,他们的哲学尽管各不相同,但都有人与自然交融的思想。这是现代西方哲学向中国传统哲学"靠拢"的一种表现,不管这种靠拢是自觉还是不自觉的。

中国传统哲学中把认识世界同认识人本身统一起来的思维方式,与马克思主义哲学的思维方式也有相通之处。马克思主义哲学认为,主体与客体具有统一性,人类对自身的认识是在认识自然、改造自然的过程中逐步加深的;反过来说,人类对自身认识的加深,又促使其认识自然、改造自然能力的提高。

由此可见,实现中国传统哲学的现代转换,并使之上升到现代哲学的高度是有可能的。

当然,作为农业文明的产物,中国传统哲学不能自动地转换为现代哲学。从总体上看,中国传统哲学重关系,但忽视了对实体的研究,甚至长期忽视实体概念和非实体概念的区别,因而在物质结构方面无所发明,这对中国近代科学的产生是一个重要的障碍;中国传统哲学重整体,但缺乏分析方法的补充,因而往往具有笼统性的严重缺陷;中国传统哲学重天人合一,但不具备现代科学基础,而且往往与中国古代宗法人伦密切相关,并赋予宗法人伦的"人道"以"天道"的神圣的光环。

实际上,人与自然的平衡有两种类型。

一是原生的自然生态系统的平衡,即自然生态系统没有受到外力的破坏,凭借自我调节而保持自身原有的平衡。在这种平衡中,人处于依赖和服从自然的地位,人与自然的关系因此比较协调,温情脉脉。"稻花香里说丰年,听取蛙声一片",所陶醉的就是这种境界。

二是人工生态系统的平衡,即通过人对自然的积极干预和改造,不断改变原生的自然生态系统的平衡,创造出一个适合人类生存和发展的生态平衡系统。

中国传统哲学中的"天人合一"说属于前者,马克思主义哲学的主体与客体相统一的理论则属于后者。因此,中国传统哲学要转换为现代哲学,必须以现代实践和现代科学为基础,以马克思主义哲学为"普照的光",进行创造性转换。

可见,马克思主义哲学是现代唯物主义,中国传统哲学具有某些现代价值。现代实践和现代科学证明了马克思主义哲学的现代性与中国传统哲学的现代价值具有某种程度的契合。这种在现代实践和现代科学基础上的契合,决定了马克思主义哲学的中国化与中国哲学的现代化具有一致性。

中国正处在世纪之交的历史转折点。如果说 20 世纪是"批判和启蒙"的世纪,那么 21 世纪将是"创造与振兴"的世纪,而世纪之交正是我们民族生命"贞下起元"的转折点。在这样一个转折点上,我们必然面对重建民族精神这一巨大的历史课题,哲学将要重新担负重建民族精神的重任。在当代,"全球意识"和"寻根意识"的并存,表明任何民族哲学的发展和民族精神的重建,必须同时考虑时代性和民族性,并使二者有机结合起来。马克思主义哲学是我们时代"唯一不可超越的哲学",而中国传统哲学是人类"早熟"的自我意识,是一种富有东方神韵的深沉的哲学智慧,能够代表中国哲学未来发展方向的,就是中国化的马克思主义哲学。

载《北京大学学报》1998 年第 3 期
标题原为《论马克思主义哲学的中国化》
《新华文摘》1998 年第 9 期转载
转载标题为《马克思哲学的中国化与中国哲学现代化的一致性》